デザイン学

思索のコンステレーション

向井周太郎

武蔵野美術大学出版局

はじめに

本書は、私の武蔵野美術大学退任のさい、所属の基礎デザイン学科で行った「デザイン学のアルファベット——思索のコンステレーション」という表題の最終講義を補筆して一書としたものです。

この「デザイン学のアルファベット」という表題には「デザイン学入門」というような響きがあるかもしれませんが、しかしこの「アルファベット」という表現は、そのような意味合いから用いたのではありませんでした。aからzまで、アルファベット二十六文字の——それぞれの音韻を頭音とする——私の主なデザイン・ボキャブラリーの語群の星座から一語ずつ選んで、それらのことばや概念との出会いやそれらの意味の世界を語っていくことで、私のデザイン学思索の風景が描ければと希って、その表題としたものです。しかし本書では「アルファベット」を省略し、「デザイン学」を直截に「思索のコンステレーション」へとつなげて表題としました。

この「思索のコンステレーション」というのは、私の思索やデザインという行為やその学の生成方法を意識化し、ひとつの問題提起としたものです。その方法とは「コンステレーション」です。この「コンステレーション」という概念については『円と四角』(構成・松田行正、一九九八年)という著作所収の拙稿「星座（CONSTELLATION）によるイメージ思考の世紀」という解説のテクストで、二十世紀から今世紀における、その思潮の意味が表明されています。この「コンステレーション」という生成方法について、詳しくはその方法意識の成立過程を含めて、むしろ「あとがき」で解題のように述べました。

　したがって、ここでは、とりあえず、「コンステレーションとは＝星座・星座のような語や問題や事象の布置、配置、構成、群化の情景である」というような意味で捉えておいていただきたいと思います。そのような次第で、本書は、デザイン「学」といっても、一般的な学術書のような線形的・体系的な、あるいは起承転結的な文章構成にはなっていません。ここでは、別の体系（システム）を求めています。ちょうど夜空の星々のような語の星座から、ランダムにひとつひとつの語の光にふれながら、それらの複数的関係性の世界が生成され、それらの語の相互振動からまた新たな問題群が創発されてくる、といった生成場「ことばのトポス」として呈示しています。したがって、本書は、どの「語（ことば）」の章から読んでいただいてもよいのです。

　実際の講義のさいには、話の進行に沿って、aの語群、bの語群、cの語群といった語の——ローマ字横書き表記の——あたかも星空のようなコンステレーションをスクリーンに投影し、当該の語を拡大しながら、また連関する図や映像を挿入しながら、視覚的にも律動的な生成の場の創出を工夫してみました。しかし、書物では、それを再現することはできません。しかしながら、そのさいの協力者が再び縦書きの書物のシークエンスに沿って、それぞれの「語（ことば）」の章の前後に、新たな構成による語のコンステレーションを配してくださいました。この変容（メタモルフォーゼ）の痕跡がまた新たな生成の契機となれば、まことに幸せです。

講義において、実際にはアルファベット二十六文字の主題全部を述べることはできませんでした。したがって、その欠落部分については、語の未開のコンステレーションのみが綴じられています。本書は、とくに、時間の関係で駆け足となった講義の後半部分について大幅な補筆がなされていますが、全体の構成としては講義の記録を原型としています。アルファベット、それぞれの語のコンステレーションを眺めていただきますと、そこに配されている語の星々には、本書のいずれかの場所（トピカ）で出会うことでしょう。テクストやコンテクストや文法から解き放たれたひとつひとつの語は、まさに星々のように根原に立ち返って光を放ち、新たな生成の契機を待っています。

目次

constellation[d] **degeneration**
マイナス方向への遡行と生成

constellation[u] **Urbild**

原像とメタモルフォーゼ

constellation[q][w] **Qualität/quality & Werkbund**

生活世界の「質」と工作連盟（ヴェルクブント）運動

constellation[w] **Weg/way**

二十一世紀のあるべき生活世界の道

装丁 板東孝明
本文組版 清水恒平

デザイン学　思索のコンステレーション

a

美学 Aesthetica

残像 afterimage

アモルフ・無形・カオス amorph

美的情報 ästhetische Information

類推・類似 Analogie/analogy

アリストテレス Aristotelēs

アイヒャー Aicher, O.

アナログ analog

抽象 abstraction

アナモルフォーシス anamorphosis

無名性 Anonymität/anonymity

両義性・あいまいさ ambiguity

アブダクション abduction

直観 Anschauung

オートポイエーシス autopoiēsis

アルベルス Albers, J.

アーツアンドクラフツ運動 Arts and Crafts Movement

constellation[a] **abduction**

アブダクション——生成の根原へ、制作(ポイエーシス)の地層へ

パースの記号論とアブダクション

本書は「a」の発声から始めます。「a」は母音のなかの母音。その意味で、「a」は一切の母音の母であり、それゆえ「a」は母性的です。けれども、インド・ヨーロッパ語族では同時に「a」には父性的なものが含まれていて、否定を表わす接頭語にもなります。

一方、東洋の「a」は否定というよりは多くの可能性を開いていく、とりわけ真言密教においてはそうした意味合いを持っています。日常会話にもよく出てくる「あうんの呼吸」という表現があります。それは漢字では、「阿吽の呼吸」と書き、「阿吽」は万物の初めと終わりを表わします。「あ」は口を開いて出す最初の発声音で、呼吸を開くこと、「うん」は最終音で口を閉じて出す音です。私はまず「あ」の発声をもって、デザインという行為の学の呼吸を開いていきたいと思います。

その発語はアブダクション（abduction）です。生成の根原へ、あるいは制作の地層へ、ポイエーシスの源泉へといった思考の源への遡行を表わす語として、デザイン学の発声にふさわしいと思います。このアブダクションという概念は、思考過程ないし推論の方法の一つとして一般的に仮説形成とか仮説的推論と訳されているからです。記号論（semiotic セミオティク）を創始したアメリカの哲学者、チャールズ・サンダース・パースによってその重要性が指摘され、そして詳細に検討がなされたものです。推論の方法について、伝統的な論理学における「演繹」や「帰納」という推論の二分法に対して、パースはアブダクションという過程を加え、これを第一に位置づけて三分法としました。アブダクションは発見の論理とも創造の論理とも呼ばれています。

ちなみに、私が約三十五年間たずさわった武蔵野美術大学の基礎デザイン学科ではデザイン方法論として一九六七年の、その創設の当初から記号論をたいへん重要視してきました。その理由のひとつは、私がデザインを学んだドイツのウルム造形大学の革新的なカリキュラムで、すでにこの「記号論」という概念と方法論に出会っていたからです。ウルムでは、当初チャールズ・W・モリスの記号論（記号の一般理論）の概念を取り入れていましたが、しかし、次第にその理論的源流であるパースの記号論に注目していきます。後に「d」の章で述べますマックス・ベンゼの情報美学もそのひとつの方向です。当時のウルムでは、全体的に、有効な知識の形態として科学的知識のみを認める実証主義的な思想がやや支配的となり、「記号論」もその観点から思考の道具として捉える傾向が強くなっていました。しかし、私はそのことには、全面的には賛同できず、基礎デザイン学科のカリキュラムに「記号論」を取り入れるとしても、どのような観点で、またいかなる記号論あるいは記号学を導入したらいいのか、再考する必要がありました。

当時、一方では、スイスの言語学者、フェルディナン・ド・ソシュールのもとで生まれたといわれる記号学（sémiologie セミオロジー）という概念の言語学を母体とした記号理論の思潮にも新しい文化学への道を示唆するものとして注目が集っていました。私は勉強していく過程で、個人的にはそのソシュール系の記号学（sémiology）に対してよりもパースの記号論（semiotic）の方に、より魅力を感じていきました。その理由の一つが、推論の過程を三項関係とし、その根底にこのアブダクションを据えた記号（広義の言語）の体系と自然哲学を背景とした世界認識の魅力です。

その経緯と関連して、基礎デザイン学科では、記号論のような学問をなぜ重要視したのかということにも少しふれておきましょう。それは職能的に細分化したデザインの在り方やデザイン教育の変革をめざして、デザインを横断的な知の観点から新たに建て直そうと考えた「基礎デザイン学」というその教育構想と深く関係しています。この「基礎」という概念で志向する領域横断性のためには、芸術・デザインと科学の間、デザイン諸領域の間、実践的行為と理論的思考との間、それらの間を自在に交通可能な方法論としての統合的な「言語」が必要であると考えました。また後で述べますが、パースの記号論はそのような可能性をもつ統合的な「言語」の再建の試みであると思えました。なかでも、アブダクションという推論の方法は領域を超えた人間の根原的な思考の源泉とつながっています。これは「基礎デザイン学」の「領域の否定」という構想の根底を支える、実は生命的な知の源泉だといえます。

日本で最初に「パースの人と思想」について紹介されたのは、アメリカでプラグマティズム（pragmatism）の哲学を学ばれた鶴見俊輔氏です。それは一九五〇年に世界評論社から刊行された氏の著作『アメリカ哲学』においてですが、現在、この論考は、『新装版　アメリカ哲学』（講談社学術文庫、二〇〇七年）に収められています。鶴見氏はこの本のなかでアブダクションを「構想」と呼んでいます。実は私のこの本の論考全体が私自身のデザイン学の仮説形成というか、あるいは構想というか、アブダクションなのだといえるかとも思います。

パースによる手書きのポーの詩

このアブダクションが興味深いのは、私にとってはパースの関心がまずどこにあったのかということと大いに関係していますが、それはパースの書き写したエドガー・アラン・ポーの「大がらす」という詩にたいへんよく示されていると思います。（図1）私は言語学者のローマン・ヤコブソンの論文でこの作品を知りました。

once upon a midnight dreamyという言葉から始まっていますが、書体がご覧のように独特のリズムと響き合いながら、あるときはつぎに来るべき線行にまで共鳴して筆跡が走り、一種のカリグラフィのような文字空間をつくり出しています。これは言語の詩的機能としての音と意味とのむすびつきを文字と意味の視覚的な相互作用に変換させる、そういった実験的な試みです。

もともと言葉というのは身振りと音声です。顔の表情や手の身体表出運動、音声の呼吸やリズム。本来、言葉の発生にはそのような諸感覚がすべて発動されているわけですが、表音文字としてのアルファベット二十六文字はそれらの身振りや音声が分節され、抽象的な記号に転写されたものです。そこでは言葉の喚起に統合されていた感覚の全体性は活字というその視覚的な記号の背後に消えて、言葉の全感覚が細分化されてしまっています。パースはまず、その言葉の原初的な身体リズムや声や意味（こころ）との共鳴を呼び戻そうと試みています。しかもポエジーは本来朗誦するもの、歌うものです。そのポエジーとしてのパフォーマンス（performance）、いわゆるポエジーとしての身振りを回生させようとしています。そして、そのすべての身体感覚の共鳴を呼び戻そうとしているのだといえます。言葉は、本来、生命的な力であり、生命の力です。パースがアブダク

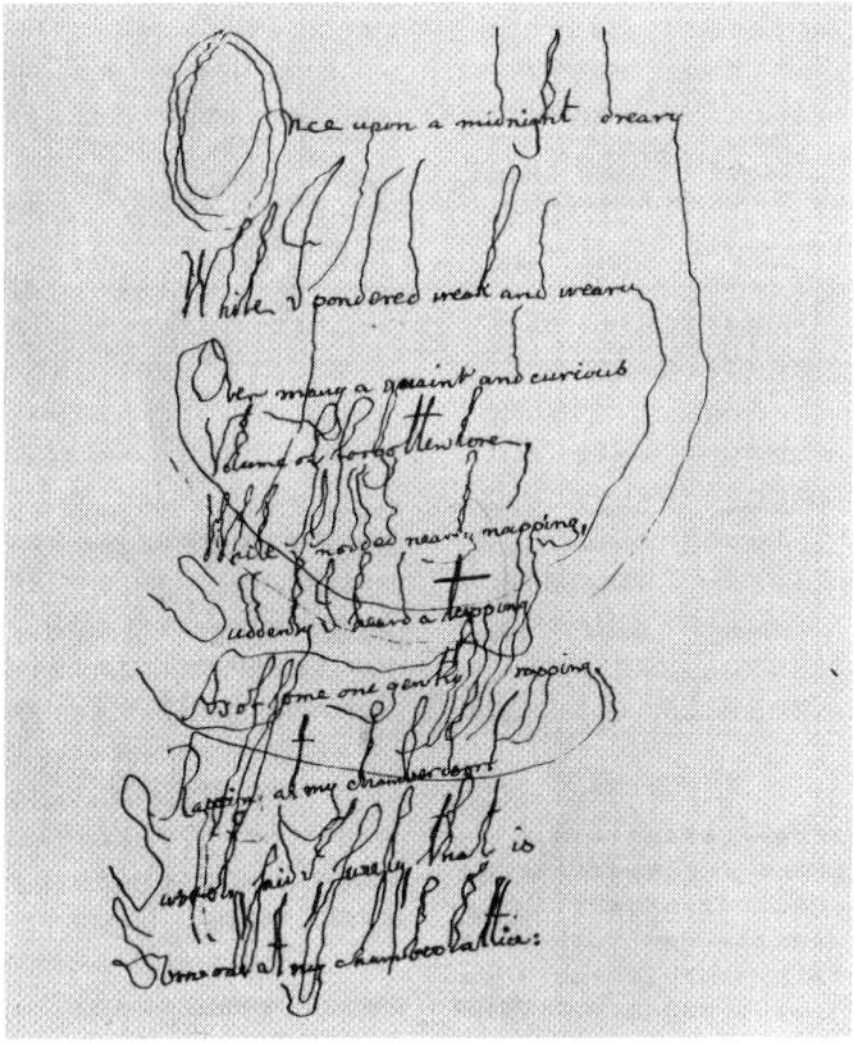

1
エドガー・アラン・ポーの詩「大がらす」をチャールズ・サンダース・パースが書き写したもの（R. Jakobson, Verbal Communication, *Scientific American*, Sept. 1972, p. 76.）

ションを重要視したのは、こうした関心と深くむすびついているのだ、と私自身は考えています。

パースはまたアブダクションのことをレトロダクション（retroduction）といった方がより適切かもしれないともいっています。レトロダクションというのは、根原へと遡行していく、源へと立ち返っていく、そういう意味です。別の言い方をすれば、自然の根原へ、いのちの根原へ、生命の根原へ戻りなさい、ということなのです。

カントの構想力とパースのアブダクション

これも鶴見俊輔氏の本から学んだことですけれども、パースはアブダクションについてこうもいっているそうです。それはカンシーヴ（conceive）であると。副詞ではカンシーヴァブリー（conceivably）。これはコンセプション（conception）とつながる言葉で、想像する、構想する、イマジネーション（imagination）の意味です。普通の英和辞典にもありますように、もともと「孕む」とか「受胎する」という意味なのです。なるほど、あるイメージやアイデアを受胎するということなのです。こうしてみると、哲学にはカント研究から入ったというパースの、カントの「構想力」との関係がよく分かります。カントの「構想力」という概念はEinbildungskraftの訳語ですが、この語の意味は「像を想い描く力」ないし「形象を想い描く力」という意味で、イマジネーション（imagination）の訳語の「想像力」という語に対応します。ただ「構想力」というときには、通常、カント哲学とそれに由来する用法の訳語であると考えられています。

カントの「構想力」という問題提起は哲学における認識論の転換を先駆けたものだと思います。ここで、カントが知性や理性といった認識能力に対して、美を感受する心情（Gemüt）による認識能力をより根原的なものであると考え、その認識能力を「像」や「形象」あるいは「かたち」を想い描く能力、すなわち「構想力」だとしたことが、たいへん重要であると、私は考えています。パースのアブダクションはこのカントの「像」や「形象」や「かたち」を想像する能力とつながっているのだと思います。パースの記号のカテゴリーの背景にもカントとのつながりが見えます。

パースの記号論はカテゴリーが多層的・連続的で一見複雑な感があり、また概念には造語も多く、きわめて難解に見えますが、しかしながら、私はパース記号論の本質的な意味はつぎのように捉えることができるのではないかと考えています。私の想像では、その記号論建設の構想というのは、生命的な感覚とつながる根原的な前言語にまで遡行した全的な言葉の世界を再建しようとしたのではないかと思っています。

パースの記号カテゴリーと宇宙生成観

パースの記号（広義の言語）の捉え方、そして世界の捉え方（カテゴリー）は、一般的な二項関係としてではなくて、三分法、三項関係として展開されているところに特色があります。たとえば、ソシュールの場合には、記号を「記号表現・シニフィアン」と「記号内容・シニフィエ」という二項関係で捉えています。この三分法自体の意義をここで述べるとなりますと、それだけでもたいへん長くなりますので省略しますが、二項関係ないし二項対立ではなく、世界を三項関係で捉えるという世界認識の仕方が私にとって魅力的であるのは、通常の生活経験においても分かりますように、二つの項の間に、それをつなぐプロセスや媒介項が生まれてくるからです。たとえば、父母と子の関係はその一例です。パースの場合、この三分法がきわめて多層的で、しかも連続性をもって展開されます。その展開についても省略しなければなりませんが、私がパースの記号論をどのように認識しているかという問題とアブダクションとの関係を分かりやすくするために、その骨子を簡略化した図を用意してみました。（図2）

その模式図に示されていますように、パースの記号のカテゴリーには、記号の現象学的な存在の様態にもとづいて図の垂直方向に第一次性、第二次性、第三次性という記号の三つの移行段階があり、いま一方、図の水平方向に、記号とその関係性による、同様に第一のもの、第二のもの、第三のものという記号の三項関係があります。このタテ、ヨコに直交する三分法によって、九つの記号の位相が分類されます。ここでは省略していますが、この九つの記号がさらに結合されて十種類

	1. 記号それ自身による記号 sign itself	2. その対象との関係における記号 r(sign-object)	3. その解釈項との関係における記号 r(sign-interpretant)	推論の過程（プロセス）	生成過程（プロセス）
1. firstness （第1次性） 質的可能性/性質	qualisign 質記号	icon — images イメージ / diagrams ダイアグラム / metaphors メタファー 類像/イコン	rheme 名辞	abduction アブダクション （仮説形成/構想）	chaos/disorder カオス/無秩序
2. secondness （第2次性） 事実	sinsign 個記号	index 指標/インデックス	dicent 命題	induction 帰納	generation 生成 ↓ degeneration 退行・減退 ↑
3. thirdness （第3次性） 法則	legisign 法記号	symbol 象徴/シンボル	argument 論証	deduction 演繹	cosmos/order コスモス/秩序

2　「パースの三分法／三項関係にもとづく記号のカテゴリーとそれに対応した推論および生成の過程」著者作成

の記号のクラスがつくられます。そして、さらには六十六種の記号のクラスが導き出されるのですが、しかし、その問題には立ち入らず、この図で注目していただきたいのは、タテの三つの移行段階とヨコの「質」の位相、「質的可能性」を示す第一次性の位相です。ここにパースの世界に対するきわめて先覚的な洞察があります。このタテの記号の移行段階は人間の言語（記号）の思考生成プロセスを示すものですが、この思考過程がカオスからコスモスへ、無秩序から秩序へという宇宙進化もしくは生命進化の生成と、その逆過程としての退行化・減退化（degeneration）から、カオス・無秩序へと遡行し、消滅を経て再び生へと循環する自然の世界生成プロセスとひとつに重なって連続していることです。この連続性をシネキズムといいます。まさに人間が自然の一部であるように、言語（記号）の原郷も、その自然の生命性の内にあるという世界認識です。

もうひとつの「質」の位相、「質的可能性」を示す第一次性の位相は、カオス・混沌としての潜在的可能性を秘めた質的な世界であり、思考過程としては意識下の薄暮の生成世界であって、生命的な感覚あるいは生命エネルギーとつながる前言語的な——イメージ、ダイアグラム、メタファーなどのイコン性を含む——根原の表象世界、深層知の基層と対応しています。いまここで主題としているアブダクションの過程はこの基層とつながっています。この問題はまた後で戻りたいと思いますが、したがって、先にもいいましたように、パースの記号論は、通常の言語以外の言語（イメージ的な言語、身振り言語、視覚的な図的言語など、そのような原初的な「ことば」）の地層から人間のことばの大地として再び取り戻していく、そういうことを行っているのだと思います。パースがこうした試みを「言語論」とはしないで「記号論」という新しい概念で捉えていることも、その構想の表われだといえます。通常の言語とイメージや身振りなど前言語的なことばとを一つに統合的に捉えるために、それら全体を原初的には「兆し」や「徴候」などの意味を含む「記号（サイン）」という概念で捉え直しているのです。

この思想は広い意味での「生の哲学」の流れに属するもので、パースの哲学は、その意味で従来の哲学理論に見られる観念的な思弁を排するとともに、デカルト以来の物体と精神、物と心、自然と人間といった近代哲学の二元論を解体して、生命や生における現実の具体的な営みや行為との関係のなかで精神活動が果たす役割を見る視点に重心を置いています。このように現実の生に根ざした実践的な行為の哲学であるという意味でパースは自らの哲学をプラグマティズム（pragmatism）――後には、プラグマティシズム（pragmaticism）[*1]――と名づけるのですが、この言葉もカントの「プラグマーティッシュ（pragmatisch）」という概念に由来するパースの造語です。これは、一般的には現実の経験や感覚に即して、という意味です。私はこのプラグマティシズムはその意味でデザインという行為にもっとも即した哲学の一つなのだと思っています。[*2]

アブダクションと直観

再び話をアブダクションに戻します。一般的なパース論では取りあげられることがありませんが、さらにパースがたいへん深い関心を寄せていたのは、表意文字、イデオグラム（ideogram）です。なかでもとくに漢字に関心を持っていました。それは、まさに後で述べるフェノロサと同じような漢字への熱いまなざしでした。ちなみに、近年では、ジョゼフ・ブレントによるパースの評伝で、パースが五つ目型世界地図という地図法を発見していたり、一般の人びとのために、論理形式の本質を表わす「動く思考の絵」を作成して、視覚に訴える直観的感知の方法など、自らも絵画的・図的な表現を多く試みていたことの一端が知られるようになっています。[*3] このことも、パースの漢字への関心やアブダクションの提起と重ねて、たいへん興味深いパースの側面です。

漢字は表意文字ですから図像的で直観的な把握が可能です。アブダクションは、ひらめき的現象や閃光のように現われる洞察の働きであるともいえ、直観的な把握の問題に関係します。しかしパースが直観を否定したということは、よく知られているところです。これはパースがデカルト主義的な直観を否定して、記号を媒介とした推論を認識の前提としているからですが、しかし、パースはその推論の中核をしめる直観の重要性をよく認識していました。したがって私は、ここでは直観的（anschaulich）な把握ということを、そのドイツ語の字義にも含まれているような「生き生きとした目で見たような直感的・全体的な把握」、言いかえれば、ゲシュタルト的な形象による認識、もしくはパターン認識と捉えて、アブダクションと直観との関係をつなげて考えていきたいと思います。アブダクションは直観的な行為であると。

そのように考えますと、これは動物行動学者のコンラート・ローレンツが重要視したラティオモルフ（ratiomorph）という認識の力と重なるものです。[*4] ラティオモルフのラティオ（ratio）というのは、「合理的」というときのラショナル（rational）のラティオでロゴスに由来する言葉であり、モルフ（morph）は形です。これは言語や概念による認識ではなくて、形による認識の仕方のことです。形によってつかむ、形を受胎する、そういう認識の仕方のことなのです。このローレンツの概念を、私は「形ないし形態の理に即して」という意味で、仮に「形態合理的」と訳しています。したがって「形態合理的な認識」ということもできます。こうした認識方法は、さらに科学哲学者のマイケル・ポラニーが前言語的な知の可能性を深く考察して提起した「暗黙知（tacit knowledge）」の問題やその前提をなす共通感覚の知と重ねて捉えていく必要があるでしょう。

アブダクションと美的感覚

パースは物事を識別する鋭い感覚の持ち主だったといわれています。婦人の香料のかぎ分けからお酒の飲み分けにも長じていたそうです。[*5] ここで再び鶴見俊輔氏の言葉ですけれども、日常世界のさまざまな現象から新しい真理を見つけ出してくるべき哲学者というのは、パースのように人びとに勝るとも劣らない、あるいは卓抜した鋭い感覚がなければならないと思う、といっています。天上からではなく、現実の大地からこういう言い方をする哲学者が私は大好きです。私たちはいわゆる理論というものを必要としますけれども、その理論というのはただ概念を積み上げただけのものではなくて、やはりこうした鋭い感覚のなかで受胎した理論であるべきだ、そういう感覚把握を根底に置いたものであるべきだと思いますし、私は自らがなにかを組み立てるのであればそういう理論を組み立てたい、つねにそうありたいと願って自らを律してきました。

こうした感覚はいったいなにかといえば、それはアブダクションの根底にあるものです。まさに人間も自然の一部であり、自然との本質的な調和の感覚です。言いかえれば、長い進化のなかで生命体が生きていくために身につけてきた微細な差異や異変あるいは類似の情報を——形象として——一瞬にして把握する快・不快にもとづいた判断の生命記憶なのだ、と私は考えています。あるいはそれはカオスのなかの微細なオーダーを一瞬にして認知する初原的な生命の力なのだ、といってもいいかもしれません。これこそ秩序や調和や均衡のリズムを読む美的感覚の源であり、アブダクションは美的感覚に導かれて作動するのだと考えられます。

パースは生物または生命体に深い関心を寄せていました。ですから、たとえば代表的なパース研究者の一人でもあるインディアナ大学のトーマス・A・シービオクのように、パースを土台にしながら独自の動物記号論ないし生物記号論を展開している研究者も出てきているのではないかと思います。

しかし、こうした記号論展開の文脈において、現在、私がもっとも関心を寄せているのは、デンマークの哲学者で分子生物学者のジェスパー・ホフマイヤーがパースの記号過程（記号・対象・解釈項）に着目して独自な展開をしている生命記号論（biosemiotics）です。[*6] そこで提起されている多様な生命体それぞれの記号過程と歴史性の問題は、ここでいう生命記憶の歴史性ともつながり、「生の全体性としての生活世界の形成」と「真も善も美も一つに宇宙に包越していく〈生命知〉としての美学の形成」という私のデザイン学思索の主題とも重なる観点をもち啓発的です。

マラルメとフェノロサにみる西欧的伝統の解体

つぎにパースと同時代の二人の詩人をあげたいと思います。パースの生きた十九世紀半ばから二十世紀初めというのは、欧米ではまた別の観点で、パースの考え方と並行して捉えることのできるたいへん興味深い思想が生まれていました。

一人はフランスの詩人ステファヌ・マラルメです。ここに、マラルメの最晩年の結晶『骰子一擲』（サイコロの一振り、一八九七年）という詩篇があります。（図3）これは当時の校正刷りですが、この詩は見開き二ページが一つの画面となっていて、長短さまざまな語句が、従来の詩といえば、句が線行に配列されるわけですけれども、そうした線行を脱して、大小七種類の活字でコンステレーション（星座）のように配置されてページを連ねていきます。この星座のように配された語群の連鎖は、背景に広がる余白の空間と響き合いながら、語句のさまざまなゲシュタルト的な群化の生動性、あるいは語の多様な知覚の結合性を喚起して、形象と音と意味との多彩な波動を生みだして、ページの変容とともに書物全体がその都度新しい世界を現出させる一つの宇宙生成のパノラマとなっています。

もう一人はアメリカの詩人、むしろ東洋学者、日本美術研究家として知られているのが一般的

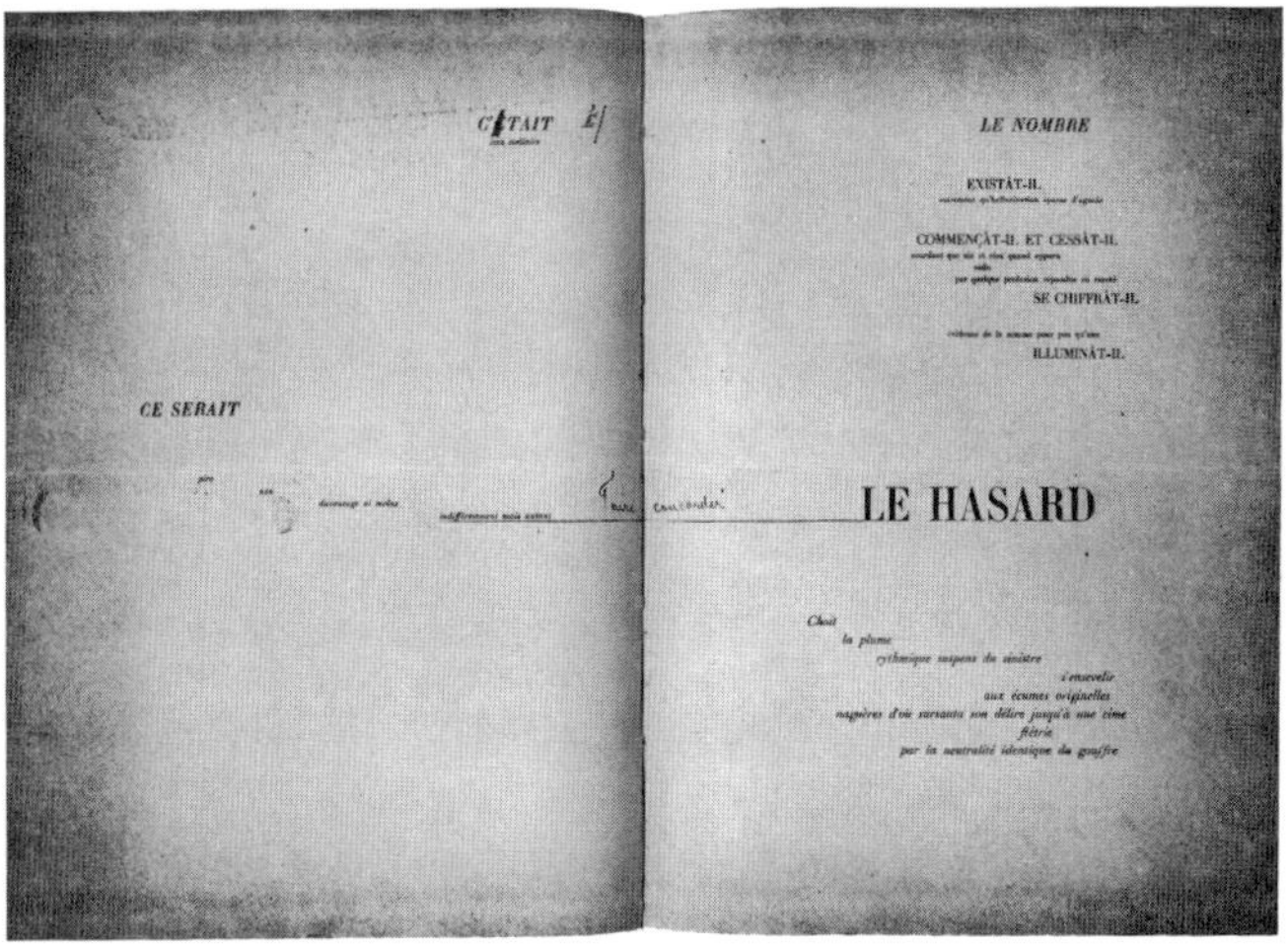
C'ÉTAIT

LE NOMBRE

EXISTÂT-IL

COMMENÇÂT-IL ET CESSÂT-IL

SE CHIFFRÂT-IL

ILLUMINÂT-IL

CE SERAIT

LE HASARD

Choit
la plume
rythmique suspens du sinistre
s'ensevelir
aux écumes originelles
naguères d'où sursauta son délire jusqu'à une cime
flétrie
par la neutralité identique du gouffre

3 ステファヌ・マラルメによる詩篇『骰子一擲』。図は一八九七年の原著(校正刷り)のファクシミリ版(ステファヌ・マラルメ『骰子一擲』秋山澄夫訳、思潮社、一九八四年、五十八—五十九頁)

かもしれませんが、アーネスト・フェノロサです。マラルメが線行の詩形式を破って言葉の星座を発表した同時期に、もう一人の詩人であるフェノロサは何度か日本に滞在して、東京帝国大学の森槐南のもとで漢字を学びます。そして、彼は自然の事物やその動きのプロセスを写す漢字の象形性に深く心を奪われて、『詩の媒体としての漢字（The Chinese Written Character as a Medium for Poetry）』という詩論を発表します。[*7] ウルム造形大学で私の師の一人である詩人のオイゲン・ゴムリンガーがこれをドイツ語に翻訳しています。（図4）フェノロサは線形的（linear）な音声記号である西洋言語の表記法に比べて、漢字の映像的な表意性に原初の言葉のエネルギーを発見して、たいへん衝撃的な直観と洞察に富むこうした独自な詩論を展開したのです。

そのなかでフェノロサは漢字を「身振り言語（language of gesture）」と呼び、また「思想絵画（thought picture）」であると名づけています。また、ドイツ語ではこれを「ヴィズエレ・シュプラーヘ・デル・ゲスティク（Visuelle Sprache der Gestik 視覚的な身振り言語）」、「デンク・ビルト（Denk-Bild 思考の形象）」というような訳し方をしています。

しかも、フェノロサはこの本のなかでさらにつぎのようにいいます。音声記号である西欧言語はどんどん線形化の方向を強めて、「慌て急ぐその伝達のために、ますます言葉の貧血症を起こしている」として、そのロゴスの線形性と道具性を厳しく糾弾します。その一方で、漢字は自然な詩的本質を吸収し、いまなおその意味（こころ）の光輪を豊かに放っているといいます。これは、なお諸感覚が混成的で未分化な、身体性を含みもつ日本の文字言語への熱いまなざしであるといえます。

bezeichnen, *die nicht auf Lauten beruhen.* Zum Beispiel durch drei chinesische Schriftzeichen:

人	見	馬
Mann	sieht	Pferd

Wenn wir alle wüßten, für welchen Teil dieses geistigen Pferdebildes jedes der Zeichen steht, könnten wir unser fortwährendes Denken einander ebenso leicht durch das Zeichnen wie durch das Sprechen von Worten mitteilen. Wir sind ja auch gewohnt, die visuelle Sprache der Gestik in gleicher Weise anzuwenden. Aber das chinesische Zeichen ist weit mehr als ein willkürliches Symbol. Es basiert auf dem Stenogrammbild natürlicher Vorgänge. Im algebraischen Zeichen und im gesprochenen Wort gibt es keinen natürlichen Bezug zwischen Ding und Zeichen: Alles hängt ab von reiner Konvention. Die chinesische Methode jedoch folgt natürlicher Anregung. Erstens steht der Mann auf seinen zwei Beinen, zweitens bewegt sich sein Auge durch den Raum: Eine kühne Figur, dargestellt durch rennende Beine unter einem Auge – das abgewandelte Bild eines Auges, das abgewandelte Bild rennender Beine, aber unvergeßlich, wenn man es einmal gesehen hat. Drittens steht das Pferd auf seinen vier Beinen.

Das Denk-Bild wird nicht nur einfach hervorgerufen durch Zeichen, wie es durch Wörter der Fall ist, nein, es wirkt weit lebendiger und konkreter. Beine gehören allen drei Zeichen an: Sie leben. Die ganze Gruppe hat die Eigenschaft eines bewegten Bildes.

Die Unwahrheit einer Malerei oder Fotografie besteht darin, daß ihnen trotz ihrer Konkretheit das Element der natürlichen Abfolge fehlt. Man vergleiche die Laokoon-Gruppe mit Brownings Versen:

I sprang to the stirrup, and Joris, and he
......
And into the midnight we galloped abreast.

Ich sprang in den Steigbügel, und Joris, und er
......
und hinein in die Miternacht galoppierten wir Seite an Seite.

4　アーネスト・フェノロサの論考『詩の媒体としての漢字』ドイツ語版。「身振り言語」や「思想絵画」という表現が出てくるページ（Ernest Fenollosa, *Das chinesische Schriftzeichien als poetisches Medium*, Hg. von Ezra Pound, Vorwort und Übertragun von Eugen Gomringer, Josef Keller Verlag, Starnberg, 1972, p. 13.）

「西洋の知」の脱構築

二十世紀において、フランスの哲学者、ジャック・デリダがロゴス中心主義という概念装置を用いて従来の西洋形而上学を批判し、その「脱構築」という思考の展開を実践したことはよく知られています。漢字のような図像的な表意文字に対して表音文字が、とくにアルファベットが優れているとした音声言語にもとづくロゴス中心的な「西洋の知」の脱構築というデリダの試みも、その精神の冒険のひとつでした。デリダはその連関で先のマラルメの詩法とフェノロサの詩論の新しい試みをあげて、それらは「最も根本的な西欧的伝統の最初の決壊であった」といっています。[*8] それは、まさに西洋近代の脱構築のための最初の解体作業であった、とデリダはいっているのだと思います。まさに、その解体のなかから、人間の根原的なもの、感覚や知の全体性を取り戻そうとしているのだといえるのではないでしょうか。西欧が自らの近代化の解体作業のなかで、彼らの熱いまなざしが東方へと向けられているときに、日本は西へ西へとまなざしを向けて近代化を急いでいたのです。

ジャック・デリダはこの西洋近代の脱構築の試みとしてマラルメとフェノロサだけをあげていますけれども、私は同時にパースを一緒にあげたいと考えています。まさに同時代を生きた人です。パースの試みは、言語の根底にあらためて身体性や諸感覚をすえた、言いかえれば、ロゴスの地層にパトスをすえた言語の全体性を再建しようとしたのだと思います。しかし、そうはいっても、その再建は西洋のロゴスによって行われました。

このようにマラルメの詩とフェノロサの詩論とに並行させてパースの記号論の試みやアブダクションについて語ることは、ほとんど前例がないので、おそらくそれぞれの専門研究者には、私の問題提示が奇異に映るかもしれません。しかし、マラルメとフェノロサの試みを「西欧的伝統の最初の決壊」と見たデリダの「脱構築」による西洋形而上学の解体の試みとともに、市民社会の具体的な生活世界の問題の場に立ってプラグマティズムを現代に蘇生させたアメリカの哲学者リチャード・ローティの「プラグマティズム的転回」による「哲学の終焉」という西洋形而上学の解体の試みを合わせ見るならば、マラルメ、フェノロサとパースとに通底する問題の地脈がアブダクティヴに見えてくるのではないでしょうか。アブダクションというのはこうした西洋近代の自省的な再生の構想を象徴的に表わしているものでありながら同時に現代の文明の在り方を考えるうえで、重要な鍵概念なのです。

十九世紀末、西洋は西洋近代の解体と再建のために、実は生成の根原へ、制作の地層へと向かったのだといえます。そのことは現代の私たちにとってもきわめて啓発的な問題ではないでしょうか。

一つ至近な例をあげておきたいと思います。今日、デザイン方法論として、より視覚的、空間的な喚起力をもった新たな図的デザイン言語の拡張が求められていますが、それは、このアブダクションの力の発動とつながっています。ダイヤグラムをはじめさまざまなノーテーション（記譜化）やメンタル・マップ、イメージ・マップ、概念、記憶、行為、運動、時間、リズム、音、聴覚、触覚、嗅覚などの地図化の試みへの関心。これはデザインの課題が生成と変化のプロセスの設計へと転換してきたからですが、現代デザインにおけるプレ・デザインの重要性、アブダクションの重要性をものがたっています。マラルメの詩やフェノロサの詩論の意味も併せて想い起こしていただきたいと思います。[*9]

創造活動にとって、これまで述べてきましたような意味で行為が直観であり、直観が行為であるような活動が第一の前提であり根原的であると思います。ですから、直接的に対象や世界を見ながら、あるいは触りながら考えるという全身体的な諸感覚の統合による制作行為（ポイエーシス）がもっとも根本的で大切であるといえます。

しかし、一方、誤解のないようにひと言つけ加えておきたいと思いますが、ここで、アブダクションという仮説形成のプロセスと直観の重要性を強調したからといって、ロゴス的、論理的な思考を否定しているわけではありません。パースの記号論自体、パースの鋭い感性と強靭なロゴス的思考とによって構築されています。どちらかというと、概念的な思考になじまない日本人の思考構築力の性向や現代日本における画像文化の氾濫に流されている状況とを思い合わせますと、ここでは、同時に、ロゴス的、論理的な思考の構築力の重要性も強調しておく必要があるかもしれません。

*1　パースは後にウィリアム・ジェームズのプラグマティズムとは異なる点を再定義して、自らのプラグマティズムを「プラグマテ(イ)シズム」と呼びました。

*2　ちなみにバウハウスのヨーゼフ・アルベルスが後にアメリカのブラック・マウンテン・カレッジ(Black Mountain College)に招かれて行ったのは、こうしたプラグマティズムの思想の問題と非常に深くかかわっています。とくにウィリアム・ジェームズを経てパースのプラグマティズムを継承・発展させたジョン・デューイの教育哲学とバウハウスの思想との共振共鳴があったといえます。やはりパースの記号論の影響を受けたチャールズ・W・モリスによって統一科学運動として記号理論が展開されていたシカゴにちょうど招かれて、ニュー・バウハウスといわれたシカゴ・スクール・オブ・デザインを創設したモホリ=ナギの場合も、同様にプラグマティズムの教育観の要請によるものであったのです。一方、統一科学運動の使徒、モリスも、モホリ=ナギとそのニュー・バウハウスの全人的な教育理念の

もっとも忠実な支持者の一人となり、学校が財政困難に陥った時期も無報酬で献身的に講義をしたといわれます。そして、芸術家、科学者、工芸家それぞれの固有の人間活動の統合とその相互滲透が時代の緊急な必要事であると説き、学生たちを絶えず鼓舞したといいます。ここには、いまひとつ、デザイン教育を総合知、全体知の視点から捉えるための歴史的な考察の問題群があります。

*3 ジョゼフ・ブレント『パースの生涯』有馬道子訳、新書館、二〇〇四年

*4 詳しくは、拙著『生とデザイン かたちの詩学I』中央公論新社(中公文庫)所収の論考「原記号としての色と形 ゲーテと近代造形思考との関連から」を参照してください。

*5 前掲書『パースの生涯』

*6 ジェスパー・ホフマイヤー『生命記号論 宇宙の意味と表象』松野孝一郎・高原美規訳、青土社、一九九九年

*7 この詩論の思索と著作の時期はフェノロサの一八九七年から一九〇〇年にかけての再度の滞日とその翌年の最後の来日二、三年のこと、十九世紀末から二十世紀初頭のことです。この詩論はフェノロサの遺稿であり、詩人エズラ・パウンドによって整理され一九一八年に『リトル・レビュー』誌に発表されたものの、その決定版が出版されて広く知られるようになるのは一九三六年以降のことです。邦訳書:アーネスト・フェノロサ、エズラ・パウンド『詩の媒体としての漢字考 アーネスト・フェノロサ＝エズラ・パウンド芸術詩論』高田美一訳著、東京美術、一九八二年

*8 ジャック・デリダ『根源の彼方に グラマトロジーについて 上』足立和浩訳、現代思潮社、一九七二年、一九一—一九二頁(原著一九六七年)

*9

一九五〇年代の西洋においては、文字メディアの図像性と文字・図像混成言語への再帰現象が生まれます。五〇年代のドイツのゴムリンガーやベンゼ、ブラジルのノイガンドレス・グループ、フランスのイルゼ+ピエール・ガルニエらのコンクリート・ポエトリーの発生から六〇年代の視覚詩を経て諸芸術の境界を超えたインターメディアへとつながっていくアートの潮流です。五〇年代のコンクリート・ポエトリーの詩論の背景には、マラルメやフェノロサの思想の影響とともに、パースの没後二十年ないし執筆から一世紀後の著作の刊行によるパース記号論の思想の影響が強く見られます。この潮流については、二十世紀における音楽の楽譜の図像化の動きや、デザインや建築の領域におけるさまざまな世界の表象化への試みと重ね合わせて考察していく機会が必要です。

なお、ちなみに日本で、鶴見俊輔氏に次いで、一九六三年に「プラグマティズムと弁証法」という論考でパースの論理思想を紹介している哲学者の上山春平氏は、後に文化人類学者の川喜田二郎氏が考案した「創造性開発」の手法「KJ法」をパースのアブダクションに当たると教示されました。これもまた、たいへん興味深い考察として付記しておきます。

b

バランス
balance

ベンヤミン
Benjamin, W.

関係
Beziehung

ビル
Bill, M.

ブーバー
Buber, M.

像・形象
Bild

ベーレンス
Behrens, P.

ベルグソン
Bergson, H.

バウハウス
Bauhaus

ベンゼ
Bense, M.

美
beauty/beauté

舞台
Bühne

生物学・生活現象
biology

ブラック・マウンテン・カレッジ
Black Mountain College

c

消費社会
consumption society

コミュニティ・地域社会・地域共同体
community

変化
change

サイバネティックス
cybernetics

出会い・遭遇
Begegnung

コンステレーション・星座・星辰
constellation

コスモス・宇宙・秩序
cosmos

コスモロジー・宇宙論
cosmology

カオス・混沌・無秩序
chaos

構成
construction

中心—周縁
center-periphery

概念・構想・妊娠・受胎
conception

文明
civilization

対比
contrast

コミュニケーション
communication

constellation[b][c] **Bauhaus & cosmology**

コスモロジーとしてのバウハウス

バウハウス——生成する宇宙

つぎは「b」としてのバウハウス(Bauhaus)と、それに「c」としてのコスモロジー(cosmology宇宙論)という語をつなげて話をしたいと思います。テーマは「コスモロジーとしてのバウハウス」。

バウハウスが私にとって興味深いのは、単にバウハウスのデザイン様式ではありません。私はバウハウスが近代デザインを生みだしたという側面よりも、むしろバウハウスという運動体が孕んでいた多様性に意味があるのだと考えています。なかでも、私自身にとって、バウハウスの発見の一つは、コスモロジーとしてのバウハウスであり、生成する宇宙としてのバウハウスです。

これはヴァルター・グロピウスの設計によるデッサウのバウハウスの新校舎で、一九二五年から二六年につくられたものです。(図5)ご存知のようにバウハウスはドイツで一九一九年から一九三三年まで約十四年間存続した革新的な造形学校のことです。この学校での「芸術と技術の統一」という美術教育の変革の試みを通して、機械産業システムとむすびついた近代デザインがは

5 ヴァルター・グロピウス設計「デッサウ・バウハウス校舎」撮影：著者、一九八七年、ドイツ・デッサウ

じめて成立します。

グロピウスの設計によってつくられたデッサウのバウハウスの校舎は、外観写真の左端を右へと曲がった側面にある入口からオスカー・シュレンマーの《バウハウスの階段》という絵画で親しまれている階段を登っていくと、（図6）その上のフロアから右に教室やアトリエなど制作活動のための動的空間があり、左にアウラ（Aula）といわれる講堂があります。（図7）ここにはマルセル・ブロイヤーがデザインしたいわゆる金属パイプによる連結椅子が並んでいます。前方に見える黒い幕のところはバウハウス舞台で、シュレンマーによるバウハウス舞台が演じられたり、あるいはセレモニーや講演などが行われました。舞台の後ろ側の幕の中央が少し開いて、さらに前方が見えていますが、向こう側はドイツ語でカンティーネ、あるいはメンザ、といわれるいわゆる学食なのです。そして、後ろの幕を全部開いてしまいますと、そこもまた観客席になってしまいます。つまり、前後、そのような双方向から舞台を見ることができる空間になっています。ここはひとつの祝祭空間です。舞台だけでなく、会食も祝祭だといえます。その先には学生たちの寮としての休息の空間、つまり静的な空間があります。そして、食堂の右側にはグラウンドがあって、体育や身体競技のための外部空間として、ここもいまひとつの祝祭空間です。この舞台を中心とした祝祭空間が、活動と休息、昼と夜、動と静を媒介しているのだといえます。

6 (上) オスカー・シュレンマー《バウハウスの階段》一九三二年
(Hans M. Wingler, *Das Bauhaus*, Verlag Gebr. Rasch & Co. und M. DuMont Schauberg, 1962, n. pag.)

7 (下) ヴァルター・グロピウス設計「デッサウ・バウハウス校舎」のアウラ(講堂)、撮影:著者、一九八七年、ドイツ・デッサウもう半世紀以上前になりますが、第二次大戦後、私がドイツのウルム造形大学に留学した動機の一つは、この大学がナチスによって閉鎖を余儀なくされたかつてのバウハウスの再生だと聞かされたからです。当初、ウルム造形大学はニュー・ジャーマン・バウハウスともいわれていました。しかし、この大学は、バウハウスの革新性や社会改革性の理念を継承しながらも、バウハウスとはまったく違う新しいデザイン教育・研究のプログラムを提起していました。まったく驚くような新しい革新的、先端的な内容で、私にとってきわめて衝撃的な経験でした。同時にウルムでの学生生活を通してバウハウスに抱いていたこれまでの通念としてのバウハウス像というものもまったく解体されてしまいました。

バウハウスとは異なるウルム造形大学を経験しながら、一方であらためてバウハウスに遡行していく研究の必要性も強く感じました。それはこの大学の教育がバウハウスから継承する革新性とその文化の根原への遡行であったともいえます。ともかく、私にとっての驚きは、バウハウスが学校という概念のもとで一般的に考える制度としての教育機関ではなくて、生産、労働、休息など生の営み全体が一つに統合された社会共同体であり、それ自体が生きた世界生成の動的な装置であるということでした。その意味で、バウハウスにコスモロジカルなものを感じていましたが、それを確信させたのがパウル・クレーの一枚のスケッチでした。この発見は私にとって大きな驚きでした。

クレーのスケッチ「バウハウスの構成図」を読む

このスケッチについて述べる前にヴァイマール・バウハウスの教育課程の構成図に少しだけふれておきたいと思います。バウハウスの教育は、周知のように、最初に、ヨハネス・イッテンによって導入された予備課程（Vorkurs）と呼ばれた基礎教育を経て、各工房作業を最終的に建築に統合するという構成でした。この予備課程は、時期によって、予備教育課程ないし予備教程、予備教習、基礎教育課程ないし基礎教程などと、その呼称が変わったものの、基礎的な教育課程として、一貫してバウハウスの教育体系の固有性と意義を決定づける重要な要素でありつづけました。ここでは、グロピウスによるヴァイマールの構成図とクレーのデッサウでの構成図に沿って、予備教程（Vorlehre）または基礎教育課程（Grundlehre）という呼称を用いて話を進めたいと思います。

この円形図は、バウハウスの創設者グロピウスがヴァイマールで最初に編成したその教育理念と構成を示しているものです。（図8）予備教程をもっとも外周として同心円状に石工、木工、金工、織物、ガラス画など各工房を経て中心の「建築」に至るという段階が描かれています。もっとも外側にある予備教程が教育課程の最初の段階を示し、全体の基礎教育課程として位置づけられています。

左側の図は、グロピウスの図をパウル・クレーが描き直したもので、（図9）バウハウスの理念と教育

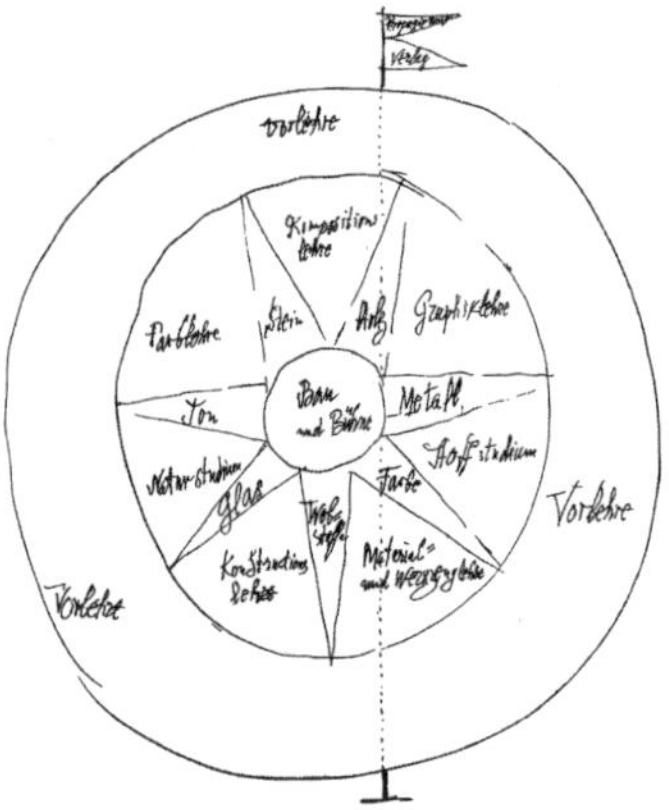

8 (右) ヴァルター・グロピウスによるヴァイマール・バウハウスの構成図の日本語訳(『バウハウス—芸術教育の革命と実験』展図録、川崎市市民ミュージアム、一九九四年、二十三頁)

9 (左) パウル・クレーによるヴァイマール・バウハウスの教育理念と構成図、一九二二年(前掲書 *Das Bauhaus*, p. 10.)

構造の諸関係をより明快に表象することを意図したものだと思います。クレーが描き直したなかで重要な点を一つだけとりあげておきますと、グロピウスは同心円の中心にバウハウスの諸芸術や手工作など種々の工房作業を統合するものとして「建築」を置いているのですが、そこにクレーは「建築」と同時にバウハウスの「舞台工房」を書き込んでいることです。その意味はクレーによるデッサウ・バウハウスの構成図で、よりいっそう明らかとなりますが、グロピウスの舞台工房の位置づけと全教育課程の相互作用とを、クレーがあらためて一つの生成する世界として図像化したものだといえます。

一方、私がたいへん驚いたスケッチはクレーの『造形思考』という本の編者、ユルク・シュピラの「まえがき」のなかに、文脈との関係で何ら特別の説明もなく「一九二八年にデッサウにおいてクレーが描いたバウハウスの構成図」として挿入されているものです。(図10)この図は上の方と下の方に円形があり、それを垂直線でつないで、真ん中に四角い図形があるという構成になっています。左側にある日本語訳の図は、当時のカリキュラムも細かに参照しながら訳を与え、今回新たに作成してみました。この図がたいへん興味深いというのは、先ほどの「舞台」の問題とも関係します。バウハウスは工房を中心とした教育システムであったわけですが、工房活動のなかでもシュレンマーが推進した舞台工房というのはほかの工房とは唯一異なる性格のものであったといえます。

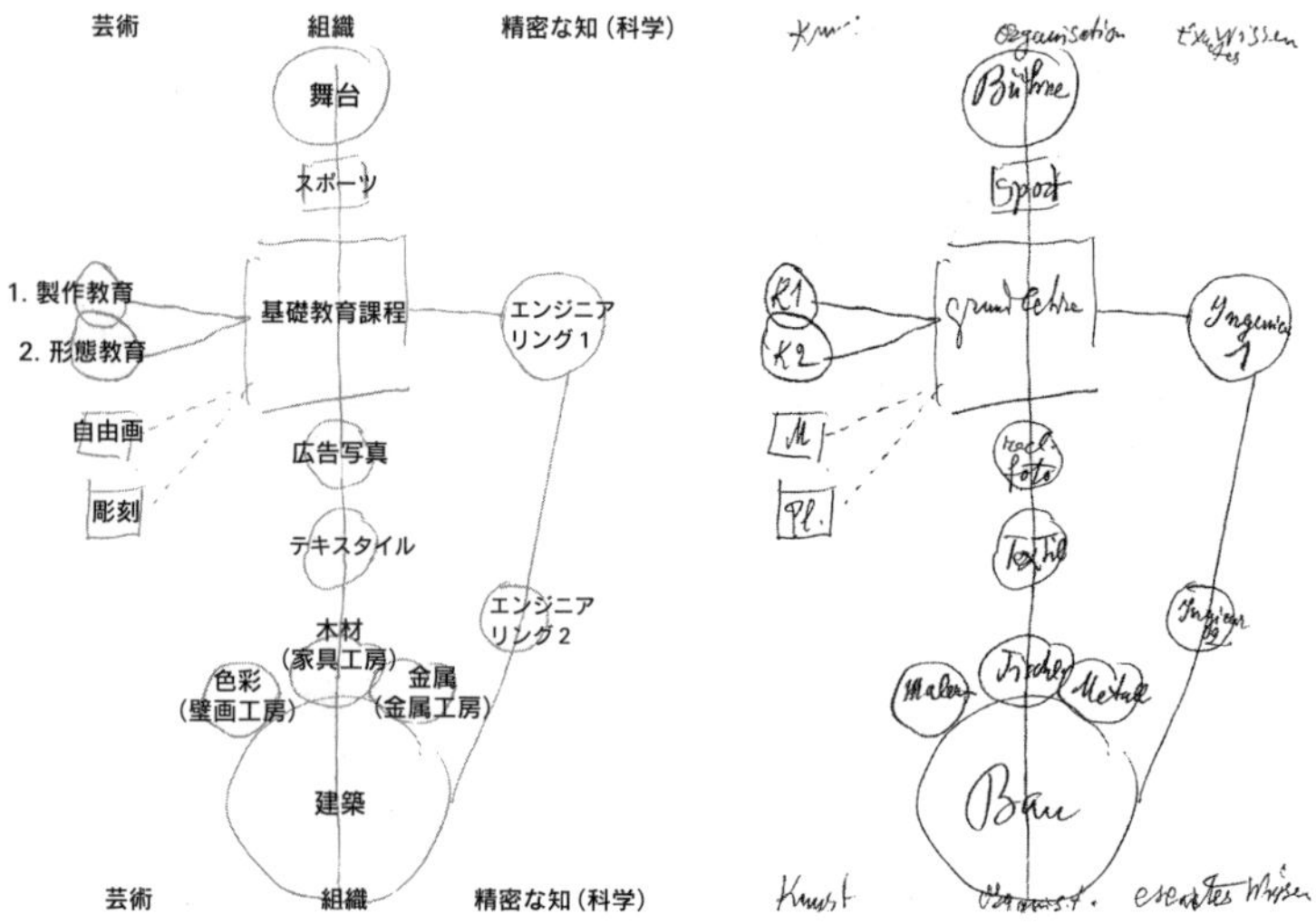

10
パウル・クレーによるバウハウスの構成図、一九二八年。左図は著者による日本語訳（Paul Klee, *Das bildnerische Denken: Form- und Gestaltungslehre, Bd. 1*, Hg. von Jürg Spiller, Schwabe & Co. Verlag, Basel/Stuttgart, 1971, p. 20.）

グロピウスは舞台の意味についてつぎのようにいっています。

> 舞台は、その根源において、形而上学的な憧憬から生まれ、それはしたがって感覚を超えた理念を感覚化することに役立つ。舞台が観衆と聴衆の魂に及ぼす作用の力は、その理念を明確に視覚的、聴覚的に知覚可能な空間で表現することの成功にかかっている。[*1]

グロピウスはこうした舞台作品の意味を、建築作品に対するいまひとつのあらゆる造形活動の総合化として対置させているのです。しかも、建築空間が生活や労働を包み込んだ日常性の世界であるとすれば、舞台は人間の形而上学的な憧憬――すなわち非日常的な世界――言いかえれば日常生活を再生するための祝祭空間としての総合性の世界であるという位置づけをしています。ですから、クレーがヴァイマールの教育構成図の同心円の中央に、「建築」と並んで「舞台」という語を書き込んだことは、クレーのグロピウスの考え方に対する同意と、同時にクレー自らの理念像の強い表出でもあったのだと思います。

この図のもう一つの重要な特質は、後で述べますように、ヨハネス・イッテンによって導入された予備課程といわれる基礎教育課程の位置づけです。

バウハウスの理想が生活あるいは労働のための社会共同体にあるのだとすれば、その共同体というトポスは再生のための非日常的な祝祭空間を包む全体性、一つの世界、それ自体で自律し、絶えず生き生きと再生され、生まれ変わりながら絶えず新たに生成していくような宇宙でなければならなかったのではないでしょうか。直接的な記述はなにひとつありませんけれども、クレーが描いたこの理念像からは、そのような生成する宇宙のイメージが喚起されてくるのです。そのような解読への想像力を強く喚起するのは、なんといっても、その基礎教育課程の位置づけです。

クレーの描いたこの図は一番下の地上に建築があり、一番上の天にバウハウス舞台があります。舞台の真下にスポーツという身体競技などの運動の空間があり、この天の舞台と地の建築を垂直に結ぶ中心に基礎教育課程が位置づけられています。そして、それらの背景には、左に芸術が、右に「精密な知」という表現で表わされた科学が置かれています。そして、その芸術と科学とは境界がなくお互いに浸透するような形で描かれています。建築の上部の周りにはさまざまな工房が置かれていますけれども、これは地上の生活世界を形成する建築と、それに統合される種々のデザインの行為の群であるといえます。建築に包容されていく器物や道具や家具などの世界、あるいは写真や広告など印刷を通したコミュニケーションの世界、それらは日常の生活世界を形成するものであり、日常の世俗的な世界です。言いかえれば、褻(け)の世界にもたとえられるかと思います。

それに対して舞台はいわゆる天に置かれていて、これは非日常的な聖なるもの、いわゆる祝祭としての晴の世界として位置づけられているといえます。

この図がとりわけコスモロジカルであるのは、その日常性と非日常性とをつなぐ中心に基礎教育課程が置かれていることです。このことは、基礎教育課程が日常性を非日常性へと仲介し、日常性の再生を果たす媒介者として位置づけられているのだ、と読むことを可能とするからです。

基礎教育課程——日常性の解体と再生・多義の生成装置

この基礎教育課程はヨハネス・イッテンによってはじめてバウハウスに導入され、最初「予備課程（Vorkurs）」ないし「予備教程（Vorlehre）」と呼ばれた美術教育の根本的な変革を意味するイッテン独自の教育課程でありました。この基礎教育課程の指導は後にヨーゼフ・アルベルスとラスロー・モホリ＝ナギに引き継がれて、次第にデザイン教育の基礎教育課程（Grundlehre）として、基礎づけられていきます。実は、バウハウスの教育課程として最初にこの基礎教育課程を形づくったイッテンは表現主義的なところがあり、東洋的な神秘主義に傾斜したということもあって、次第にグロピウスの考えと相容れず関係が決裂して、イッテンは離校することになるわけですけれども、しかしイッテンに学んだアルベルスはイッテンの方法を土台にしながら独自な基礎教育の世界を築き、それから、モホリ=ナギもまた独自な基礎教育の方法論を形づくっていきます。（図11）

その展開にあたっては、グロピウスの要請があって、基礎教育課程の内容はできるかぎりこれからのインダストリアル・デザインや機械時代のデザインの根底を支える基礎としての教育へと発展させてほしいといわれます。アルベルスの展開の基礎も、またモホリ=ナギの方法論も、事実そういう方向に発展させていくわけですけれども、しかし、よく見てみますとそれぞれの方法論の根底には、イッテンによって提起された「身体的な」、かつ「生命的な」ともいえる諸感覚に根ざした創造的な契機としての根原的なものへの遡行による展開が根本原理として重要視されています。それらの方法論は一方で確かに工業生産とむすびついた具体的なデザイン開発を支える造形上の実験的・発見的な源泉としての基礎づけに貢献するのですが、しかしそれらは同時にそうした原理や制度を破壊していくような越境性を絶えず孕んだ多義の源泉でもあったといえます。そういう意味で、基礎教育課程というのは両義的であった、あるいは多義的であったのです。

したがって基礎教育課程は、必ずしも社会の世俗的な日常性の世界の中に貢献していくというベクトルへの指向性だけではなくて、絶えずそれを省みて、絶えずそれを解体しては再生していくといった非日常的な祝祭的仕組みがあったのです。それはなぜかといえば、教育課程の意味が

11 ヨーゼフ・アルベルスの指導による、バウハウス予備教育課程における実験例二点。（上）解体による生成と見えの変容、（下）一枚の紙を切り込みだけで三次元の立体空間に変容する訓練。その変換によって紙が物理的にも変容することを体験させた。そこには負や無の価値に対する認識の深化も含まれていた（上図：前掲書 *Das Bauhaus*, p. 392. 下図：同 p. 391.）

宇宙や自然の生成と並行するようなポイエーシスとしての創造の根原的な生成観を基層に持っていたからです。ここでは、イッテンの形態論や色彩論などその独自な造形方法論や教育法にあらためて立ち入りませんが、もっとも重要な教育理念の特質を一つだけあげておきますと、いずれの授業も反復不可能で一回性の出来事であるという生成観です。その都度が新たな創造行為であるということは、生命の一回性とも重なる生成観です。

これは洋の東西を問わずにいえることですが、私たち人間の生活世界には、たえず世界を生成、更新していくような文化の仕組みがあります。日常性を非日常性へと転換させて再生を図っていく祭礼などの例に見ることができますように、非日常的な祝祭によって日常性を解体して再生を図っていく。文化人類学や神話学や深層心理学などの研究成果が明らかにしてきましたように、そういう日常性を非日常性の世界へと連れ込む媒介者となるものは、人間文化の仕掛けとして大抵両義的なものです。たとえば、神話における再生の媒介者が牛頭人身の怪物であったり、トリックスターと呼ばれる自由奔放な行為ですべての価値をひっくり返す神話的ないたずら好きの妖精やピエロのような道化であったり、ユング派のいう意識と無意識とを仲介する「影」であったりします。

つまり、バウハウスの基礎教育課程というのはそうした生成の根原的な媒介者と類比可能な、つねに越境性を孕んだ多義の生成装置であり、それ自体が絶えず世界を更新していく役割、絶えず日常性を非日常性に媒介しながらまた再生を果たすという生成的な役割を担っていたのだといえます。それが、あるいは専門性を解体して、非専門性へと溶解し新たな専門性を誕生させる、あるいは日常性の秩序を無秩序へ、混沌(カオス)へと遡行させ、新たな秩序を回生させる、という媒介者としても類比可能であることは言うまでもありません。つぎの章で述べる「ディジェネレイション」と重ねて考えていくこともできるでしょう。

「基礎」とはなにかという問い

ですから、バウハウスの基礎教育的なものを形式として考えて取り入れても、すぐに形骸化してしまうというのは当然のことと思います。バウハウスの予備教育は世界の美術教育に大きな影響を与え、バウハウスで後に基礎教育課程と呼ばれたこともあり、一般的にベーシック・デザインと呼ばれるデザイン教育の基礎教育として発展していきますが、ここには、つねにつぎのような議論がありました。その予備教育ないし基礎教育における個々人の感性や既成概念の解放、創造力の発揚の重要視、そこから編成された色彩や形態や材料体験などの一定の用途から自由な造形訓練など、そのような基礎教育が、果たしてデザインの専門に連続していくような前段階としての確かな基礎（土台）たりうるか、という議論です。他方、ベーシック・デザインそのものが一つの専門として自律してしまうという事態も生まれてしまいました。つまり、ベーシック・デザインの専門分化です。しかし、こうした議論や事態のなかにいつも欠落していましたのは、「基礎」とはなにかという本質的な問いです。イッテンによってバウハウスに導入された基礎教育課程は、単に芸術教育の変革というよりも、芸術教育や造形教育の「基礎」をどのように考えるかという問いに発する革命的な試みであったと、私は考えてきました。言いかえれば、「基礎」そのものの変革であったといえます。

先のパウル・クレーが描いた図は、まさにバウハウスにおける「基礎」の新たな変革の意味を生き生きと表出しているもので、きわめて啓発的であると思います。そこにはおそらくクレー自身の理念像も重ねられているのでしょう。図中央の基礎教育課程の左には基礎的な形態教育や、自由画、彫刻などの表示もあり、後に基礎教育課程を主導したアルベルスとモホリ＝ナギだけではなく、クレー自身やカンディンスキーやシュレンマーなどの宇宙論的な造形思考の越境性もそこに重層されていると考えられます。[*2] したがって、私にはバウハウスは、このようなコスモロジー（宇宙論）としての視点からきわめて興味深いのです。

第二次大戦後のウルム造形大学の場合、バウハウスの革新性の理念とともに、基礎教育課程を継承しますが、しかし、ここでは新たな次元で、さまざまな先端的な科学と連携した実験的な多義の生成装置が形成されていきました。

「基礎デザイン学」の「基礎」とはなにかという、そのデザイン思考の新たな変革の一端は「アブダクション」の章で示した通りです。

*1 ヴァルター・グロピウス「バウハウスの理念と形成」深川雅文訳、『バウハウス—芸術教育の革命と実験』展図録所収、川崎市市民ミュージアム、一九九四年、三十頁。原著：Walter Gropius, *Idee und Aufbau des Staatlichen Bauhauses*, Bauhausverlag, München, 1923.

*2 バウハウスの教育の最終目標が「建築」でありながら、その教育に参加したマイスターたちの多くは本来画家であった。それらの画家たちがバウハウスという共同体のなかで、いったいどのような意味をもっていたのか。基礎教育課程との関係であらためて検討されてよい問題です。それらのマイスターたちの全体へと迫る精神の動態によってバウハウスという共同体の特質が芸術と産業の統一を超えて、たえず生の全体性と呼応し、その動態にこそバウハウスの意義が保持されていたのだと思われます。

ディジェネレイション・退行生成
degeneration

d

ダイヤグラム
diagrams

デリダ
Derrida, J.

デ・ステイル
De Stijl

脱構築
déconstruction

デジタル
digital

解体
Destruktion

ドゥースブルフ
Doesburg, T.v.

演繹
deduction

デッサウ
Dessau

思索―詩作
Denken–Dichten

差異
Differenz/difference

ダルムシュタット
Darmstadt

constellation[d] **degeneration**

マイナス方向への遡行と生成

コスモスからカオスへ——新たな秩序の生成

「d」のコンステレーションの中心にはディジェネレイション（degeneration）という、パースの記号論（semiotic）における独自の概念がでています。この語については訳される方によって退化（米盛裕二氏）とか減退化（外山知徳氏）とか、あるいは弱体化と呼ばれています。私の場合には、「退行」とか「退行化」と呼んで、いまひとつの退行生成、記号の負の生成過程と位置づけています。私がこのように呼ぶのは、日本語としての響きの観点と、負（マイナス）方向への過程を潜在的、根原的な生成の契機として積極的に捉えようとする私の論旨に適いますし、また新たな創造の契機となる意識の「退行化」現象にも重ねて、考えていくことができると思うからです。

パースの記号論が三分法ないし三項関係で構成されているということについては、すでにアブダクションとの関係で述べましたけれども、パースの記号論における記号の生成過程は第一次性、第二次性、第三次性という三段階の進化的な循環過程から成り立っています。

推論の過程としてのアブダクションに対応する第一次性の段階は、青い空を眺めているような無限定で確定できない未分離の質的な潜在的可能性をもつ心情的ないし情感的な性質、つまり質の世界です。第二次性の段階はそうした無限定な質的様態から、雲らしい、山脈らしい、樹木らしいといった事物として確定できるような分離、対立、個別化が生じ、現実の個物が生成されてくる世界です。そして、第三次性の段階はそうした個々の世界から法則性、体系性、一般性、慣例、秩序などが導出されて形成されてくる世界です。こうしたパースの記号過程としての第一次性、第二次性、第三次性という循環過程の背景には、先に述べましたようにカオス（混沌）からコスモスへ、無秩序から秩序へという宇宙進化の生成プロセスと対応した自然哲学的な生成観があります。そして、パースはその進化的な生成を逆行して、秩序から無秩序へ、コスモスからカオスへと遡行するプロセスをディジェネレイションと呼んでいるのです。

この語は、「世代」の意味と同時に「生成」や「発生」を意味するジェネレイション（generation）という語の頭に「悪化、低下」や「否定、逆転」の意味へと転化する「de」という接頭辞が付いているのです。ですから、ディジェネレイションという語の一般的な意味は「堕落、退廃、退歩」などと、決してポジティヴとはいえず、きわめてネガティヴなのです。しかし、十九世紀から二十世紀の西洋がこの否定・逆転の「de」を発見し、これに着目してくるのは、大きな世界像の変革であるといえます。六十七ページの「d」の語群のなかには、ジャック・デリダの思考とその実践を特徴づける脱構築（déconstruction）という概念も見えます。これは、ハイデッガーの「解体（Destruktion）」に対応するフランス語として使用された語で、この訳語の「脱構築」は一九八〇年代の日本の思想界などで流行語のようにもなりました。しかし、重要なことは、「de」という概念装置による根原への遡行的生成の思考の実践的行為であることです。「de」と「sign」の結合で成立すると見ることも可能な「design」という概念も、こうした観点から脱構築してその再定義ができるのですが、ここでは、その問題に立ち入らず、テーマとしてのみ提示しておきたいと思います。

マックス・ベンゼの情報美学とディジェネレイション

ここに見える写真はウルム造形大学でその草創期の理論的支柱の役割を果たしたマックス・ベンゼ教授の講義風景です。（図12）マックス・ベンゼは半世紀前、一九五〇年代に情報理論にもとづく実に先鋭的な美学理論「情報美学」を世界に先駆けて提起しました。ベンゼ教授も私の師の一人ですが、一九六七年、基礎デザイン学科が設立された年に来日されて、まさにそれを記念するかのように情報美学の講義をしてくださいました。これはそのさいのたいへん記念碑的な写真です。

ベンゼの情報美学は、メディア時代といわれる今日、その理論的な文脈として、なお重要であり、もう一度捉え直されてもよいのではないかと思いますけれども、今日の日本のメディアや情報デ

12
武蔵野美術大学で講義を行うマックス・ベンゼ　撮影：清家順子、一九六七年、東京

ザインの理論や言説には、そこにリンクされているものがあまり見られません。

　ベンゼの情報美学は後にパースの記号論と重ねてその理論的な展開を広げていくのですが、一つには、パースのこのディジェネレイションに着目します。ことに、その自然哲学的な生成観との関係です。ベンゼ美学の理論的な枠組みであるその情報理論の背景には一九四四年に量子力学の観点から「生きている」ということはどういうことかを明らかにし、『生命とは何か』を著した物理学者エルヴィン・シュレーディンガーの生命観が横たわっています。「生物体は〈負エントロピー〉を食べて生きている」という有名な言葉で知られる生命観です。[*1] 自然はそのまま放置していれば、差異のない一様化へと向かい、熱力学的エントロピー増大の方向、つまり無秩序へ、混沌へと向かって自ら元に戻っていくことはできません。非可逆的なのです。しかし生命体には自ら秩序を生成・保持する可逆運動があり、それが生命原理であるわけです。シュレーディンガーはこうした生物の生命体を司る物質の働きを〈負エントロピー〉と呼んだのです。ワトソンとクリックがDNAの二重らせんの分子モデルを提出したのが一九五三年で、この分子生物学による生物像の骨格は、すでにシュレーディンガーによって提出されていました。ベンゼの情報美学の構想が提起されましたのが一九五四年のことです。

　そして、ベンゼ美学の展開の特質は、先のような情報理論を支えるシュレーディンガー以降の生命観とパースの記号過程の背景にある宇宙進化の自然哲学的な生成観とを重ねた世界生成のプロセス、あるいは情報生成のプロセスの提起であったのだといえます。先にふれましたようにベンゼは秩序が退行化して混沌へと向かうプロセスに、パースが「生成」という意味を含みもつディジェネレイションという概念を当てたことに注目して、パースが必ずしも明確にジェネレイション（生成）の過程と呼んではいなかった第一次性から、第二次性へ、第二次性から第三次性へという進化過程に対してベンゼはあらためて対概念としてジェネレイションを導入し、この両過程をともに生成過程、形成過程として位置づけました。私がディジェネレイションをとくに退行生成、記号の負の生成過程、潜在的な可能性を蔵した根原的な生成の契機として積極的に捉えようとしているのは、ベンゼ美学やパースの生成観からの展開でもありますが、しかし、とくに背景の生命観との照応が大きいといえます。

ベンゼのヴィジュアル・テクストの実験

ベンゼの情報美学に関連して、ディジェネレイションの例を見てみたいと思います。図はマックス・ベンゼとハンスイエルク・マイヤーとの一九六〇年代の共作です。《バラ捨て場》という、コンピュータによる実験的なヴィジュアル・テクストのアニメーションです。（図13）花屋さんの裏口で枯れた花がゴミ箱のなかに無残な形で捨ててあるという光景を見ることがあります。そして、そこに新たな美を発見することもありますが、これはバラの花に関連したテクストの廃棄場の情景です。それはカントのテクストであったり、ヴァレリーのテクストであったりというふうに、文学者や哲学者や物理学者など、いろいろな人たちのバラの花についてのテクストの断片をコラージュした一種のヴィジュアル・テクストです。それぞれの断片テクストの配置形状や文字群の分節や結合は、曲線、直線、正方形、十字、面……等々と、可能なかぎりのカテゴリーにもとづいてトポロジカルに構成されているのですが、それらをコンピュータ操作で動かしていくと、テクストがだんだんずれ重なり合い相互に滲透し合って読めなくなる、つまり退行化、ディジェネレイションの過程が展開されていきます。

それはベンゼ情報美学にしたがえば、エントロピーの増大（無秩序化）の方向に向かっているともいえます。「ゴミ」はまさにエントロピー増大の過程です。これはアニメーションで見れば、すぐに分かるのですが、退行化が進んでいくとある一瞬その混沌としたカオスのなかから新たなバラの花の形象がふうっと浮かびあがって見えてくる、そういう瞬間があります。つまり、それは可逆運動をする生命体にも譬えられるといえます。それは、情報美学的にも、生命の可逆運動のように、負（ネグ）エントロピー過程だということができます。それは無秩序からの、カオスからの新たな秩序の生成、新たな「いのち」の誕生ともいえるでしょう。

13 マックス・ベンゼ、ハンスイエルク・マイヤー《バラ捨て場》一九六四年（Hansjörg Mayer, *publication by edition hansjörg mayer*, Germany, 1968, pp. 158–167.）

イッテンの造形観とディジェネレイション

ここでは、先の「コスモロジーとしてのバウハウス」の章で述べたヨハネス・イッテンの造形方法も想い起こされます。イッテンの造形論や色彩論において体系化された重要な造形言語の一つはコントラスト（対比）の法則です。そのコントラストの法則のなかでも、さまざまな材料の素材感によるコントラスト効果やテクスチュアという材料の構造相互の響き合いに物質の新たな生命(いのち)を感受する、発見するという造形方法は、西洋の在来の秩序の観念からすれば、無秩序へ、混沌へと向かう退行化の世界です。そこに新たな秩序や価値を感受するわけですから、それは在来の秩序や価値の観念の大きな変革であって一九一〇年代の西洋にあっては、まったく革新的な造形教育の先駆的な試みであったと思います。なかには、ゴミ屑や不要品や廃物などをはじめ、日頃は見向きもしないような不定形で無価値な材料のモンタージュに、新たなものの生命(いのち)を発見し、新しい世界を顕現させるというような材料体験などの試みもあり、それらもディジェネレイションのなかに新しい世界を、新しい物質の生命を発見しているのです。（図14）

しかし、退行化現象のなかに新たな「いのち」の誕生を見るということは、決して特別のことではなく、私たちが日常のなかでもいろいろと経験していることです。実際には功利的な世界、た

14 ヨハネス・イッテンの指導によるテクスチュアと材料に関するスタディ。（上）木材表面の自由な彫刻加工、一九二二年。（下）雑多な自然物により触感覚を覚醒させる素材構成、一九四五年（Johannes Itten, *Mein Vorkurs am Bauhaus Gestaltungs- und Formenlehre*, Otto Maier Verlag, Ravensburg, 1963, pp. 57–58.）

だ実利だけで考えていった場合には、退行とか、劣化というのは困ると思われます。けれども、そうではなくて、退行化や劣化自体がまた新たな生成としての価値を持つということは、私たちは日常生活のなかでも、いろいろと経験していることだと思うのです。

私たちが器物を使い込んでいるうちにだんだんとその色が変わっていく、また新たな美しい艶が出てくるという経験もその一つです。別の例をあげてみますと、私たちが最初にカーボンブラックでコピーする複写機が出たときに非常に感激したのは、何回も何回も同じものをコピー機に通していくと、写しがどんどん劣化していくことでした。その退行化のなかにハッと私たちを感動させるようなテクスチュアが次々と生まれてくる。創造的な世界というのは、ある種の正(プラス)の方向を向いている進化的なプロセスだけに情報の生成なり新しい創造があるわけではないのです。そうしたことを情報美学は二十世紀半ばにすでに先駆けて理論的に提起してきたのです。その背景にはまたパースのような記号論的な考え方や新たな生命観もあったといえます。

退行化(ディジェネレイション)にみる東洋と日本の発見

しかし、他方、私たちは日本文化のなかには、平安時代から「わび・さび」というような概念があったことを想い起こすのではないでしょうか。なかでも「さび」は古びによる生気や本来の姿の退行・衰退や喪失を表わす語として負の価値の意味に用いられてきたのですが、平安末期頃から、そのような負の価値のなかに積極的に新たな「いのち」を見いだそうとする意識が形成されて、「さび」への「まなざし」が文化として育まれてきました。そのような意識の形成に寄与したのが、和歌の世界の展開と仏教の浸透であったといわれています。ディジェネレイションはまさに正の方向の秩序の衰退、退行であり、「さび」の観念とも重なります。ディジェネレイションは西洋における「さび」の発見といえないこともありません。

日本文化ということで考えるならば、ディジェネレイションという退行的な様相として捉えうる現象は「さび」だけにはとどまらないでしょう。たとえば数寄屋造り（すきやづくり）に見られるような自然の素材固有の美しさが極限まで生かされていく物質へのまなざしは決して「正」の方向に向いているのではないと思います。負の極限を究めることで、負によって正を成すというような世界生成のプロセスではないかと思うのです。墨絵における和紙や絹本に滲むかすみのような墨象の世界にしても、「正」や「有」にはなく、「負」や「無」のなかに「いのち」を感受しているのだといえるでしょう。

物質に潜在する新たな「いのち」の発見にまなざしを向けた先のイッテンは、一方、南画など東洋や日本画法にも関心を深め、身体の律動とともに一気に一筆書きで描く生動的な墨象などの試みを、自らの制作にも、教育にも早くから取り入れていきました。

イッテンの材料実験による新しい質的世界の顕現や触感覚の記憶の覚醒、あるいは身体運動による墨象の生動的表現などの試みは、少し繰り返しにもなりますが、混沌としての負あるいは無への退行化の方向であり、内的自然としての生成の根原への遡行であるといえます。そうした試みは私たちを感覚の基層にある触覚、諸感覚を統合する内触覚や体性感覚へと遡行させて、あらためて生命記憶を覚醒させていきます。

イッテンのこうした試みは彼の表現主義的な傾向や東洋思想への傾斜と関連づけて語られることが一般的かもしれませんが、私はつぎのように考えています。イッテンの独自の造形論や色彩論は、ここではその内容についてあまり述べることができませんでしたけれども、基本的にはヘラクレイトスの万物流転やアリストテレスのポイエーシスなどの宇宙生成観からゲーテのモルフォロギー（形態学）や色彩論の流れを汲む西洋のいまひとつのコスモロジカルな生知による西洋近代の変革の試みであったのだと思います。それは自然の根原へ、生成の根原への遡行による生の全体性への変革であり、イッテンはそこに東洋を、さらには日本を発見したのだと思います。

生成・プロセスとしての美学

再び、ベンゼの情報美学に戻りたいと思いますが、ベンゼ美学が「対象」を失った抽象芸術を「プロセス」として捉えたことも、きわめて革新的であったといえます。このディジェネレイションという退行生成の様相は近代芸術の動向として見ることもできます。近代芸術は自然や現実の事物の模写を離れて「抽象」の方向へと向かいます。自然や歴史や現実の事物と結ばれていた対象を解体してしまいます。その解体のなかから、点、線、面、色彩、空間、時間、運動などという自律的な造形言語を獲得してくるわけですが、その「抽象」あるいは「抽象化」とは、実は、自然や歴史や現実の事物といった世界の秩序が退行・解体・消滅したのだということができます。抽象芸術には、それはなにかという、あるいはなにかについてという確定可能な「対象」ないし「対象物」がありません。

こうした対象(object)というカテゴリーの解体は近代芸術の革命に見られるだけでなく、ニュートン以来の古典物理学が根底から見直された近代物理学の大変革にも同時に見られる平行現象です。その結果、物理学には、物質の原子核のレベル、素粒子の微視世界を開示した量子力学や相対性理論が誕生しました。新たな量子力学的な知見にもとづけば、物質は粒子と波動の二重性をもちます。まさに、近代物理学、量子力学においても、抽象芸術のように、対象性を解体した素粒子の抽象世界へと向かったのだといえます。しかも、熱力学の第二法則にしたがう物理的世界のエントロピー増大(無秩序化・一様化)のプロセスが顕現しました。こうして、芸術も物理的世界も、ともに対象性は消えて、分子ないし粒子の分布状態あるいはそのプロセスとして相対化されます。ベンゼの美学も、そのような新たな自然像、あるいは世界の生成プロセスの精神の反映として提示されているのだといえます。

したがって、ベンゼ美学において大前提となる特徴は、芸術やデザインという形成物が、もはや「対象」というカテゴリーでは捉えられていないということです。絵画や彫刻も、テクストもデザインも、ちょうどそれらは印刷の網点やテレヴィジョンの走査線の原理のように、色彩素、形態素、文字素などのある分布の状態、あるいは分布のプロセスとして捉えられています。それらは美的な対象ではなく、美的な分布状態あるいは美的プロセスとして把握されます。このことによって、なにかについての対象ではない、無限定な混沌とした抽象芸術も記述可能な美学がここにはじめて成立したのです。抽象芸術は生成の分布の状態、あるいは生成のプロセスだという革新的な生成の美学が形成されたのです。

これはウルム造形大学の共同創設者で初代学長を務めた私の恩師でもあるマックス・ビルの絵画

作品です。（図15）ビルは建築家であると同時に総合芸術家ですが、一九七〇年の大阪万博のさいにスイスの代表として日本政府に招かれて天皇に拝謁しましたが、その機会に、忙しい日程のなかで私たちのところに来て「環境形成論」について講演をしてくださいました。すでに一九四〇年代に提起されたビルのデザインにおける環境形成の理念はたいへん重要だと思いますので、後で関連する項目のところで少しだけでもふれておきたいと考えています。ここではベンゼ美学に関連し

15 マックス・ビル《無限と有限》一九四七年（Eduard Hüttinger, *max bill*, abc verlag, zürich, 1977, p. 101.）©2009 by ProLitteris, CH-8033 Zurich & SPDA, Tokyo

てビルの《無限と有限》という絵画作品についてだけ事例として述べておきます。

この絵画をベンゼの理論から考察すれば、ここでは、色彩の不確かな分布の状態が空間全体に浸透しながらエントロピーの増大――一様化、カオスの様相――へと向かっています。その色彩分布の増大・生成するプロセスのなかに一つの面を分割するような明確に描かれた曲線が現われています。それは、色分布のなかではっきりした境界のような輪郭線を持ちながら、しかし、その背景の色と色とが浸透し合いながら融合していく色彩エントロピーの増大によって、その対象としての形や意味は弱められています。それは形と背景という明確に分節された関係ではありません。しかし曲線は色の対比と色相互の浸透とによって、互いに響き合いながら色の拡散と浸透・融合とを繰り返し、一瞬消滅してはまた生起するという生動的な様相の展開となっています。

そのような画面の様相の生起、つまりその現象性に対して、ベンゼは、ここには、これは「何であるか」という「決定の相対的欠如と偶然性の相対的過剰」という美的インフォメーションの生成プロセスが開示されているといいます。言いかえれば、何が描かれているか決定する対象が相対的に欠如し、偶然性の様態が相対的に過剰となっていて、オスカー・ベッカーのいうような美的実在性としての「不確かさ」、「はかなさ」、「もろさ」、「こわれやすさ」といった「美的インフォメーション（情報）」の生成過程が開示されているということです。[*2] ここでの大きな世界認識の変革は、このように芸術やデザインという対象が、ここでは、もはやオブジェクトではなく、分子や素粒子の分布、あるいはその美的情報の生成プロセスとして捉えられていることです。[*3]

モホリ＝ナギ――もうひとつの脱構築

ディジェネレイションといい、ディコンストラクションといい、これらは繰り返しになりますけれども、二十世紀に西洋が新たな再生のために絶えず新しい生成の契機を求めて展開してきた思考の概念装置です。興味深いことに、こうした解体や脱構築を意味するような現象のなかにはさらに、個体的なものから分子的・気体的な滲透的なものへ、不透明なものから透明なものへ、密なものから粗なものへ、閉ざされたものから開かれたものへ、さらにそれらの相互の浸透性へという、むしろ不確定的な見え隠れするようなものへと向かう世界の見方が新しい再生の契機として提起されてきます。それは空隙（くうげき）の価値の発見ともいえます。

これは私が好んでよく用いる例ですけれども、モホリ＝ナギが新しい空間概念として提示した《ヴォリュームと空間の相関性》という図形です。（図16）正立方体というヴォリュームの各面がそれぞれ分離して異なった方向に散ってしまうと、新しい空間関係が生まれるというものです。

右側の図形が、正立方体の各面が四散したそれぞれの面の新しい空間関係です。面と面の間に空隙ないし空間が生まれ、その空間を通して相互に行き通う新しい空間が生まれ、そこには面の閉と開による新しい空間の諸関係が成立しています。西洋の在来の空間概念では、空間とは左側の正立方体のように閉じられた一つのヴォリュームとして考えられていたのです。そして、その各

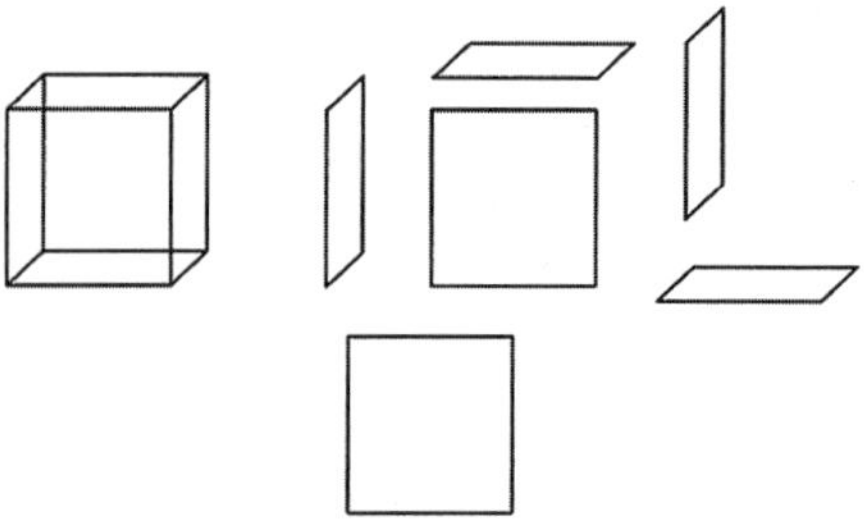

16 ラスロー・モホリ=ナギ《ヴォリュームと空間の相関性》(Lázló Moholy-Nagy, *The New Vision, 1928. 4th rev. ed. 1947 and, Abstract of an artist* , George Wittenborn, Inc., New York, 1947, p. 58.)

面が分離して四散してしまえば解体であり混沌であったわけです。こうした解体によって、固体的な閉空間にマイナスの空隙ができてしまう、あるいは空間の内と外とが相互に浸透し合うような不確定な、流動的で、メタモルフィックに生成する空間のなかに新しい空間概念を発見してくるのです。これは「存在」から「生成」へ、「ある」から「なる」への変革だということもできます。

私がこのモホリ＝ナギの《ヴォリュームと空間の相関性》という図形にはじめて出会ったとき、それはまことに新鮮な驚きでした。第一にその図形に、ふすまや明かり障子で仕切られた日本の住空間の構成をすぐさま想い起こしました。しかも、そこには桂離宮古書院の座敷風景が重ねられていました。(図17)その空間のイメージは、引き違いのふすまや障子のようなまことに薄い壁面が左右に、あるいは一方に開かれたり閉ざされたりして、重層的に連続している面を介した空間全体の相互浸透性や、縁を介した内部空間(座敷)と外部空間(庭)との相互浸透性という、ちょうど桂離宮に見られるような日本の住空間の情景をたちどころに想い起こさせるのではないでしょうか。私自身の西洋との出会いというのは、一つには、この空間概念との出会いであり、このような解体による新しい空間概念の生成という革新性への驚きと同時に、このように日本の発見でもあったという二重の意味でのまことに大きな驚きであったのです。

モホリ＝ナギによって提示されたこの新しい空間関係は、かつてスイスの美術・建築史家ギーディオンが「西洋近代がはじめて獲得した第三の空間概念、内外空間の相互貫入」[*4]と呼んだところのものです。しかし、私たちがその空間関係から日本の住空間をただちに想起するように、内外空間の相互浸透性や空間相互の浸透性は、平安時代の寝殿造りと呼ばれる住居の形式以来、日本の住空間の特質です。ただし、そのような千年以上に及ぶ日本の住居の特質も第二次大戦後のわ

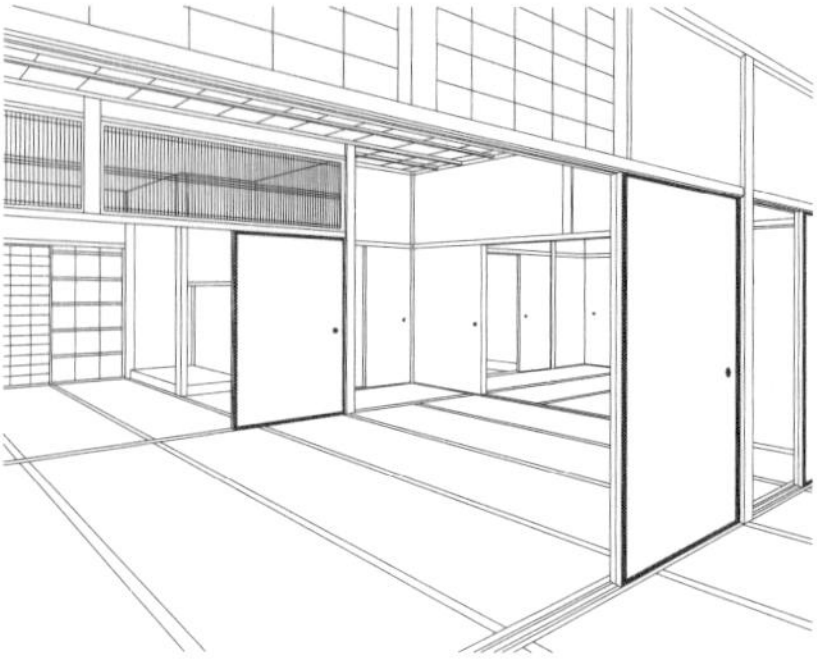

17
桂離宮古書院の縁座敷から南西方向の室内（編集部作成）

ずか半世紀ほどの間に住まいの洋風化や部屋の個室化など、起居様式や建築工法の変化によって急速に失われてきました。日本の住空間は空間の内と外とが相互に響き合い、季節や時間や祭事など日常の出来事とともにその都度変容していく生成空間としての一つの宇宙であったのだと思います。[*5]

透明性の発見

西洋におけるこの内外空間の相互貫入あるいは相互浸透という空間概念の成立には、西洋近代の脱構築という観点だけではなく、一方では近代文明の進化、近代テクノロジーの進展という局面が深くかかわっています。西洋の建築にあってはこの第三の空間概念は十九世紀以降の鉄骨やガラスという近代材料とその工法技術やシステムが可能とした建造物の実現によってはじめて獲得されたものでした。開口部が小さく閉ざされていた西洋の建物は、鉄骨とガラスによって開放され、鉄のサッシュや透明ガラスの大きな開口面を通して内部から広く外界を透視することができるようになり、同時に外部の風景が広く内部に浸透するようになりました。それを内部空間と外部空間の相互貫入あるいは相互浸透と呼んだのです。これは西洋にとってまったく新しい空間体験でした。

そうした建造物の発端となったのは、ジョセフ・パックストンの設計による一八五一年の第一回ロンドン万国博覧会会場の水晶宮（クリスタルパレス）でしたが、たとえば、美しい格子の広いガラス面を通して内界と外界とがよく響き合い、移動や時間とともに視覚が多様に変容していく近代建築の記念碑的な作品としては「厳密な明晰さによる機能の分離と有機的な統合、材料と構造による内容の視覚化」[*6]（W・ネルディンガー）ともいわれたグロピウスによるデッサウのバウハウスの新校舎をあげることができるのではないでしょうか。

二十世紀初頭の西欧近代の芸術革命では、この相互浸透的な空間概念は「滲み」というような現象性も含めて、広く透明性の発見ともいわれました。この透明性とは単に建築上の空間概念であるばかりではなくて、彫刻から二次平面上の絵画、あるいはタイポグラフィなど近代デザインのすべてに及ぶ新しい造形の言葉として発見されたのだといえます。

この「透明性」という現象が喚起する想像力には、まず第一に「クリスタル（水晶体）」のような純化の光輝を放つ形成物へと向かう「結晶化（クリスタリゼーション）」作用への志向性があります。それは、一方でクリスタル・ファンタジーとも呼ばれました。[*7] 建築にあっては、その一つが先の鉄骨とガラスの水晶宮（クリスタルパレス）に発する空間概念の展開です。それは地域・文化の差や民族を超えた普遍的な「国際建築」を唱導したグロピウスのバウハウスの校舎をはるかに超えて、今日、世界のいたるところに見られるガラスの超高層建築スカイスクレーパーの林立する現代の都市風景へと至る方向です。

「輝きの都市」ともいわれるガラスのスカイスクレーパーは、自然と人との間に成立する風土という固有の場所性あるいは方向性によって育まれた文化の趣きからは遠く切り離された「透明性」の輝きではないでしょうか。スカイスクレーパーは内部空間と外部空間との相互浸透が見られるといっても、空気も風も通わぬ人間の視覚性だけを切り取った閉ざされた空間にすぎません。その意味では、それは古来日本の住空間の特質を形成してきた内外空間の相互浸透性とは本質的に異なるものです。バウハウスの校舎が今日なお新鮮で魅力的であるのはおそらく三階建ての低層建築で外部の樹木と視線が行き交う人間の身体感覚と呼応するヒューマンスケールであること、ガラス面を通して白のカーテンに映し出される光と影の流動が時の推移と触感覚を喚起すること、すべてが嵌め殺しではないガラス面の回転によって風の道が豊かであるということなどの理由によるものであろうと思われます。

「透明性」における「結晶化(クリスタリゼーション)」へのもう一つの方向は、たとえば、いまひとりのドイツの建築家、ブルーノ・タウトがユートピアとして描出した『アルプス建築』の山襞の陰影や闇をも包容するような自然の大地とともにあるクリスタルハウスへの志向性です。[*8]

タウトが滞日のさい（一九三三―三六年）、桂離宮をこの国土のもつ「永遠なるもの」と呼んで世界的な「古典建築」と評価したことはよく知られていますが、タウトはおそらく桂の高雅な均衡の美しさの趣きを西欧近代の「透明性」あるいは造形の「結晶化（クリスタリゼーション）」への憧憬と重ねて、もうひとつの自らが求めたあるべき透明性を発見したのではないかと想像されます。それは光とともに影を含みもつ、あるいは影を介した透明性ではないかと思います。[*9]

新しい造形言語の発見――総合知に向けて

先の《ヴォリュームと空間の相関性》に戻れば、正立方体の各面が離散したとき、モホリ＝ナギは相互浸透的な新たな空間の関係性だけでなく、そこに光と影の新たな相関性、物質の反映反射による光と影の重層性などの様相現象や色彩の生成現象も同時に発見していたのです。

そのことは、モホリ＝ナギが、一九二一年頃から始める一連の「透明」絵画にも現われていきます。（図18）彼は水の流れなど具体的な自然物を模写しなくても、色彩と形によって透明性、透けた空間、あるいは前と後相互に浸透するような平面上の空間というものが表現できるのだと、「純粋な関係による色彩固有の特徴で仕事をすること」に専念していきます。ここで興味深いのは、モホリ=ナギがその言葉につなげて「この段階は感動して学んだキュービストの絵画の論理的な延長であった」[*10]といっていることです。

周知のように、ピカソの《アヴィニヨンの娘たち》（一九〇七年）によって開始された絵画の革新運動で、抽象絵画の先駆けとなったキュービズム。この芸術革命は、まさに「視覚のリアリズム」を根底としたルネッサンス以来の西欧絵画の伝統、すなわち一点透視法の遠近感で捉える対象の解体でし

18
ラスロー・モホリ=ナギ《The Great Aluminum Painting》一九二六年。アルミニウム彫板のうえに油彩。色彩と形による透明性のスタディ（*Moholy-Nagy*, Richard Kostelanetz ed., Praeger Publishers, New York, 1970, n. pag.）

た。しかも、その対象を多面的に解体して、それらを新たに多焦点的な関係に再統一する、そのキュービズムの手法を見れば、先のモホリ＝ナギの《ヴォリュームと空間の相関性》における立方体の各面が離散・解体されて、空間に浮かぶ新たな多焦点な面の関係性の生起するさまが、直ちに想い起こされます。まさに、キュービズムを幾何学的図式に純化・還元した形において。

しかも、先のモホリ＝ナギのキュービズムへの言及は、近代芸術におけるディジェネレイションの源泉にあらためて立ち戻されます。近代芸術の「具象」から「抽象」への変革です。具象、対象、個体などの「解体」といった混沌とした、その新たに開かれた負の方向の地平に向けられたモホリ＝ナギのまなざしは、その解読と展開とにおいて今日なおきわめて啓発的です。彼はそこに「デザイン」という新しい造形（Gestaltung ゲシュタルトゥング）のためのボキャブラリー（語彙）を発見したのです。著作『ザ ニュー ヴィジョン』のなかで「キュービズムの「辞典」[*11]」として、判然と区別できるとした十項目のボキャブラリーをはじめ、さらに画面構成や色彩や表面処理などの視覚の現象性にかかわる手法が列挙されているのも、その試みへの表われです。ここでは、さらにモホリ＝ナギの試みには立ち入りませんが、現代のデザイン言語の問題としても、なお参照すべきモホリ＝ナギの独自なまなざしの統合的ヴィジョンにふれておきたいと思います。

それは、造形の媒体としての素材、材料、物質へのまなざしです。そのことは、モホリ＝ナギの『ザ ニュー ヴィジョン』の前提をなすバウハウス叢書の一冊『材料から建築へ（von material zu architektur）』（一九二九年）というテーマにすでに現われています。いうまでもありませんが、この「材料」の原語の「Material（マテリアル）」は、日本語の「素材」や「物質」の意味も包括する概念です。このように形成する対象の全体に対してではなく、対象を構成する要素としての材料、物質にまず視線が注がれているということは、構成要素のひとつひとつに、固有の全体を、固有の宇宙を透視するような、あるいは読み込むような世界への対し方であるといえます。まさに、従来の「対象」としての自然や事物を解体して捉える世界の観方です。こうした世界へのアプローチは、ベンゼの情報美学のところで述べた量子力学的な世界認識の視界と重なります。つまり、物質の「質」の問題、微視の「質」の世界に向けられているからです。

その意味では、従来の観念からすれば、非物質的なものと考えられていた物質、材料、素材だといえます。たとえば、点、線、面、光、色彩、テクスチュア、ストラクチュア（構造）、運動、時間、空間など、といった、それらのさまざまな質の様相ないしは現象性への注目です。

先の「透明」絵画は、光ないし生成する多様な色彩の現象性の問題です。また、モホリ＝ナギが、痛覚、うずき、温度感覚、振動感覚など、触覚のさまざまな質を示す物質の表面処理を造形の基礎教育に取り入れるとともに、木目や繊維などのような素材固有の構造や物の表皮とその肌理（テクスチュア）に注目して、同様にそれらの実験的な構成演習によって、触覚的な質のボキャブラリー辞典を展開したことなどは、人間の根原的な感覚の覚醒から、諸感覚を豊かに再統合するための画期的な試みでした。

こうした触覚世界は物の凹凸とともに生起する光と影とが交錯する現象世界です。それを平面に還元すれば、モホリ＝ナギがはじめて造形教育に取り入れたといわれる印画紙を直接感光させるフォトグラム（カメラを使わない写真）の光と影の表層世界が生まれます。光という材料はモホリ＝ナギによって「光の造形」と呼ばれた写真と「運動」概念とによって、さらに新たな映像世界を広げていきます。

この光や色彩や物の表層の質といった非物質的な材料へのモホリ＝ナギの関心は、『ザ ニュー ヴィジョン』でも語っていますように、一方では、新たな機械テクノロジーの影響によるものでした。ガラス、透明プラスティック、レントゲン写真、カメラなどの近代技術によって生みだされた新しい材料やメディアとの出会いでした。それらは、まさに透明な媒質の材料やメディアです。モホリ＝ナギは「ガラスの建築」のスケッチを試みていたときに「透明」という概念ないしアイデアと出会うのですが、彼は当時の自分の仕事の根原的な主題は光の問題のさまざまなパラフレーズ（言いかえ）の探求であったといっています。「透明」絵画もその主要な実験の一つであったのです。[*12]

こうしたネガティヴ（負・無）の方向の発見からあらためてポジティヴ（正・有）の方向が喚起され、ポジとネガの両極性が意識化されてきます。写真はまさにネガからポジが生成される世界です。また「透明」から「不透明」が呼び戻されて、不透明なものと透明なものとの両極性が意識化されてきます。モホリ＝ナギがこうした光のパラフレーズの探求から後に「t」の章で述べるゲーテによって洞察された「くもり」という色彩生成の媒質現象にも注目していくのが興味深いです。パウル・クレーの造形思考の生成観にも、この「くもり」という世界認識が反映されています。

先にもふれましたように、モホリ＝ナギは「キュービズムの「辞典」」、「触覚のさまざまな質を示す「辞典」」などと「辞典（dictionary）」という言葉を好んでよく使いますが、そこには、二十世紀という視覚世界の拡大の時代における造形言語の哲学と方法論を多面的に検討して提起した「デザイン言語の百科全書」の試みともいうべき彼の著書『Vison in Motion（ヴィジョン・イン・モーション）[*13]』編纂の意図がまさに表出されています。ここでは、建築、デザイン、絵画、彫刻、写真、映画など造形芸術だけにとどまらず同時代の音楽言語や文学にまで検討が及んで、造形を言語として、言語を造形として捉え返し、総合知へ向けて、人間の諸感覚機能の豊かな再統合への道が多面的に探求されています。新しいテクノロジーによる材料やメディアに熱いまなざしを注ぎながらも、同時に人間の根原的なものへと遡行して、全体知、総合知へと向かっているからです。

*1　エルヴィン・シュレーディンガー『生命とは何か──物理的にみた生細胞』岡小天・鎮目恭夫訳、岩波新書、一九五一年（原著一九四四年）

*2　オスカー・ベッカー『美のはかなさと芸術家の冒険性』久野昭訳、理想社、一九六四年（原著一九二九年）

*3　参考文献：向井周太郎「マックス・ベンゼ」、川本茂雄他編『講座・記号論3　記号としての芸術』所収、勁草書房、一九八二年

*4　ジークフリート・ギーディオン『空間・時間・建築1』太田實訳、丸善、一九六九年、二十八頁

*5　前掲書『空間・時間・建築1』二十八頁

*6　Winfried Nerdinger, *Walter Gropius. Ausstellungskatalog*, Bauhaus-Archiv, Gebr. Mann Verlag, Berlin, 1985, p.74.

*7　Angelika Thiekötter *u. a.*, *Kristallisationen, Splitterungen Buruno Tauts Glashaus*, Birkhäuser Verlag, Basel Berlin Boston, 1993.

*8　前掲書 *Kristallisationen, Splitterungen Bruno Tauts Glashaus.*

*9　ブルーノ・タウト「永遠なるもの」、タウト『日本の家屋と生活』所収、篠田英雄訳、岩波書店、一九六六年。ほかの参考文献：タウト『日本　タウトの日記』篠田英雄訳、一九三三年・一九三四年・一九三五年─三六年（全三冊）、岩波書店、一九七五年

*10　ラスロー・モホリ＝ナギ『ザ ニュー ヴィジョン　ある芸術家の要約』大森忠行訳、ダヴィッド社、一九六七年、一五三頁（原著一九二八年、七十五頁）

*11　前掲書『ザ ニュー ヴィジョン　ある芸術家の要約』八十頁（原著三十七頁）

*12　前掲書『ザ ニュー ヴィジョン　ある芸術家の要約』一五二─一五三頁（原著七十二─

七十五頁）

*13 László Moholy-Nagy, *Vision in Motion*, Paul Theobald, Chicago, 1947.

e

エチカ・倫理（学）
Ethica

経験
Erfahrung/experience

エルゴノミックス
Ergonomie/ergonomics

投企・設計
Entwurf

ヨーロッパ連合
EU

構想力
Einbildungskraft

体験
Erleben

想起
Erinnerung

エネルギー
energy

色の現われ方
Erscheinungsweisen der Farben

エントロピー
Entropie/entropy

エソロジー・動物行動学
ethology

内発的―外発的
endogenous-exogenous

疎外
Entfremdung

エピレマ・間（あいだ）に
Epirrhema

フェノロサ
Fenollosa, E.F.

構成・形成
formation

自由
Freiheit/freedom

ファジー・あいまいな現象
fuzzy

ゆらぎ
fluctuation

ふり・振り
furi(miburi)

図と地
Figur-Grund

もろさ
Fragilität

形・形式
Form/form

祝祭
Fest/festival

機能・関数
Funktion/function

ジェネレイション・生成
generation

良心
Gewissen

生成
genesis

ゲシュタルト
Gestalt

心情
Gemüt

ゲストウス・身振り
gestus

生の全体性
Ganzheit des Lebens

グロピウス
Gropius, W.

ゲーテ
Goethe, J. W. v.

ゲシュタルトゥング・形成・造形・デザイン
Gestaltung

バランス・均衡
Gleichmaß

文法
Grammatik/grammar

幾何学
Geometrie/geometry

基礎教育課程
Grundlehre

善
Gut/good

constellation[f][g] **furi(miburi) = gestus**

世界の生成プロセスとしての身振り

ふり――いのちとかたちの生成リズム

ここでは「f」のなかのふり（furi）をとりあげたいと思います。これは日本語の「ふり」「振り」のことで、すなわち「身振り」のことです。そして、これはラテン語の「g」の語、ゲストウス（gestus）に対応するものです。

この「ふり」「振り」ないし「身振り」の問題は、後の「k」の章のカタモルフや「r・s」の章のリズムの問題とも深く連関する主題です。この「ふり」という語には、漢字では「振」や「震」が当てられます。「振・震」は「振（震）動」を表わします。「振（震）動」とは、ある周期性をもって揺れ動くこと、振り動かすことです。ひとつの周期性をもった振動だといえます。周期性をもった「振動」は「律動」ともいわれ、リズムに乗った動きだといえます。

現代科学の知見によれば、宇宙にはリズムが遍満していて、このリズムによって宇宙がそして生命が生成するといわれています。私は「ふり」あるいは「振り」をこうした根原的な宇宙生成のリズムとつなげて考察してきました。「身振り」とは、一般的には「身体を動かして、それで感情・意志を表わし伝えようとする動きや姿勢や行動である」という、いわゆる「身振り言語」を指しているわけです。けれども、根原的には、その意味をはるかに超えて、「いのち」が生まれてくる、「かたち」が生まれてくる、万象が生まれ出ずる契機である、そのような宇宙的・生命的な律動である、すなわち生命リズムなのだという考えを提起してきました。拙著『生とデザイン　かたちの詩学I』（中公文庫）の冒頭の論考のテーマがこの「振り」の問題で、「かたちの誕生—身振りといのち」という表題で展開した「身振り」の考察です。

私は、一九七〇年代から、かたちの生成やその原像を生のリズムあるいは生命リズムとよんで、それらにしばしば象徴的に「身振り」ということばを与えてきました。前著の『かたちのセミオシス』のなかのテクストにおいては、生命的なリズム形象、あるいは揺動する質的な形象に対して、比喩的によく「身振り」という表現を与えています。「自然の身振り」というような表現をはじめ、いろいろな場面における生成のリズムを「身振り」ということばで表わしてきましたが、その段階では、根本的な根拠をまだはっきりと捉えてはいませんでした。

しかしその後、この「身振り」ということばの基層に、これまでの直観を裏づける深い根原的な意味を発見しました。それは日本文化における「見立て」という自然認識や世界形成の方法について考えている過程でした。とくに、その基層の意味に気づいたのは、古来からの神を招来するための神籬（ひもろぎ）について考えているときでした。

今日でも、日常的には地鎮祭などの光景に見られますように、日本では、空間の四隅に笹竹か棒状のものを立て、その四周にしめ縄を張って紙垂（しで）を垂らし、中央には榊（さかき）を立てて、それを仮に神様をお招きする場所に「見立て」て祭祀を行います。その神をお招きする仮の場所が「神籬」です。（図19）

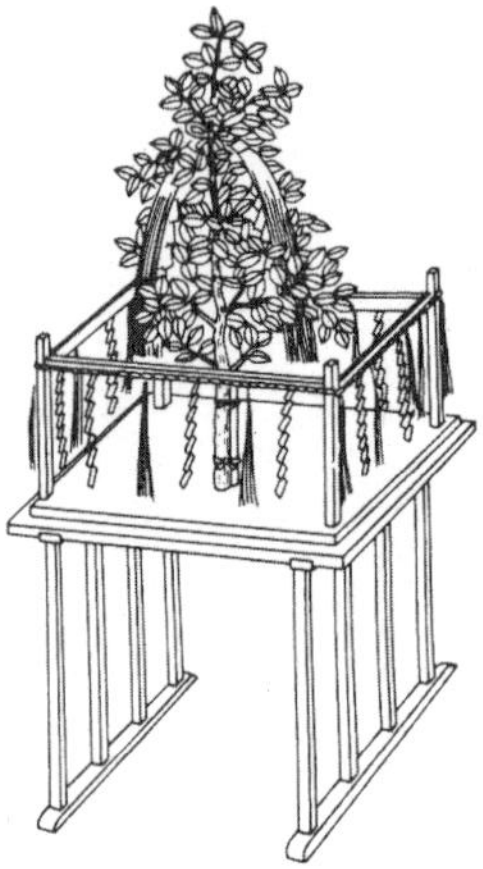

19 神籬（村上重良『日本宗教事典』講談社学術文庫、一九八八年、十七頁）

私たちは今でもなにかの折にその仮の聖域を囲うしめ縄に下げられた白い紙垂や祭礼の場に見られるような笹竹の先の金銀あるいは白や五彩の幣帛（へいはく）が風に揺れ動き、空間にはためいているような光景に出会うことがあるのではないでしょうか。紙垂や幣帛などが揺れ動く姿は神をお招きする一種の身振りであり、メッセージであるといえるのではないかと思います。まさに「ここですよ」という目印です。

身振りの「振り」というのは、先に述べましたように「振動」で、振る運動、一種のリズムを表わすとともに、なにかに「見立て」る意味があります。「見立て」とは、なにかと「見なす」こと、なにかに「なぞらえる」こと、なにかを「模する」ことです。それと関連して、「振り」には「ぶりっこ」ではないですけれども、ある態度をとったり、なにかの「ふり」をしたり、振舞ったり、まねをしたり、という「模倣」の意味があります。

この身振りの「ふり」がさらに興味深いのは、人の霊魂が遊離しないように、依代（よりしろ）を「振り動かして」活力をつける「たまふり」ないし「みたまふり」という宮中の鎮魂祭に見られるような古代からの招魂や鎮魂の祭祀の「ふり」を意味する語でもあるということです。

『岩波古語辞典』によれば、「ふり（震り・振り）」とは、「物が生命力を発揮して、生き生きと小きざみに動く意」、「……物をゆり動かして活力を呼びおこす意」とあり、原初的には、ゆり動かすことによって生命力がめざめ、生き生きとした活力が発現されるという意味だといいます。
しかも、白川静氏の『字訓』によれば、漢字の「震」や「振」は「妊娠」の「娠」と同様に「胎児が動きはじめる」ことを形容する語で、すべて動くもの、生まれるものの意味があり、国語の「ふ（振）る」にも同じ意味があるといいます。言いかえれば、振り動かすことによって「生命が生まれる、生まれかわる」ということになり、「ふり」とは、生成と再生の揺動、振動、リズムなのだといえます。
さらに白川静氏の『字統』によれば、受胎や胎動を表わすのは「身振り」の「振」や妊娠の「娠」だけでなく、身振りの「身」という漢字そのものがすでに胎児を身ごもっている女性の側身形を表わしていて、「身」は「身む（はらむ）」と読むのが原義で、すでに受胎を意味しているのだといいます。（図20・21）
このように、「身振り」という概念の基層には、「振動」という「リズム」に乗った「受胎」や「胎動」といった「生命誕生」の契機と、そして「見立て」や「比喩」や「模倣」といった「世界創造」の契機という二つの宇宙生成のプロセスが秘められています。その生成プロセスのひとつは、自然の生成「生まれる」こと、「いのちの誕生」であり、いまひとつは人為の生成「作る」こと、「かたちの誕生」だといえます。「いのち」も「かたちの生成」であるという意味では、ともに「かたちの誕生」ということになりますが、ここでは、仮に「いのち」に対比させて人為の造形を「かたち」としておきたいと思います。

ちなみに、「いのち」と「かたち」の「ち」は、古語では、ともに漢字の「霊」が当てられますが、原始的な霊性のひとつで、自然物のもつ烈しい力・威力を表わしています。「いのち」の「い」は「息（いき）」を意味し、「ち」はそのような自然の霊的な勢力、威力を表わしているわけですから、「息の勢い」が「いのち」の原義なのです。息（いき）は生（いき）でもあり、「生きる根原の力」と考えられ、それが「生命」と捉えられてきたのです。一方、息は呼吸ですから「生のリズム」、「生命リズム」であるともいえ、身

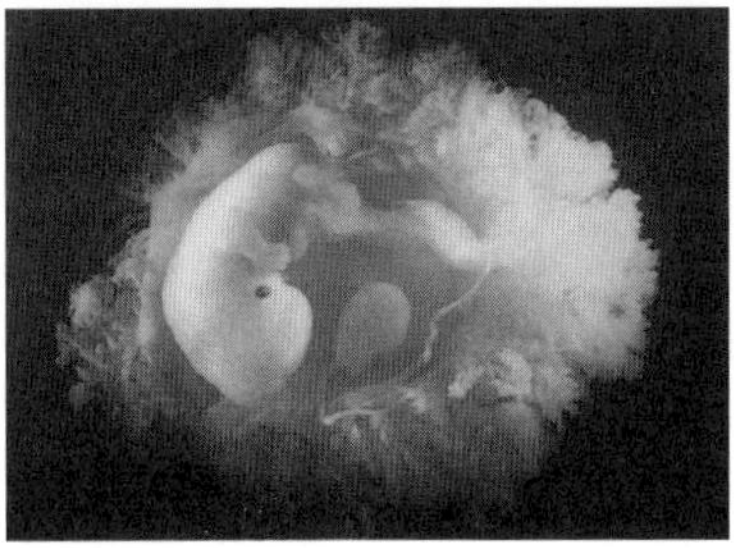

身

20（上）胎内の胎児の様子（三木成夫『生命形態の自然誌　第一巻　解剖学論集』うぶすな書院、一九八九年、四六八頁）

21（下）「身」の字形（白川静『字通』平凡社、一九九六年、八四七頁）

振りの「振」とつなげて想像力を広げていくこともできます。それに対して、「かたち」は「かた」に「ち」を結合した語です。この「ち」は自然の勢いとして、「かた」がそのつど新たに生まれかわるような「生成変化」を表わしていて、「身振り」の意味とも重なってくるのですが、このことについては、また後の章で繰り返すかもしれません。

身振り——文化の多元性・エッセンでの体験から

この「身振り」という概念については、私がデザインの根原性と現在性の基本的価値を問ううえで追跡してきたテーマと深くつながっています。そうした観点から「身振り」についての思索をまとめていた矢先に、デザイン学や記号論への共通の関心から交流を続けてきましたドイツ・エッセン大学[*1]において、シュテファン・レンギエル教授、ヘルマン・シュトゥルム教授、ノルベルト・ボルツ教授らデコード・ワーキング・グループによって企画・主催された「デザインにおける身振りと良心(Geste & Gewissen im Design)」というテーマの国際デザイン・コロキウム(一九九七年)の基調講演に招かれました。私に与えられたテーマは「身振り—文化的差異の記号(Gesten: Zeichen kultureller Differenz)」というもので、この機会が「身振り」について、さらに自らの洞察を深める契機となりました。

「身振り」という概念がテーマとなったことには、いくつかの理由があります。ひとつは、ちょうどヨーロッパでは、マン・マシン・インターフェイスの問題領域との関係でエルゴノミックスなどの新しい観点から「身振り」という語が重要な鍵概念として浮かび上がってきていました。また、ひとつは、消費社会におけるデザイン表現の過剰——大げさな見せかけの身振りなど——に対する批判の方法概念としてです。そのことは、全体テーマの「身振り（Geste）」と対置された「良心（Gewissen）」という概念に表わされています。

いまひとつは、やはりデザインにおける「良心」の問題領域と連関する文化のアイデンティティの問題です。ヨーロッパでは固有の「文化」や「歴史」を大切にすることはエチカの領域、倫理的な問題なのです。普遍性を標榜する近代デザインの勃興期においても一方では文化の固有性は重要視されていました。今日の欧州連合（EU）においては、文化のアイデンティティの問題はいっそう重要なテーマです。デザインにおいては、それぞれの国や民族や地域の文化のアイデンティティをどのように捉え、いかに保持していくべきかという課題について議論される機会は多く、この会議も「文化の差異」を「身振り」という概念で捉えようとする新たな試みのひとつでした。キーノート・スピーチとして私に与えられたテーマはその表われだといえます。

ちなみに、EUでは、加盟国すべての言語を公用語としていることも、それぞれの文化を尊重し、それぞれの相互理解を深めるためだといわれています。通訳や翻訳の作業と費用が膨大になりますが、それを英語に委ねないで、効率よりもそれぞれの文化とその相互理解を大切にしているのです。言語はまさに文化そのものです。エッセン大学のレンギエル教授によって主導されてきたEUデザイン会議においても、会議の言語使用を、できるかぎり開催地国の言語で行う試みと努力を重ねているのも、その表われのひとつです。

この「身振り」というテーマには、他方、主催者側のひとり、ノルベルト・ボルツが傾倒した現代の先鋭的な科学哲学やコミュニケーション哲学の論客、ヴィレム・フルッサーの『Gesten: Versuch einer Phänomenologie』[*2]という著作——たとえば、「書く」「喋る」「作る」「愛する」「破壊する」「写真を撮る」「絵を描く」などといった行為について展開された「身振り」の現象学的テクスト——の影響も、それへの批判のまなざしも含めて反映されています。日本では、このフルッサーについても、現代のメディア論・デザイン論の旗手ボルツについても、一九九〇年代の後半に入ってそれぞれの著作の邦訳刊行が続いて、ようやく注目されるようになりました。

この数日間の会議の経験については、私の講演に先立つ開会宣言が女性の手話で始まり、一瞬会場を満たした静けさの緊張がたいへん印象深く想い起こされますが、それは普通の講演会やシンポジウムと異なり、参加者の全身体感覚を覚醒するような「身振り（パフォーマンス）」とその実にユニークな講演と討議のコロキウムでした。一例をあげるならば、フルッサーの「写真を撮る」という行為（身振り）の考察を批判的に捉えて展開した写真家ティム・ラオテルトの撮影のパフォーマンスなどは、きわめて感動的でした。それは、一瞬にして対象を捉える撮影行為を、いわば「狩猟」になぞらえたようなフルッサーの現象考察に対する批判に発するものでした。

事例として示されたのは、製パン職人のパン作りのドキュメント写真を撮る行為でした。サンタクロースのように大きな布袋を背負って入場したラオテルトは無言でその袋からコッペ・パンのような形をしたドイツパンを取り出し、参加者ひとり一人に配り、舞台に向かって三脚カメラを設置して、つぎに舞台に上がってパンの生地作りの身振りを始めます。舞台上のパン職人と観客席のカメラマンとの二役を素早く演じながら、撮影行為が両者のインタラクティヴな生成過程であることを巧みに顕在化させていきます。観客たちもそのおいしいパンを賞味しながら、パン職人とカメラマンという二つの行為にすっかり巻きこまれているのでした。舞台スクリーンに同時に投影されていた製パンプロセスのヴィデオを通して、種々の道具や設備と、人の身振りとの関係がまた一つの文化の記憶として呼び戻されてくるのも、実に感動的であったといえます。

西洋諸語にも通底する「身振り」の意味

一九二〇年代の西欧に成立した近代建築・デザインの個人、民族、国や地域を超えた普遍性(universality)の原理にもとづけば、その普遍性とは、あるいはその普遍的(ユニバーサル)なデザインとは、ただ一つの指向性でインターナショナル・スタイル(国際様式)ともよばれ、多様性や多元性はその対立概念のように捉えられてきました。しかし、西欧の普遍的なデザイン原理を受容しても、日本の近代デザインの発展ひとつ見ても明らかなように、それぞれの民族や国や文化の差異によってデザインの特色は変容し異なるといえます。地球上すべてが一つに一様化してしまうのは決して豊かではありません。差異があり、多様であるからこそ、ほんとうに豊かなのです。私は、近代建築・デザインの国際様式や現在のグローバリゼーションの指向性のような一様化、一元化ではなく、多様性、多元性こそ普遍的なのだということが可能な論拠や概念を求めていました。私にとっては、それが生命の胎動・誕生の意味を内包する「身振り」という概念であったのです。

なぜかという理由のひとつは、第一に日本語の「身振り」という語の基層にある根原的な意味が、単に日本語にだけ固有のものではなく、ラテン語の「gestus」に由来するヨーロッパ諸語の「身振り」という語の基層にも——ドイツ語の「Geste」や「Gebärde」、フランス語の「geste」、英語の「gesture」など——の根底にも同様に見られることを発見したからです。これはほんとうに大きな驚きでした。ヨーロッパ諸語の根原にも、まさに振り動かすという振動や揺動の意味と、なぞらえる、まねをする、態度をとる、振る舞うなどという意味と、生命が胎動する、子どもが生まれるという意味とがあり、まさに「身振り」の根原的な意味が東西に通底していたからです。

もうひとつの理由は、この「身振り」という概念が、その一般的な意味だけについて考えみてもよく分かりますけれども、ひとり一人の個性の差異、民族や文化による差異、性差や年齢による差異など、きわめて豊かな表現・表出の多様性、多元性の意味を包含しているからです。しかも、その多様性や多元性は「身振り」の生命的な意味に内包されています。身振りはひとり一人異なりますが、それはひとり一人が世界でただ一人のかけがえのない個的存在であり、かけがえのない生命(いのち)であるということを表わすものです。そして、身振りはまたその都度一回性の現象であり、その現象にこそ「生まれる」という意味が秘められているからです。後の「Urbild（原像）」の章で述べたいと思いますが、身振りはクラーゲスが『リズムの本質』[*3]という著作で考察しているまさに「生命リズム」であり、類似者再帰の一回性の現象で生命現象なのです。そして「身振り」の多様性は本質的に生物の多様性という生命現象の根原的な価値ともつながっています。

「身振り」は、このように多様性、多元性の意味を生命原理という普遍性で一つに統合することの可能な新しい価値形成の概念であるといえます。

エッセンでの講演では、以上のような観点から「身振り」を、文化の多元性と生命という宇宙的普遍性とで包越していくことが可能な概念として捉えることで、デザインの新しい価値形成の地平が開かれるという問題提起をすることができました。主催者側においても、ヨーロッパ諸語の「身振り」という概念の根原的な意味をはじめて知ったこともあり、講演は幸い好評で啓発的に受け止められました。このコロキウムの講演記録はその翌年（一九九八年）シュトゥルム教授の編集でドイツのデュモン社から刊行されました。[*4]

身振り――人間身体（ミクロコスモス）と大自然（マクロコスモス）の共鳴

私は先にこの「身振り」という概念の基層には、二つの宇宙生成のプロセスが秘められているといいました。そのひとつは、自然の生成「成る」こと、「生まれる」ことであり、いまひとつは、人為の生成「作る」ことであるといいました。

そのことで容易に想像されますように、私はこの「身振り」という概念をその言葉の原義から人間の振る舞いだけでなく、自然や宇宙の生成にまで拡張しています。たとえば、日リズム、昼夜の交替、月リズム、月相の推移、潮の干満、四季のリズム、年リズムなど……、草木虫魚鳥獣たちも、こうした大自然のリズムに生かされています。植物のメタモルフォーゼ、昆虫の脱皮や成長と消滅……など。これらの現象も大自然のリズムと生のリズムとのいのちの共感過程に乗った動植物たちの身振りにほかなりません。生物たちの擬態という環境における異化と同化の振る舞いにしても、(図22)円舞や尻振りダンスとよばれる食源を仲間に告げる蜜蜂の精妙な言葉にしても、(図23)同様に大自然のリズムに乗った生命リズムとしての身振りである、といえるのではないでしょうか。

刻々と移りゆく天象地象の変容の身振り。再び春が来れば、樹々が芽ぶき、花が咲く。これも自然の身振りにほかなりません。繰り返しになりますけれども、身振りは、こうして本来、宇宙生成、世界生成のリズムであり、いのちの胎動、かたち誕生の世界の生成プロセスなのです。自然の生態的な機能環から脱し、人間固有の文明を形成した私たちの生も、そのような自然のリズム、自然の身振りに抱かれて、はじめて生かされているのだといえます。

「身振り」をこのように捉えてきますと、本書の「アブダクション」の冒頭で掲げた「生成の根原へ、制作の地層へ、ポイエーシスの源泉へ」という標語が想い起こされますが、なかでも「ポイエーシス」という概念に注目したいと思います。デザインの制作学を考えるうえで、私はこのポ

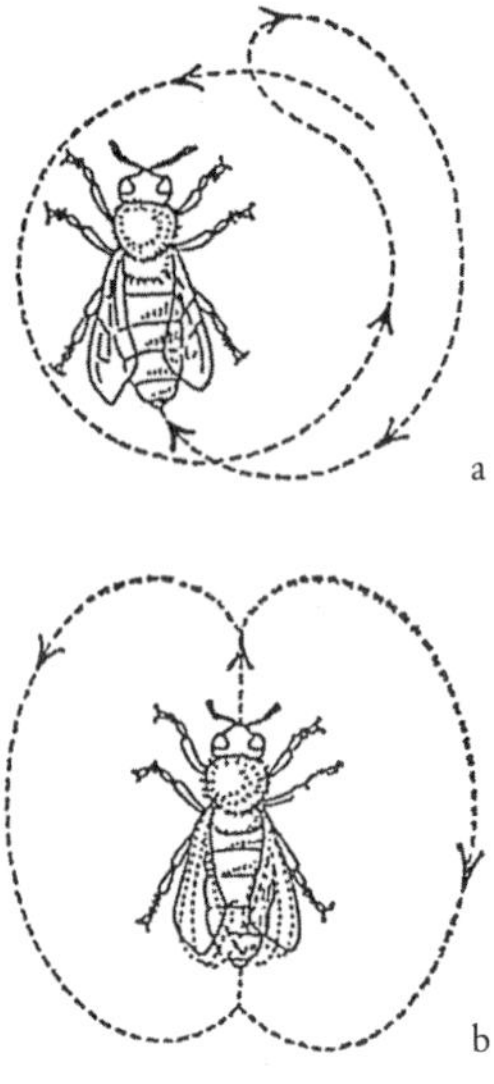
a
b

22（上）カマキリには花に似た姿で身を隠し、餌を捕らえる珍しいものがいる。図はその一種で通称「ニセハナマオウカマキリ」（Wolfgang Wickler, *Mimicry in plants and animals*, Weidenfeld and Nicolson, London, 1968, p. 141.）

23（下）ミツバチの円舞（a）と尻振りダンス（b）。どちらもミツバチが餌場所を仲間に知らせるためのことばとしての動作（カール・フォン・フリッシュ『ミツバチの不思議』内田亨訳、法政大学出版局、一九七八年、第一刷、一〇三頁）

イエーシスの原義を重要視しています。ここでいう「ポイエーシス」の原義とは、アリストテレスが『詩学』や『自然学』などの著作のなかで用いたような「ポイエーシス」の意味にもとづいています。この概念は、人が身体を動かし実際に「作る」という「制作する行為」を表わしていると同時に、自然や生命の振る舞い、それらの生成・発展の運動にも拡張されています。ポイエーシスという語は今日の「詩」を表わすポエジーの語源にあたりますが、現代では、ポエジーはポイエーシスの意味から分化して文学の一個別領域となってしまっています。

しかし、私は現代において、アリストテレスが自然の生成も人の制作行為も、ともに「ポイエーシス」とよんだ制作の意味を新たな次元で——詩的営為と身体性とを取り戻し——再生すべきだと考えています。そのようなポイエーシスは宇宙生成、世界生成の生命リズムである「身振り」の意味とまさに共振するものであるといえます。こうした観点では、同時に、真なるものの前提を制作的（ポイエーシス）な行為とみなした十八世紀初頭のナポリの哲学者、ヴィーコのいう詩的叡智とその「新しい学」の在り方の重要性も想い起こされます。

その後、私はこの「身振り」のテーマをさらに展開する機会を得ました。二〇〇〇年にドイツ・ハノーヴァー万博の関連行事としてボンで開催されました特別展、「今日は明日——経験と構成の未来」展[*5]に招かれたさいです。この展覧会は、ケルン工科大学のデザイン関係学のミヒャエル・

エールホフ教授によるキュレーションで、「今日は明日」という展覧会名のもとに、哲学、芸術学、記号学、認知科学、数学、サイバネティックス、情報学、デザイン学など、さまざまな分野で学際的に活動している約十名ほどの研究者に出展・プレゼンテーションが依頼された世界的な拡がりのあるものでした。その展覧会の課題は「未来を考え、未来を展望するための、各自の思考のモデルを視覚的に形象化して、プレゼンテーションせよ」という内容のものでした。私はデザイン学の立場から問題提起に招かれ、「世界プロセスとしての身振り」というテーマで展開しました。

それは、人間身体（ミクロコスモス）と、生命体を包み込む大自然（マクロコスモス）との共振共鳴による世界の生成過程を「身振り」という概念で捉えて展開したひとつの「生のかたちの宇宙誌」ともいえる作品として提示しました。その作品は書物に見立てられたパサージュ空間のインスタレーションとして構成しました。この内容は拙著『デザインの原像　かたちの詩学Ⅱ』（中公文庫）に収録されています。先のエッセンでの講演記録も、またこの展覧会の論集もドイツ語圏で広く読まれ、幸いこの「身振り」の問題提起がヴァイマールの新しいバウハウス大学のメディア研究所などをはじめ、少なからず新しいデザイン制作・研究のパイロット・プランとして参照されて相互交流が始まっています。

＊1　エッセン大学のデザイン領域は、ルール工業地帯の産業的転換に伴う社会政策として一九七二年の創設のさい、同地のフォルクヴァング芸術大学（Folkwang Hochschule）から編入され、レンギエル教授を中心にデザインの学際的な研究体制とデザイン学が確立されてきました。同大学は二〇〇三年にドゥーイスブルク大学（一六五五年創立）と合併再編されて、ドゥーイスブルク・エッセン大学となりました。二〇〇七年には、ドゥーイスブルク・エッセン大学のデザイン領域がフォルクヴァング芸術大学の芸術の再総合化のため再帰統合されて、デザイン学研究部門もフォルクヴァング芸術大学に編入されています。同大学は一九二七年にフォルクヴァング・ミュージアムとの関連で創設された総合芸術の名門校でピナ・バウシュをはじめ多方面に逸材を輩出しました。デザイン領域の設立も先駆的で一九四九年にはインダストリアル・デザイン専攻を設立しています。

＊2　Vilém Flusser, *Gesten: Versuch einer Phänomenologie*, Bollmann Verlag, Bensheim und Düsseldorf, 1991.

＊3　ルードヴィッヒ・クラーゲス『リズムの本質』杉浦実訳、みすず書房、一九七一年（原著一九二三年）

＊4　*Geste & Gewissen im Design*, Hg. von Hermann Sturm, DuMont Buchverlag, Köln, 1998.

＊5　本展では、図録に代えてプレゼンテーター全員の論文集がキュレーターのミヒャエル・エールホフ（Michael Erlhoff）、アドバイザーのハンス・ウルリッヒ・レック（Hans Ulrich Reck）編で刊行されました。その書名は次のとおり。*Heute ist Morgen: Über die Zukunft von Erfahrung und Konstruktion*, Kunst- und Ausstellungshalle der Bundesrepublik Deutschland GmbH, Bonn, 2000.

h

ヘラクレイトス
Hērakleitos

歴史
history

地平
Horizont/horizon

ホイス
Heuss, T.

ハーバーマス
Habermas, J.

はかなさ
Hinfälligkeit

救済
Hilfe

聖—俗
heilig–profan

手工作
Handwerk

ホーリズム・全体論
Holismus/holism

希望
Hoffnung/hope

ウルム造形大学
Hochschule für Gestaltung Ulm

あう・ハーモニー・調和
Harmonie/harmony

ホフマイヤー
Hoffmeyer, J.

インターフェイス
interface

個人・個体・個物
Individuum/individual

情報
information

アイデンティティ・同一性・独自性
Identität/identity

見えざる手
invisible hand

理想
Ideal/ideal

想像力
imagination

イッテン
Itten, J.

産業主義
industrialism

イデオグラム・表意文字
Ideogramm/ideogram

インテグレイション・統合
integration

インタラクション・相互作用
interaction

理念・アイデア
Idee/idea

帰納法
induction

イメージ
images

constellation[i] **interaction**

相互作用――呼びあい、触れあい、響きあいの生成

われとなんじの間

　ここではとくにインタラクション（interaction）、相互作用という概念をとりあげたいと思います。一九八〇年代末ぐらいから、マン・マシン・インターフェイスとの関係、あるいは新しい電子時代のコンピュータのインターフェイスとの関係でインタラクティヴ（interactive）とかインタラクションという言葉が盛んに使われるようになってきますが、このインタラクションも、実は二十世紀初頭における西洋近代の変革を契機に獲得されてきた概念だと考えます。インタラクションは相互作用と訳されたりしますけれども、この背景には、宇宙に対立して設定された近代的自我の解体、近代科学によって隔絶された大自然と人間との宥和の回復、大自然と人間との「間（あいだ）」、あるいはまた人と人との関係、自己と他者との「間（あいだ）」の新たな認識などの近代の変革の知が横たわっ

ています。

世界や自己の生成の契機、あるいは生成の場として「間(あいだ)」の問題を提起した哲学としては、すぐさまマルティン・ブーバーの『我と汝』(一九二三年)の哲学が想起されますし、造形思考としては「芸術家〈われ〉にとっての対象は、〈それ〉ではなく、自然との連帯をもつ〈なんじ〉である」というパウル・クレーの「われとなんじ」の世界生成模型(《自然研究の道》一九二三年)が想い起こされます。(図24)

近代のなかでも、とりわけ二十世紀の機械やテクノロジーの高度な発展、労働の機械化や自動化、物や情報の大量生産と大量消費、市場主義や自由競争原理の強化と加速、社会組織の管理化・官僚化の拡大などは、人びとをまるで機能的な物か、機械の部品のように非個性的、非人格的な存在として一様化、画一化して、ますます人間の疎外状況を増大してきました。それは人間相互の心の触れ合いや響き合いから隔絶された人間の物件化であり、たとえばブーバーの表現にしたがえば、第三人称的なものとしての「それ化」にほかならないといえます。

ブーバーの「われとなんじ」の問題提起は、物件化された血も心も通わぬ「それ」から真に人間的な心の触れ合う「なんじ」を取り戻し、「われ」と「なんじ」との間の響き合いのうちに、「なんじ」なしには自己の形成も生もありえない人間本来の姿、人間の生の根原的な意味を再生させよ

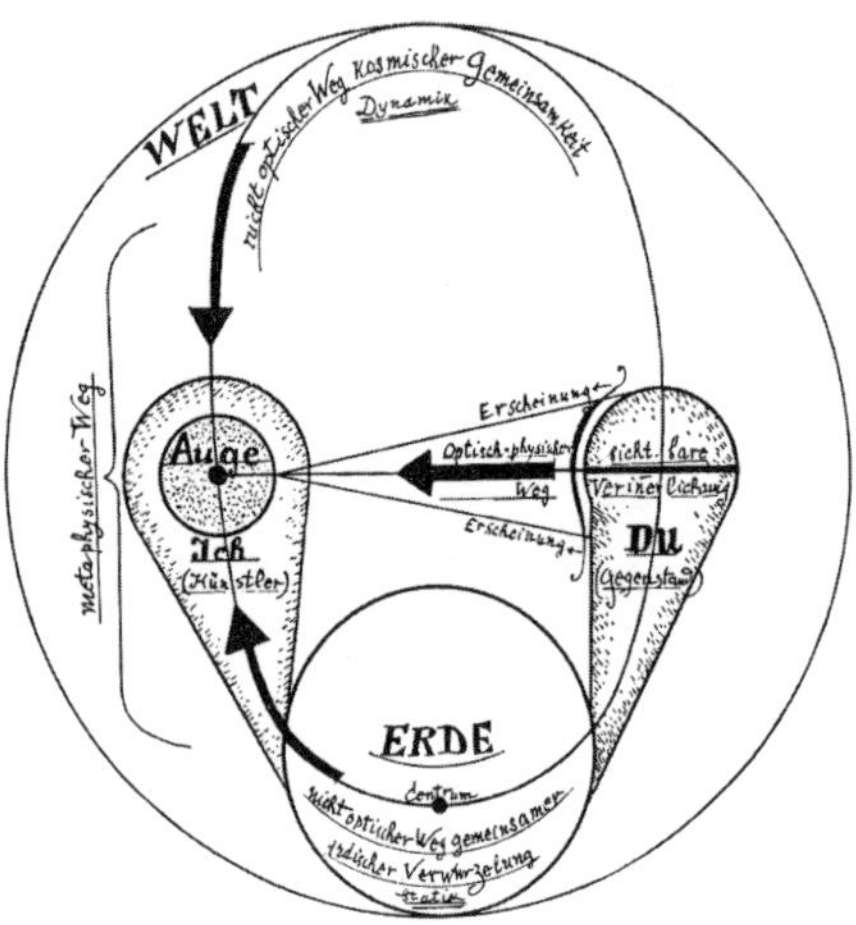

24
パウル・クレー《自然研究の道》一九二三年。「光」と「闇」、「呼気」と「吸気」、「大気」と「大地」という分極性とその合一性というゲーテの理念を想像させるクレーの自然研究のモデル。与えられた言葉を図に沿ってつなげてみればおおよそ次のようになる。「芸術家〈われ〉にとっての対象は、〈それ〉ではなく、自然との連帯をもつ〈なんじ〉である。〈なんじ〉としての現象は、光学的空間を貫けて目に映じ、〈われ〉の内部で視覚的内面化へと導かれる。〈われ〉と〈なんじ〉の間にそれ以上の交感をもたらすためには、〈なんじ〉は地上から根を通じ大地の非光学的空間を貫けて上昇し〈われ〉の内部に連合する。その形而上学的統合によって、はじめてフォルムの外的観察との内的省察の統合という全的形成が可能と成るのだ。……」(Paul Klee, *Das bildnerische Denken: Form- und Gestaltungslehre Bd. 1*, Hg. von Jürg Spiller, Schwabe & Co. Verlag, Basel/Stuttgart, 1971, pp. 66–67.)

うとする思索の試みでした。

他方、パウル・クレーは芸術の対象を、現前する世界も、作る世界も、対象化された「それ」ではなく、「われ」と互いに響き合う「なんじ」として捉え返していきます。機械時代の近代デザインの成立を支えた造形思考には、このように物質や世界についても単なる物件としてみるのではなく、その声を聞き、生命（いのち）を感受し、「なんじ」として互いに呼び合い響き合い、そして「われ」の生命（いのち）を吹き込んでいくという自然や世界との対話的・共振的行為の思想が用意されていたのです。

アルベルス——色彩のインタラクション

インタラクションとは「相互作用」という訳語を超えて、互いの間（あいだ）の「呼び合い」の意味なのです。お互いに呼び合う、触れ合う、響き合うこと。つまり人や世界と自分とが呼び合う、触れ合う、響き合う、そういう関係性相互の間の響き合いを根原的な生成の契機とする思想との連関でインタラクションという概念が提示されてきたのです。ドイツ語ではWechselwirkung（ヴェクセルヴィルクング）といいます。

この概念に導かれた人たちは先のモホリ＝ナギをはじめほかにも広くあげることができますけ

れども、ここではいまひとり、バウハウスのマイスターで、後にブラック・マウンテン・カレッジからエール大学に行ったヨーゼフ・アルベルスの仕事とその宇宙観を見てみたいと思います。先にもふれましたが、アルベルスはバウハウスでイッテンに学び、後にイッテンの基礎教育課程の指導を引き継いでいきます。アルベルスの造形教育の方法は、バウハウスの基礎教育をもっとも特徴づける独自な方法論として、日本でも第二次大戦前からよく知られ、広くデザインの基礎教育にベーシック・デザインとして取り入れられてきていました。しかし、芸術家、画家としてのアルベルスについては、ほとんど知られていませんでした。その自然観にいたっては、なおさら知られていないといえます。今日でも、その事情はそんなに大きく変わっているとは思えません。

私はウルム造形大学で学んださいにマックス・ビルや私のいまひとりの重要な師トーマス・マルドナードを通じて、はじめてアルベルスの絵画の世界《正方形讃歌》や《ストラクチュアの星座》という作品を知りました。正方形の静謐な色彩世界の美しいその様相の変容には、まったく新しい経験でありながら、自らの自然の記憶や文化の記憶に出会ったような驚きを感じました。《ストラクチュアの星座》は、まるで空間を舞う直線の図形ポエムとでも呼びたいような新鮮な驚きでした。

それから七年後の一九六三年、再度のウルム滞在のさい、ちょうどマルドナードのもとに届けられた同年刊行のアルベルスによる『色彩の相互作用（Interaction of Color）』（エール大学プレス刊）に接したときには、これはまた別の大きな驚きでした。私はちょうど渡独前に、私より少し若い友人たちと行ってきた二十世紀の重要なデザイン言語の根底を成す造形思考についての勉強会でまとめたアルベルスの芸術世界の紹介を『グラフィックデザイン』誌（十一号、一九六三年）に寄稿してきたところだったものですから、その驚きと感動はまた一入（ひとしお）でした。それは彼がエール大学で展開した「色彩現象は色と色との間、世界と人との間の相互の呼び合い、響き合いにおいてはじめて生起するのだ」という色彩生成の創造の泉のような二百葉以上に及ぶ膨大な例題的創作のデータ・ベースであったからです。

アルベルスの『色彩の相互作用』には、残像現象、同時対比（simultaneous contrast）をはじめとするさまざまな対比現象、対比の反作用としての同化（assimilation）現象、透明性と空間錯視、加法混色的および減法混色的透明性、境界の振動現象や境界の消失、平面色（film color）様相や空間色（volume color）様相など、色の多様な生成現象が展開されています。

イッテンの色彩論が対比（コントラスト）を原初的な宇宙生成のリズムと見て、種々の対比現象の原理的カテゴリー（明暗対比、色相対比、彩度対比、寒暖対比、補色対比、同時対比、面積対比など）を組織化したのに対して、アルベルスはそれをベースにむしろ色と色との間に生起する色の様相や刻々と移りゆく色の呼び合い、響き合いの変容(メタモルフォーゼ)のリズムにまなざしを向けていきます。

イッテンにとっても、関係相互の響き合いは、造形の根本的な法則でした。彼は「芸術の永遠の法則は〈リズム、バランス、コントラスト〉である」[*1]とするのですが、リズムは連続的、反復的な振動、脈動、律動、運動などの身体的・生命的な生成概念だといえます。コントラストとは世界の間断ない連続性を分節的な関係として見たときの差異(宇宙秩序)の概念であり、明と暗、寒と暖、高と低、大と小などと原初的に分節可能な宇宙生成リズムの構成原理です。バランスはそれら全体の動的均衡・調和の概念です。こうした差異の対比やリズムを前提としながらも、アルベルスの場合は、その関係性相互の間に生起する生成の動態やプロセスへと重心を移していきます。そのような意味でアルベルスは「相互作用」という概念を生成原理として積極的に提起していくのです。

アルベルスの詩に夫人のアニ・アルベルスに捧げた「アニのために」というつぎのような句があります。

わたしの大地は、ほかの人にも仕えるが
わたしの世界は、わたし一人だけのもの[*2]

この「わたしの大地」は彼の自由な精神的な大地、創造的な教育・研究や制作の大地を指しています。『色彩の相互作用』は明らかに「ほかの人にも仕える」その教育・研究的な地平の開示であり、それに対して、アルベルス芸術《正方形讃歌》の生成の地平はまさに、「わたしの世界」「わたし一人だけのもの」だといえます。

色彩のインタラクション——その呼び合い、響き合いの生成世界をアルベルス自らの芸術のテーマとして展開していくのが、《正方形讃歌》あるいは《正方形頌》(Homage to the Square) と呼ばれる絵画の一九四九年から生涯にわたる連作です。(図25) その作品の構造は正方形のなかに正方形が入れ子状になっているのですが、その構造の形式は四種類にすぎません。(図26) 入れ子状の正方形の重心が下方にあるのは遠近的な空間作用のためですが、正方形状に区切られた面の色の相違だけの組み合わせで無限ともいえるヴァリエーションが展開されていくのです。残像現象にもとづく同時対比による色の相互作用をはじめ色が相互に響き合う多様な色の変容世界が現象し、色相互のエフェメラル (ephemeral) な移ろいや反照 (reflection) などを生起させていきます。たとえばあるときは、正方形の境界が相互に振動し、二つの色面が互いに浸透していく。それは海浜の渚のように海水が砂浜に滲んではまた沈みかえっていくような境界の両義的現象にも見えてきます。アルベルスの《正方形讃歌》は、そのように絶えず生々流転していく、自然を映す鏡

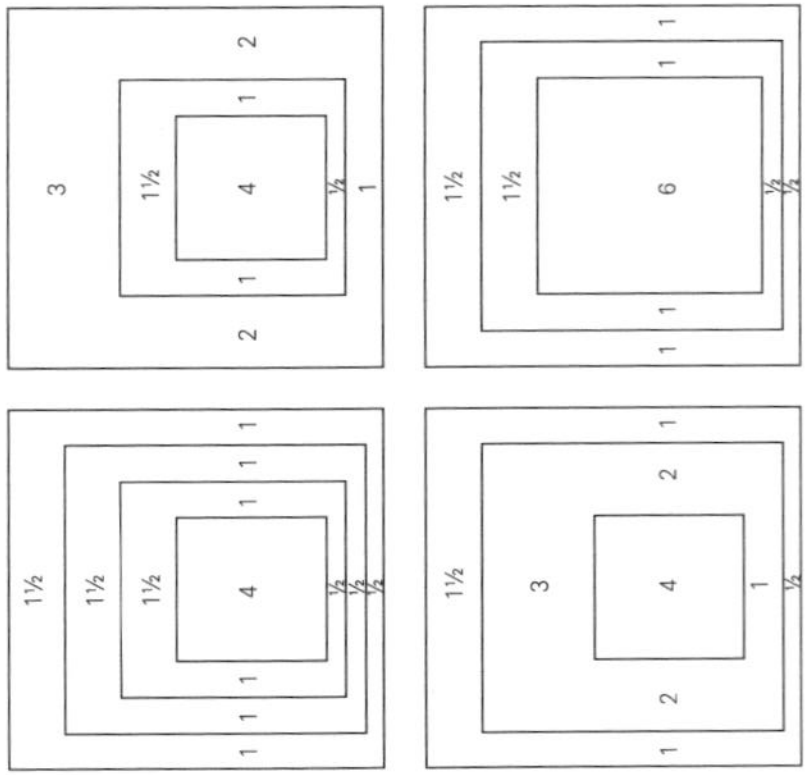

25（上） ヨーゼフ・アルベルス《正方形讃歌》（*Das Werk des Malers und Bauhausmeisters als Beitrag zur visuellen Gestaltung im 20. Jahrhundert*, Eugen Gomringer *et al.* eds., Josef Keller Verlag, Starnberg, 1968, p. 145.）©The Josef and Anni Albers Foundation/VG BILD-KUNST, Bonn & APG-Japan, 2009

26（下）《正方形讃歌》の構造の形式（編集部作成）

のような世界であり、私たちの内面性とゆるやかに共鳴する絶えざる色の生成世界であり、生成する一つの宇宙像のようだといえます。それはまさに色の呼び合い、そして色が互いに呼び合うだけではなくて、まさに私たちの目と身体と世界とが呼び合っている、触れ合っている、響き合っているのだといえるでしょう。

この《正方形讃歌》が映し出す色の生成世界をマックス・ビルは東洋の曼陀羅のようだと形容して讃美しましたが、私は光と闇との対話を包摂した「瞑想の正方形」と呼びたいと思います。なかでも、グレーのトーンを用いた和紙を漉き込んだような透明性の作品は陰影を含み、なにかが顕現するような神聖なものを感じます。全体として日本古来の透影という現象をも喚起させられます。私が自らの自然の記憶や文化の記憶と出会ったような最初の驚きは、おそらくその透影のような色の微妙な推移や深さや浸透性にあったのだろうと思います。

ゲーテの自然観への讃辞

この《正方形讃歌》の背景にはゲーテの自然観や色彩論との連帯があることはいうまでもありません。《正方形讃歌》にアルベルスはつぎのような詩を与えています。

太陽が輝けば
水は大気をこえて天に昇る
雲はしだいに集まり
日の翳りが天地を占める

太陽の輝きが消えてゆけば
水は地上にとどまる
雲はしだいに立ち去り
日の輝きが天地を占める

ダカーポ（くりかえす）[*3]

この詩には、「＋＝－（プラス＝マイナス）」という題がつけられています。プラスかマイナスかではなく、プラスとマイナスの二項対立でもなくて、プラス・イコール・マイナスであるというゲーテの自然観への讃辞でもあるのです。これは相互作用的あるいは相互規定的なゲーテのポラリテート（Polarität　分極性）という「呼気と吸気」、「光と闇」、「拡張と収縮」、「大気と大地」の関係のような自然の相対的変容の情景を謳いあげているといえます。

ゲーテの「神と世界」という詩のなかに「エピレマ」という詩があります。これはラテン語で「間（あいだ）に」という意味ですが、その詩のつぎの一節と重ねてみますと、いっそうアルベルスの世界やインタラクションの意味の根原性が分かるのではないでしょうか。

Nichts ist drinnen, nichts ist draussen: Denn was innen, das ist aussen.[*4]

という一節ですが、これは、日本語でつぎのようになります。

内にあるものと
外にあるものと
があるのではない
外にあるもの
内にあるのだから[*5]

私たちの外にある世界は、同時に私たちの内なる世界であり、内と外とがあるわけではない。そして、絶えず内と外との呼び合い、響き合いのなかで私たちの生がある、ということをいっています。そのことを劇的に教えてくれるのが、色の補色残像の体験です。ですから、私たちが色彩でなにかを描くということは、絵具を使ってただまったく物質的な出来事を行っているわけではありません。そうではなくて、実は私たちが世界との響き合いのなかで、対象との呼び合いのなかで魂を、いのちを物質に吹き込んでいるのだと思います。

一九六五年に、ニューヨーク近代美術館で、一九六〇年代に台頭したオップ・アート（op-art）の大規模な紹介展「The Responsive Eye（応答する眼）」が開催されましたが、同展でアルベルスの絵画が、残像現象にもとづく同時対比や継時対比を造形言語とするところから、オップ・アートの先駆者としてとりあげられました。しかし、その頃、私のもとにアルベルスから送られた書簡では、オップ・アートの先駆者という位置づけを喜ぶどころか、むしろ自分の芸術世界がまったく理解されていないことへの強い不満を表明するとともに「オップ・アート」批判を起草したとして、そのテキストが同封されていました。なによりも、網膜上に過剰刺激の負荷を与え、混乱する網膜反応のみを期待するような表層的で乾いた人工的オップ・アートの動向と一括りにされてしまうことが、まずもって我慢のならないことだったのです。

アルベルスの芸術の背景には、すでに見てきましたように、まず第一にヘラクレイトスの「万物流転」という宇宙観からゲーテの自然観に至る「生」の哲学があり、生成変化こそ「生」であり、現象こそが「真実」であるという自然観が横たわっています。教育においても、学生たちに「現象に眼を開いて」と呼びかけました。それは「生」という現象に眼を開くことです。アルベルスにとっては、芸術は、《正方形讃歌》は、同語反復のように繰り返します。生命あるいは生のあかしにほかならず、眼を介して、内的自然と外的自然との共鳴によって生命が生成される色彩現象のポイエーシスなのです。これを単に「網膜応答の芸術」で括ってしまうことなどまったく許されるわけがなかったのだと思います。

アルベルスの《正方形讃歌》がその形式が正方形だからといってジオメトリック・アート（幾何学的芸術）とか、ハード・エッジの絵画などという美術評論上の抽出（ひきだし）に入れてしまうこともまったく怠惰な見方だというほかないでしょう。

こうしたアルベルスの造形思考を通して、あらためて、インタラクションという概念の根原性を振り返るならば、今日の創造性がきわめて平準化された電子的なコンピュータ時代のインタラクションというものをどう考えたらいいのかということにも、きわめて重要な示唆や啓示を与えてくれるのではないでしょうか。

自然の生成プロセスとしての原身振り

この図は先に述べた「世界プロセスとしての身振り」というテーマでドイツでの展覧会のために制作したもので、この色彩の現象については皆さんがよくご存知のことです。(図27) 左右ともに物理的には同じグレーですが、緑に囲まれているグレーは赤みを帯びて、左のグレーとは違って見えてきます。これが残像作用としての色の同時対比現象です。これは、私たちミクロコスモスの内とマクロコスモスとしての外とが呼び合い共鳴する世界生成のリズムです。私はこれを自然の生成プロセスとしての原身振りと呼んでいるのですが、その色の生成リズム、色の「原身振り」を展覧会の観覧にさいしてまず体験してもらうために作ったものです。

今日では、オートポイエーシス論を提起した生物学者のウンベルト・マトゥラーナとフランシスコ・バレーラも「生きている世界はどのようにして生まれるのか」[*6]という問いにリアルに答えようと、自らの書物の扉に「色の同時対比」の例を口絵として挿入しています。ゲーテがニュートン光学に反駁して、残像現象など人間の内なる色彩の原現象の洞察から新たな色彩論を提起したときには、当時の自然科学の分析的自然認識から見れば、ゲーテはまるでドン・キホーテのように見られたのですが、しかし、近代の芸術世界に多大な影響を与えてきました。近代の画家たち、ター

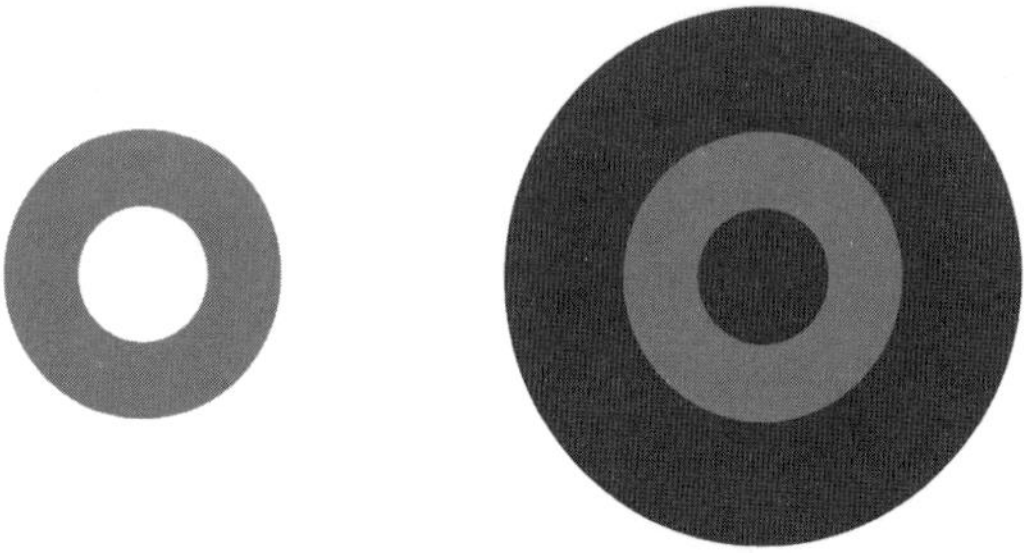

27
向井周太郎《同時対比》二〇〇〇年。左のグレーの輪と、右の濃いグレー（カラー図版では緑色で示される）で囲まれたグレーの輪は、物理的にはまったく同一のグレーであるが、それぞれ異なるグレーに見える

ナーから印象派を経て、バウハウスのマイスターたちも、その例外ではありませんでした。先のマトゥナーラとバレーラが提起したオートポイエーシス論は第三世代のシステム論といわれる自己制作理論ですが、こうした関心が、今日ではようやく芸術から生命科学に移ってきているということができます。

ゲーテの色彩論はすでにこうした自己生成理論、自己制作理論であったのだといえるのです。こうして芸術と生命科学の根底が通じ合う新たな時代が始まっています。生命倫理の問題を問ううえでも、芸術と科学とのインタラクションが必要ですし、デザインと生命との深い連関も始まっているのです。

＊1 Johannes Itten, *Tagebücher 1913–1916 Stuttgart, 1916–1919 Wien, Abbildung und Transkription*, Hg. von Eva Badura-Triska, Löcker Verlag, Wien, 1990, p. 18.

＊2 Josef Albers, *Poems and Drawings*, Readymade Press, New Haven, 1958. 翻訳は著者によるもの。

＊3 Josef Albers, *Josef Albers*, Hg. von Eugen Gomringer, Josef Keller Verlag, Starnberg, 1968, p. 177. 翻訳は著者によるもの。

＊4　J. Wolfgang von Goethe, "Epirrhema", in J. Wolfgang von Goethe, *Goethe Werke, Bd. 1*, Christian Wegner Verlag, Hamburg, 1948, p. 358.

＊5　前掲書の詩の著者による翻訳。

＊6　ウンベルト・マトゥラーナ、フランシスコ・バレーラ『知恵の樹　生きている世界はどのようにして生まれるのか』管啓次郎訳、筑摩書房（筑摩学芸文庫）、一九九七年、口絵頁（原著一九八四年）

j

日本
Japan

ヤスパース
Jaspers, K.

ユーゲントシュテイル
Jugendstil

正義・公正
justice

旅・推移・道程
journey

判断・思慮・見識
judgment

具体芸術・コンクリート・アート
Konkrete Kunst

芸術家村
Künstlerkolonie

カタストローフ・破滅
Katastrophe

クレー
Klee, P.

カタモルフ
katamorph

構成
Konstruktion

カッツ
Katz, D.

カンディンスキー
Kandinsky, W.

クリマ・風土
Klima

かた—かたち
kata-katachi

九鬼周造
Kuki, S

結晶化
Kristallisation

ローレンツ
Lorenz, K.

コンステラツィオーン・星座・星辰
Konstellation

リベラリズム・自由主義
Liberalismus/liberalism/libéralisme

カント
Kant, I.

愛
Liebe/love

生・生命・生活
Leben/life

言語
language

ルーマン
Luhmann, N.

文化
Kultur

文明ラボラトリウム
Laboratorium der Zivilisation

レオナルド・ダ・ヴィンチ
Leonardo da Vinci

生活世界
Lebenswelt/life-world

生の哲学
Lebensphilosophie

レイヤー・層
layer

大気・空気
Luft

風景
Landschaft/landscape

ロゴス
logos

constellation[k] **katamorph**

メタモルフォーゼと生命リズム

ヴォルフのシンメトリー理論とカタモルフ

　ここでは形態概念の一つであるカタモルフ（katamorph）をとりあげたいと思います。この語はドイツ語の「カタ（kata）」と「モルフ（morph）」とが結合したもので、「カタ」は、カタストローフェ（Katastrophe 破局）というときの「カタ」とも同じです。そして、「モルフ」は前にも出てきましたように「かたち」です。「カタ」とはギリシャ語で下降、低下や反対を表わす接頭辞で、否定の「a」のようないわゆる否定的な意味があります。カタモルフとは、形の変形運動の一様態で、形の類似の水準が下降変動しているという意味なのです。

　この「カタ」に「形がなにかより下降している、低下している」という意味があるとすると、否定的に聞こえるかもしれません。しかし、この「カタモルフ」の形態分類のカテゴリーについては後で述べますけれども、私には、このカタモルフという形の水準は自然や生命のリズムにもっとも近いのではないかと考えています。自然や生命の生成におけるメタモルフォーゼ（変形作用）の呼び合いのリズム、自然の呼吸のリズム、生命のリズムという波動の形態的特質と——計測的ではなく比喩的にですけれども——重ねて考えることができる概念だと思うのです。自然や生命のリズムというのはいわゆる強弱があって、必ずしも絶えず数量計測的に重ね合わせられるような機械的反復の型（パターン）ではなく、ある類似の特徴は持っているけれども、しかし絶えず一回性の、規則や型といってもそれらが絶えず個性を持ったものとして流れていきます。

そういうカタモルフは、同一の規準数で計測できるメトリック（metric）な幾何学でいうところの規則から考えると形の同一性に「反」している。そういう形態的な特質を持つものがカタモルフです。言いかえれば、類似の在り方が数的尺度の測定ではなく、点の布置やつながりによる形の関係的特質にもとづくア・メトリック（a-metric）な幾何学、トポロジカル（位相学的）な変形の様態を持っているものがカタモルフであるといえます。

このカタモルフという概念はカール・ロータ―・ヴォルフという物理化学者の造語で、シンメトリーの一つのカテゴリーを表わしています。ヴォルフがカタモルフという概念を最初に提起したのは、第二次大戦後間もない一九四九年のことですが、在来のシンメトリー概念を超えた新たな

「シンメトリー理論」として展開された「シンメトリーと分極性（Symmetrie und Polarität）」という論文においてです。後に共同研究者のローベルト・ヴォルフと一緒に『SYMMETRIE』全二巻[*1]（一九五六年）を上梓しますが、その著作の前提をなすものです。

シンメトリーの研究に関しては、日本ではヘルマン・ヴァイルの著作『SYMMETRY』（一九五二年）が邦訳（『シンメトリー・美と生命の文法』遠山啓訳、紀伊國屋書店）もあってよく知られていますが、ヴァイルはこの自分の研究にもっとも深い関係があるのは、ヴォルフの論文が寄稿された一九四九年のドイツの雑誌『Studium Generale（一般研究）』[*2]シンメトリー研究特集（七月号）であると序文に書いています。この『Studium Generale』誌の副題は「概念形成や研究方法に関する諸科学の統一のための研究誌」となっていて、それは専門分化した諸科学を再統合しようとする一九四〇年代の「分化から総合へ」の新たな動きを表わすものでした。

ゲーテの形態学（モルフォロギー）の意味

その「シンメトリー研究特集」ということにも表われていますように、諸科学をつなぐ学際的な研究方法論として形態学（モルフォロギー）が重要視され、すでに一九四二年にはカール・ロータ－・

ヴォルフと植物学者のヴィルヘルム・トゥロルをはじめ、植物学、動物学、物理学、化学、鉱物学、数学、芸術学など、種々の領域にわたる研究者たちの学際的な形態学研究誌『DIE GESTALT（形態）』が刊行されました。

その初号に掲載されたのがヴォルフとトゥロルとの共同執筆による「ゲーテ形態学の使命（Goethes Morphologischer Auftrag）」という論文でした。これはゲーテの「植物変態論[*3]」といわれている「植物のメタモルフォーゼ」に関する考察（一七九〇年）が刊行されてから、ちょうど一五〇年（一九四〇年）を記念して、自然科学全領域にゲーテの原像（ウアビルト）という概念で共通に考察可能な基礎を発展させるべきだという目的で書かれたものでした。このゲーテの形態学は自然科学のすべての領域を超えて精神科学の領域にも要請される課題であるということで、先の『DIE GESTALT』初号に同誌の研究指針として再録されたのです。

ここで注目したいのは、各専門の自律的な進展のための専門分化の結果、専門間のコミュニケーションや相互の連関性の困難に陥った諸科学を統合的に再構築していくために、ゲーテの形態学的な知を、それもその形態学における原像という概念を指導原理としていることです。ちなみに、このことは、最初のアブダクションのところで述べた「形による認識」という問題とも重ねて、考えていただけるとよいと思います。

ゲーテの原像（ウアビルト）という概念については「u」の章でとりあげたいと思いますが、このモルフォロギー（Morphologie 形態学）という概念とその知の在り方はゲーテによってはじめて創始されたのです。

また、最初のカタモルフに戻りたいと思います。この概念を提示したヴォルフの新しいシンメトリー理論は、先に述べた研究経緯からすでに推察されますように、ゲーテの形態学における重要な洞察を基礎に展開されたものなのです。

ゲーテのイタリア紀行と原植物

そのゲーテの重要な洞察とは、自然の生成におけるつぎの二つの根本現象（ないし原現象）、Urphänomen（ウアフェノメーン）です。ゲーテは自然の生成のなかに、動植物の生成のなかに、収縮と拡張という形態生成の法則を原現象として発見します。もう一つは根原的な生命リズムとしての螺旋という原現象です。

暗い北国のドイツから解放された明るい南国イタリアの旅で、数多くの植物を観察したゲーテが、その千変万化の植物のなかにも、すべての植物を包摂するような規範（ムスター）あるいは原像（ウアビルト）があるという年来の直観を一段と強め、それを「原植物（ウアプランツェ）」と呼んだことは、ゲーテの『イタリア紀行』においてよく知られています。ナポリで日記に記されたつぎのゲーテの言葉には、その「原植物」という直観への確信が頂点に達していることがうかがえます。

……原植物とは世にも不思議な被造物で、このことでは自然そのものでさえ、これを発見したぼくを羨んでしかるべきだ。

……つまり、ぼくたちがふつう葉と見なしている植物のこの器官のうちに、あらゆる形成物のなかに隠れたり現われたりできる真のプロテウス〔ギリシャ神話で、自由に姿を変える海の神〕がひそんでいるということが、ぼくにははっきりしてきた（一七八七年五月十七日）。[*4]（〔　〕内は著者による註）

ゲーテはここに植物という生命体の全器官をつくりだす原器官（ウアオルガン）としての葉、原葉（ウアブラット）という概念を発見するのです。子葉、茎葉、萼（がく）、花弁、雄蕊（おしべ）、雌蕊（めしべ）、果実、種子など、それらはいずれも原葉の（生成変容した形態の）変態（メタモルフォーゼ）であると捉えたのでした。ゲーテのこの洞察は植物形態学の主流として今日まで伝わっているものです。ゲーテはさらにこの原葉のメタモルフォーゼの動態の内に収縮と拡張——拡張は膨張ともいわれますが——この二つの分極性の律動（リズム）を原現象として発見したのです。それは、葉が収縮して萼に、拡張して花弁に、また収縮して雄蕊、雌蕊に、拡張して果実に、さらにまた収縮して種子となるという生成法則の洞察です。イタリアからの帰国後、ゲーテによってまとめられた原植物という直観から得た原葉とそのメタモルフォーゼについての試論が先にあげた「植物変態論」なのです。

これはゲーテの「植物変態論」のなかの図版の一つで、ムクロジの若い個体について、そのさまざまな葉の形を描いたものです。（図28）単純な葉から羽状に切れ込みの多い葉に至る変容過程、その推移が分かる図ですが、葉の変容過程にも、収縮と拡張の分極的運動のリズムが見られるのではないでしょうか。葉の形に波形が生まれ、だんだんに膨らみ、収縮してはまた膨らんでいくというような、そういうメタモルフォーゼの変形運動が見られます。この運動の形態的なリズムはまさに先のカタモルフ的な変容のリズムだといえます。先にゲーテのポラリテート（Polarität）という自然の分極的な運動法則について述べましたけれども、ただ対立しているのではなくて、その両極がお互いに引き合いながら、響き合いながら律動していくリズムを持っている、そういう変形運動のメタモルフォーゼの分極的律動の形象がよく現われています。

そしてつぎはパウル・クレーが葉のメタモルフォーゼを葉脈と葉の外形との関係でスタディし

たもので、（図29）同一の内的なフォルムで、外形が変化する葉脈と葉の相補作用について観察したものです。クレーは「そこに生ずる面のフォルムは線の放射の勢いに関係する。そして、線の力

28
ヨハン・ヴォルフガング・フォン・ゲーテによる「植物学」の論考から。ムクロジの葉。単純な葉から羽状に切れ込みの多い葉に至る変容。ここにも「収縮」と「拡張」という変形運動の分極的律動がみられる（ゲーテ『ゲーテ全集 十四』野村一郎訳、潮出版、一九八〇年、六十一頁）

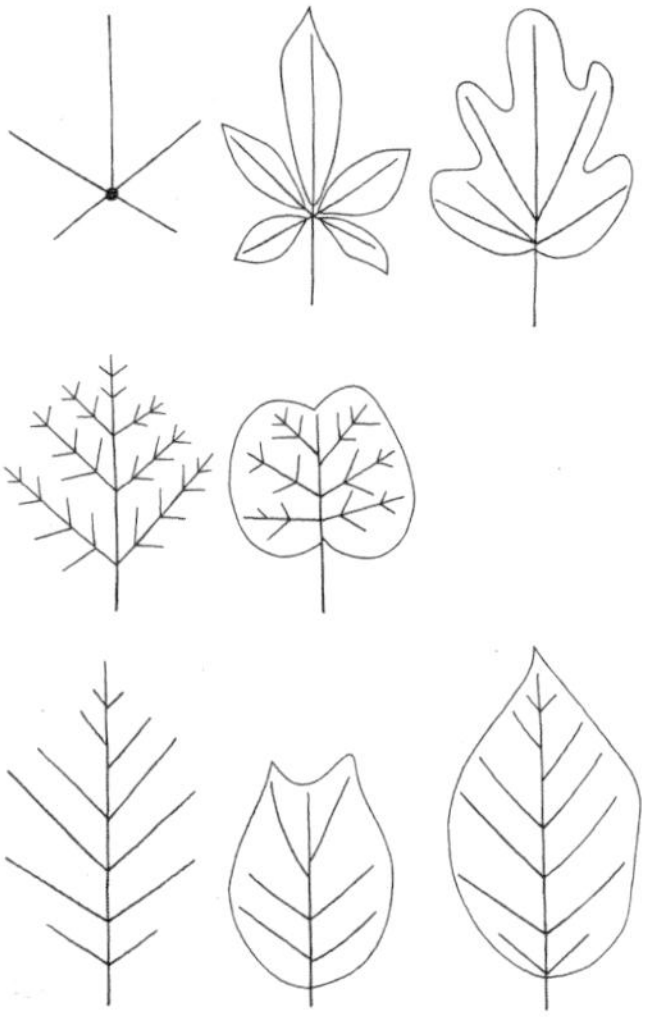

29 （上） パウル・クレー《葉脈と葉の外形のメタモルフォーゼ》（Paul Klee, *Das bildnerische Denken: Form- und Gestaltungslehre Bd. 1*, Hg. von Jürg Spiller, Schwabe & Co. Verlag, 1971, Basel/Stuttgart, p. 64.）

30 （下） パウル・クレー《光を受けた葉》一九二九年（前掲書 *Das bildnerische Denken Form- und Gestaltungsleure*, p. 65.）

が終わるところで、輪郭、面のフォルムの境界が形成される」[*5]という。そして、フォルムを形成し、フォルムを組織する自然のエネルギーの法則を認識することが造形の基本であるというのですが、こうしたクレーの自然研究はゲーテの研究態度を想い起こさせます。この研究にもとづいて制作されたのが、《光を受けた葉》(一九二九年)という水彩の作品ですが、(図30) 大きな葉の内側に小さな葉がリズミカルに重なり、自然の胎内のような、なにかが生まれ出るようなかすかな、透明性の深い空間をつくっています。黒いフォルムとその内部のそれぞれのフォルムの関係は、まさにカタモルフの変容のリズムだといえます。

ヴォルフによるシンメトリー概念の拡張

つぎはカール・ローター・ヴォルフによって展開されたシンメトリー(Symmetrie)のカテゴリー概念を私が模式図にしたものですが、(図31) ドイツ語読みで、下の方から自己同形としてのアウトモルフ(Automorph)、合同親和的な同形としてのイゾモルフ(Isomorph)、相似親和的な同形としてのホメオモルフ(Homöomorph)、射影親和的な同形としてのジンゲノモルフ(Syngenomorph)、位相親和的な同形としてのカタモルフ(Katamorph)。カタモルフというのはこの段階にあるわけです。それから無親和的な異形としてのヘテロモルフ(Heteromorph)を経て、最初に述べた否定のaをもつ無形としてのアモルフ(Amorph)、形の無い世界、カオスに至ります。カタモルフは、トポロジカルな変形で、相互に位相的な親和性をもつ同形であるといえるのです。この水準において、カタモルフはシンメトリーの一つであるという考え方です。

もともとシンメトリーという概念はどういう意味かといえば、シンメトリーの語源はギリシャ

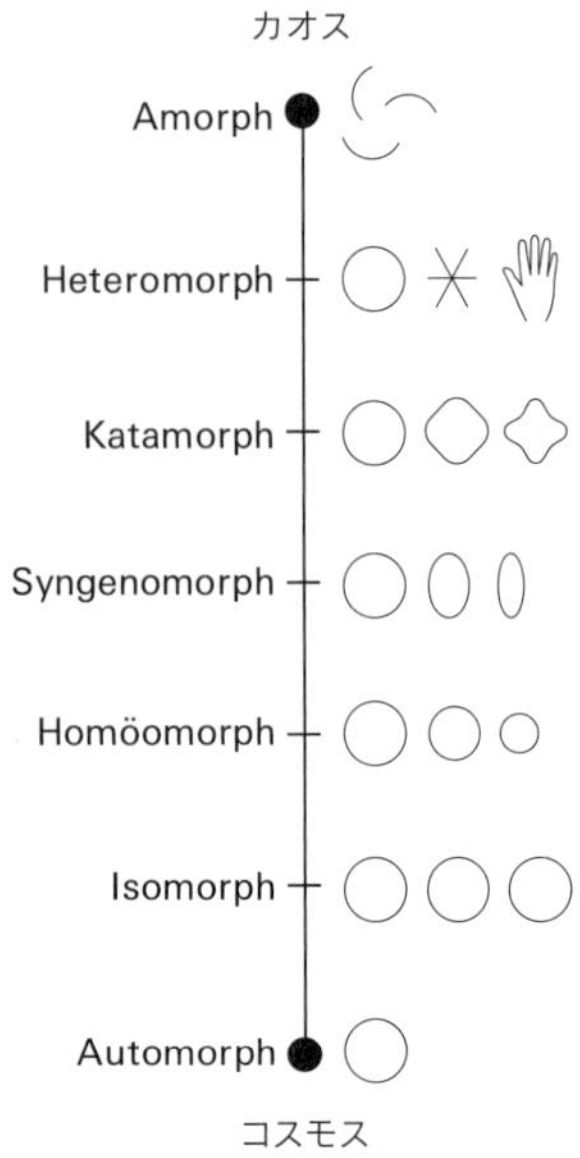

31　カール・ローター・ヴォルフのシンメトリー理論にもとづく形態分類をもとに、著者が図式化したもの

語のシンメトロス（symmetros）で、「ともに測られる」という意味に由来します。「ともに測られる」ということは、先にカタモルフとはどのような形態的特質か述べた部分とも少し重なる点があるのですが、二つ以上の部分が一つの規準単位で割り切れること、各部分が互いに公約量をもっていることです。

シンメトリーという概念には日本語で「対称」や「相称」という語が当てられているのはそのためで、ギリシャ以来のシンメトリーの考え方では、モティーフが直線上を一定の間隔で移動した二方あるいは四方連続模様のような平行移動の対称と、モティーフが対称軸の両側に軸から等距離に相照応する左右対称のような鏡映や反射の対称と、モティーフが対称点または対称軸のまわりを一定の角度で回転する放射対称や点対称を——大体イゾモルフとホメオモルフの段階までを——シンメトリーの基本的形としていたわけです。けれども、ヴォルフはゲーテの捉えた収縮と拡張という自然の生成運動と、それから螺旋という原現象とを取り入れることによって、トポロジーなど現代数学で記述可能な形でカオスに近い水準までをシンメトリーの変形として捉えることができるようになってきました。

ヴォルフはそのように「平行移動対称」「左右対称」「点または回転対称」という基本的な三種の対称概念に「収縮と拡張」と「螺旋」という運動概念を導入し、それらの組み合わせによる十四種の変形操作の生成文法を編成し、それによって対称形(シンメトリー)という概念を自然はもとより人工世界を包含する万象に適用可能な形態形成の原理へと拡大しました。

ヴォルフはこのように世界の生成過程をシンメトリーの変形過程として見ていこうとするのですが、これに対して、フランスの哲学者のロジェ・カイヨワの反対称性の理論にしたがえば、左右均しい鏡像対称以降の変形過程は「反対称化」のプロセスだということになります。それはヴォルフとはまた違って、私にはこれもまたたいへん魅力的な世界生成の観方なのです。それは、シンメトリーの変形水準から視ていくのではなくて、シンメトリーにおける対称性の一部破壊という破れの水準から捉えていくのです。対称性破壊です。言いかえればシンメトリーが少しずつ壊れていく反対称化のプロセスとして捉えているのです。しかしこれは別の機会の論考に委ね、ここではこの問題に立ち入りませんが、その自然の単義的(モノセミック)な対称化のプロセスの背後には、同時に自然の多義的(ポリセミック)な反対称化の力が働いているというカイヨワの世界の生成観は、大きな破壊ではなく、対称性を一部突きくずしては更新していくゆるやかな進歩と調和の原理を喚起する洞察として私には、たいへん興味深いのです。[*6]

マックス・ビルの十五のヴァリエーション

ここで、なおカタモルフとの関係でマックス・ビルの《一つのテーマにもとづく十五のヴァリエーション》の一部を見てみましょう。(図32) 先のパウル・クレーの《光を受けた葉》における葉のカタモルフ的メタモルフォーゼの展開はその形の変容が——植物の葉をモティーフとしていることもあると思いますが——有機的です。これに対してビルの《十五のヴァリエーション》は具体的な自然の形象に依存しない幾何学的図形を用いた展開ですけれども、しかしこのヴァリエーションのリズムの形成方法はカタモルフなのです。基本構造の変形過程が正三角形から正方形になり、正五角形になり、正六角形になりと、一つずつ角形が増えて正八角形になる螺旋状の展開になっています。ですから、これはカタモルフィックな対称形なのです。しかもここには収縮・拡張と螺旋という運動法則が含まれています。これは一つの構造からいろいろな形象を同時に提起していったものですが、基本構造が単純な三角、四角といった幾何学図形でありながら、それを超えた変化の律動が、きわめて多様性に富み、たいへん魅力的であるのは、カタモルフのメタモルフォーゼであるからです。しかも、正三角形から正八角形へと至る螺旋構造という一つのテーマのなかに、多様な変容の可能性、かのプロテウス(自由に姿を変える海の神)の隠された原構造を発見したからだ

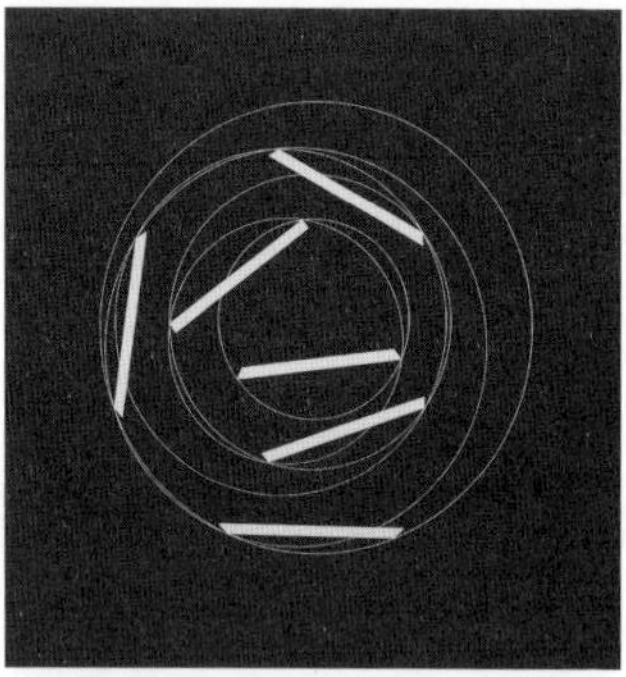

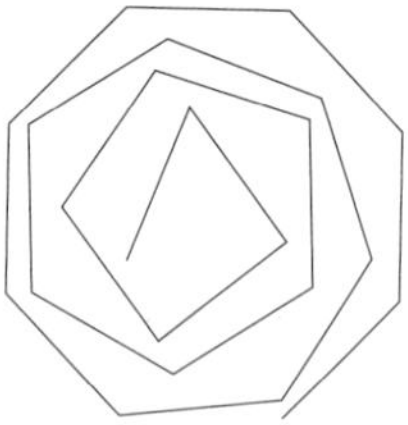

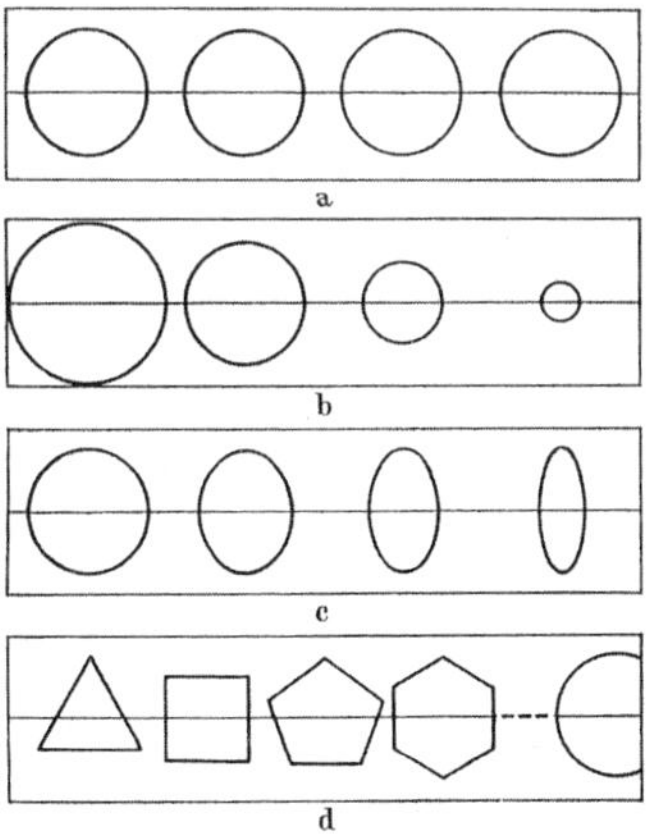

32
マックス・ビル《一つのテーマにもとづく十五のヴァリエーション》より、左上から時計まわりにヴァリエーション1、5、8、14、左下はヴァリエーション全体のテーマとしての基本構造、一九三六―三八年。同じ構造を用い、さまざまに形態変化を行っている。色彩は、中心より黄、赤、緑、青、橙、紫の色彩を用いたもの、それにグレーを加えたもの、白、黒のもの、と三種がある（Eduard Hüttinger, *max bill*, abc verlag, zürich, 1977, p.101.）©2009 by ProLitteris, CH-8033 Zurich & SPDA, Tokyo

33
カール・ローター・ヴォルフによるカタモルフの模式図「シンメトリーと分極性」一九四九年。aはイゾモルフの関係、bはホメオモルフの関係、cはジンゲノモルフの関係、dはカタモルフの関係（*Studium Generale*, Vol.2, 1949, Springer-Verlag, Berlin, p.214, Abb.5.）

といえます。ヴォルフが「シンメトリーと分極性」という論文でカタモルフの概念を提示したときの模式図には、カタモルフの関係として正三角形、正方形、正五角形、正六角形と多角形から円への変容過程が示されています。（図33）ビルの《十五のヴァリエーション》は一九三六―三八年の制作ですから、カタモルフという概念が提示される十年以上前の構造の発見であり、ビルの直観力には驚かされます。

ビルのこのカタモルフ的なリズム構造の発見の背景には、数学的表象への深い関心と直観力がうかがえます。ビルは「私には多くの父親がいる」といって、バウハウスで学んだカンディンスキー、クレー、アルベルス、シュレンマー、モホリ＝ナギ、グロピウスをはじめ、同時代のアルプ、モンドリアン、ドゥースブルフ、ファントンフェロー、マレーヴィチほか多くの芸術家たちの名をあげているのですが、それらの父親のうちでも、おそらくクレーがもっとも敬愛する父親の一人であろうと思われます。その一つには、クレーの授業における形態要素の組織化理論と現象形態の論理がビルの思考に持続的な影響を与えてきたからです。そのことが、数学的表象への関心ともつながっていると考えられます。他方、デ・ステイル派のドゥースブルフやモンドリアンやファントンフェローへのビルの関心もその作家たちの根原的（プライマリー）な要素の純粋な構成原理に向けられていたといえます。

＊1　Karl Lothar Wolf, Robert Wolff, *SYMMETRIE*, Böhlau-Verlag, Münster Köln, 1956, p.214.

＊2　*Studium Generale*, Vol.2, 1949, Springer-Verlag, Berlin, pp. 203–278.

＊3　ヨハン・ヴォルフガング・フォン・ゲーテ「植物変態論」、『ゲーテ全集　十四』所収、野村一郎訳、潮出版、一九八〇年

＊4　ヨハン・ヴォルフガング・フォン・ゲーテ「第二次ローマ滞在」、『ゲーテ全集　十一』所収、高木久雄訳、潮出版、一九七九年、三〇九頁

＊5　Paul Klee, *Das bildnerische Denken: Form- und Gestaltungslehre, Bd. 1*, Hg. von Jürg Spiller, Schwabe & Co. Verlag, Basel/Stuttgart, 1971, p. 64.

＊6　ロジェ・カイヨワ『反対称　右と左の弁証法』塚崎幹夫訳、思索社、一九七六年（原著一九七三年）

m

マルドナード Maldonado, T.
中欧 Mitteleuropa
モンドリアン Mondrian, P.
材料・物質 material
市場 Markt/market/marché
マラルメ Mallarmé, S.
モリス Morris, W.
三木成夫 Miki, S.
記憶 memory
メタファー metaphors
かたち morph
モホリ=ナギ Moholy-Nagy, L.
モルフォロギー・形態学 Morphologie
メタモルフォーゼ Metamorphose
モデルネ Moderne
近代性 Modernität/modernity
物質 Materie/matter
媒体・媒質 medium

on

ノイズ・雑音
noise

ノイラート
Neurath, O.

ノンネ=シュミット
Nonné-Schmidt, H.

自然
Natur・nature

夏目漱石
Natsume, S.

規範・基準
Norm

ニュー・タイポグラフィ
Neue Typographie

ニュー・バウハウス
New Bauhaus

国民経済学
Nationalökonomie

ナウマン
Naumann, F.

負エントロピー
Neg-Entropie/neg-entropy

組織化
Organisation/organization

ノーテーション・記譜法
Notation

あるべき
ought to be

エコロジー・生態学
Ökologie

客観・客体
Objekt・object

エコノミー・経済学
Ökonomie

オーガニズム・有機体・生物
Organismus/organism

オイコス
oikos

東洋
orient

起源・源泉
origin

秩序―無秩序
Ordnung–Unordnung/order–disorder

存在論
Ontology

p

多元性・多様性
Pluralität/plurality

パース
Peirce, C. S.

プロテウス
Proteus

ポストモダン
Postmoderne/postmodern

プログラム
program

分極性
Polarität

現象
Phänomen

プラス=マイナス
Plus=Minus

プラグマティズム
pragmatism

パトス
pathos

プロセス
process

ポイエーシス
poiēsis

プロジェクト
Projekt/project

パッション
passion

受動的・受苦的
passive

パウルソン
Paulsson, G.

責任 responsibility

変革・革命 revolution

空間 Raum

再帰的・自省的 reflexiv

ラスター・グリッド Raster

リートフェルト Rietveld, G.T.

ラティオモルフ・形態合理的 ratiomorph

関係 Relation/relation

リズム Rhythmus/rhythm

ラスキン Ruskin, J.

ローティ Rorty, R.

ローティス Rotis

ラーテナウ Rathenau, W.

相対性 relativity

地域性 Regionalität/regionality

q

r

constellation[r] **Relation/relation**

均衡関係がもたらす新たな造形

この章はレラツィオーン(Relation)、リレーション(relation)、関係・関係性という概念に沿って話を進めたいと思います。

関係性から生成する世界

Relation/relationといえば、すぐさまオランダのデ・スティル派の「関係の美学」あるいは「関係の論理」とも呼べるような根原的な「均衡関係」の造形原理が想い起こされます。しかも、私にとっては、デ・スティル派の造形との最初の出会いの驚きが、モホリ=ナギの《ヴォリュームと空間の相関性》という「面の新しい空間関係」と並んで、いまなおきわめて鮮烈です。その直線と面との純粋な「関係性」に還元された抽象構成の極致。その絶対的な均整と調和のリズム。そのまったく新しい感動については、私は同時にこの西洋の抽象を日本文化の深みに見いだされる抽象性とどこかで重ねて共感しているのだということに気づきました。
ドゥースブルフのアクソノメトリック図法による住宅や空間の習作における水平・垂直面の透明な関係性。リートフェルトの設計によるシュレーダー邸の線と面の関係性のみで構成された非対称的な均整と軽みのリズム。その内部空間の多様な変容性とレッド・アンド・ブルー・チェアの空間性。モンドリアンの絵画における感覚的な分割比率で構成された方形格子の静謐な関係のリズムと清浄な緊張感……。かつて深い共感と驚きを与えられたのは、とくにこれらの作品でした。あまりにも感覚的かもしれませんが、モホリ=ナギの「面の新しい空間関係」と同様に、私はそこに襖や障子で仕切られた日本の伝統的な住空間の開・閉の関係性や多焦点的な星座（コンステレーション）のような空間関係、あるいはまた「筋違い」「角違い」といわれる数寄屋の非対称的な「置き合せ」の均整原理を重ねて見ていました。それらデ・ステイル派の構成には、西洋のルネッサンス以来の遠近法の視点も、古来、生命と美の法則とされてきた対称性としてのシンメトリーの原理も見られません。そこでは、それらの視点や原理が解体・消滅していたのです。

このことは先に内外空間の相互浸透性という観点からも「・i」の章で考察したことですけれども、西洋近代は遠近法を解体することで中心の喪失ということが起こりました。そして、そこに新たに多焦点的な視点を発見しました。日本文化における世界の生成原理の特質の一つは、この多焦点的な時空間の意識にあると思います。その日本古来の世界の生成原理については、私は『ふすま』という自著のなかで「すき」と「さわり」という現象の自らの発見を通して詳しく考察しました。ここでは、この問題に立ち入りませんが、多焦点的な時空間の知覚世界は古来日本の庭園や住居にも、障壁画や絵巻物など——抽象絵画ではなく具象ですけれども——それらの絵画世界にも容易に見ることができます。日本の庭園はもともと中心をもたず多焦点的で見えがくれする回遊的なプロセスであるわけですし、襖や障子で開(あ)け閉(た)てのできる間仕切りで連続する日本家屋における空間の重層性も多焦点的で中心がないといえるのではないでしょうか。ひとつの星座(コンステレーション)のような空間の布置だといえます。春夏秋冬などをはじめ、さまざまな事象が一つの空間に併存しているのが、また絵巻物など日本絵画のひとつの特質であったと思います。

遠近法の解体による中心の喪失は、図と背景、図と地という分化の消滅ともいえます。それは物語世界における主人公、あるいは主題としての図的存在者とその背景というヒエラルキーの解体です。図に対する背景、図に対する地といった図と地の主従関係の消滅です。ここには、世界は一つの図的存在者、一つの個的な存在で成り立つのではなく、個々の存在ないし個々のエレメントの関係性において生成されるという存在論の大きな転換が見られます。このことは、実体概念から関係概念へという西洋哲学の近代の大きな転換とも軌を一にするものです。それは、西洋哲学の伝統的な存在論においては、実体が第一次的な存在であって、実体どうしの間の関係は第二次的に成立するものと見なされていたわけですけれども、関係こそが第一次的な存在であるとする思想への一大転換だといえます。美術においては、この遠近法の解体や中心の喪失という――個的対象から諸要素の関係性への――劇的な転換がキュービズムに端を発したということは、よく知られている通りです。

デ・ステイル派の造形思考

ここで、一九二〇年頃のドゥースブルフの《カウンター・コンストラクション》という空間の習作の一つを見てみましょう。(図34)これは、さまざまな大きさとプロポーションの水平面と垂直面が空間に浮かぶ、まるで面の星座(コンステレーション)のような関係性の構成ではないでしょうか。主題の中心も、図的存在者も見あたりません。それぞれの水平・垂直の面が固有の自律性をもって相互に響き合い、非対称の動的な均衡関係を形成しています。作品の表題の《カウンター・コンストラクション》の「カウンター」とは「反対」や「逆方向」を表わすラテン語からの接頭辞で「反構成」「逆構成」を意味するもので、ちょうどモホリ=ナギの《ヴォリュームと空間の相関性》でみた「ヴォリュームの解体」とも平行するような新たな世界生成の志向性をもつものです。これもまた解体による生成だといえます。言いかえれば、個体の解体による関係の生成です。しかし他方、その星座のような構成の非対称的な面相互の関係性と透明性とが、当時の私には、先の「ヴォリュームの解体」

34
テオ・ファン・ドゥースブルフ《カウンター・コンストラクション》（Theo van Doesburg, *Grundbegriffe der Neuen Gestaltenden Kunst*, Florian Kupferberg Verlag, Mainz, 1966, n. pag.）

と同様に、一見数寄屋の空間構成を想起させたのです。しかも、それは桂離宮新御殿の桂棚の構成さえも重ねて想起させられるような閃光的な経験であったといえます。

なかでも、純粋に素材のもつ固有の美しさ、素材とその構成の美しさを追求した数寄屋の建築空間にも相通じるような均整の構成美、関係の美学を感じて驚いたのは、リートフェルトのシュレーダー邸（一九二四年）とそこに配された家具類の構成でした。（図35）それは、点、線、面、色彩の均衡関係の構成美だといえます。一九七四年から十三年の歳月をかけて修復されたシュレーダー邸を、[*1]私のウルム以来の同期の親友で、この復元を手がけたオランダの建築家ベルトゥス・ムルダーに、後年、子細に案内してもらったときには、かつての感動とその共感の所在をまた新たにしました。

もちろん、それは数寄屋のような自然素材を生かした清浄な均整の構成美とは同じではありません。外観は基本的に面と線の構成です。白とグレーの壁面と採光のガラス面、張り出しの軒やベランダなどの白の水平面を支える（ⅠやＬ字の）形鋼（かたこう）の赤、黄、青、黒の垂直線、窓枠の黒の格子と方立（ほうだ）てや押さえ縁の黄の垂直線や赤の水平線。それらの面と水平・垂直線の非対称的な均衡関係の構成です。それは一見、黒の格子の白の面と細部の赤・黄・青の純粋な関係性に結晶化されたモンドリアン絵画の空間コンポジションのようにも思われました。（図36）

35 （上） ヘリット・トーマス・リートフェルト「シュレーダー邸」外観、撮影：著者、一九九〇年、オランダ・ユトレヒト

36 （下） ピート・モンドリアン《コンポジション》一九二二年（Hans L. C. Jaffé ed., *Piet Mondrian*, Harry N. Abrams, Inc., Publishers, New York, 1985, p. 109.）

モンドリアン絵画の画面が断ち切られ、確たる境界のない黒の大胆な分割格子のなかの白の面と細部の三原色との静謐な均整関係は、有限と無限の間の意識の波動や清浄な緊張感や悠久のリズムを喚び起し、それは、どこか私たちの文化の記憶を大きく揺り動かすものがありますが、シュレーダー邸の線と面の対比のコンポジションも、まさにそのような記憶の琴線に強くふれる空間作用を喚び起します。その広い開口部による外部空間と内部空間との相互浸透性や、日よけの上下の移動や時の推移によって多様に変容する陰影の空間作用、面や部材の非対称的な構成の律動、部材と部材の取り合いの関係性やディテールの美しさ、隅柱のない窓の開放性、大襖のような可動間仕切による内部空間の変容性や建具をはじめ、種々の指物（さしもの）細工よって多様に変換する空間仕掛けの巧みさ軽妙さなどに、数寄屋造りの意匠や趣向にも相通じるような共感の所在を発見して、あらためて感動を深めたのでした。

自然と人間精神の均衡・調和・宥和

デ・ステイル派の抽象構成原理と日本文化における抽象性や空間構成原理との間に、ある類似性が見られるにしても、それら両者の間には、風土や歴史、思考や哲学に根ざす固有の文化としての背景や相違があります。しかし、このオランダのデ・ステイル派もほかの前衛運動と同様に、西洋の伝統を解体して、あるべき近代性を形成しようとする西洋近代の精神の冒険から生みだされたものであり、その観点は、近代芸術や近代デザインを二十世紀文明の在り方から考えるうえで大切だと思います。

デ・ステイル派の造形思考の前提には、モンドリアンの「新造形主義」の理念が共有されていますが、その造形原理は、水平線、垂直線による格子構造と赤・黄・青の三原色と白・灰色・黒の無彩色との組み合わせに還元されていきます。それらの要素は根原的な対立関係と見なされるものです。彼らにとっては、この根原的な対立要素の究極の均衡関係を追求することが、新しい時代精神の表象であり、絵画から都市環境の形成にまで及ぶ普遍的な造形原理の創造であったのだといえます。

この対立要素の均衡関係をめざすという内側には、「インタラクション」の章でも指摘しましたように、デ・ステイル派の人びとも例外ではなく、西洋近代を達成した人間中心主義の否定、いわば自然と対立し、自然を超えた近代的自我に対する強い不信の念が横たわっています。ですから、「新造形主義」は芸術から「自我を除去するのだ」といったモンドリアンの言説はその表明だといえます。

あらためて、自然と人間精神の均衡・調和・宥和をめざすということは、時代の新しい世界認識でした。デ・ステイル派にあっては、自然と精神、主観的なものと客観的なもの、個別的なものと普遍的なもの、内的なものと外的なもの、あらゆるものの対立を、ともに等価とする造形を超えた宇宙精神の均衡を求めました。

デ・ステイル派は周知のように、絵画、彫刻、タイポグラフィ、建築などのジャンルを超えて集まった作家たちのグループですが、共有の理念を主導的に絵画から住宅や都市空間へと広げていったのは、その主宰者で異色の総合芸術家であったドゥースブルフでした。彼はまた新造形主義をヨーロッパ各地へと広めるとともに、未来派をはじめ、クルト・シュヴィッタースやハンス・リヒター、あるいはエル・リシツキーらとの交流によって、ダダや、ロシア・アヴァンギャルドなどの活動も取り込んで、新造形主義の原理を要素主義という概念で修正し——これはモンドリアンが反対してデ・ステイル派を離れる契機となったわけですけれども——初期の静的な水平・垂直だけでない、斜交分割も取り入れた動的な方法論へと展開していきました。

デ・スティル派とバウハウス

このデ・スティル派の「関係」の構成原理については、バウハウス叢書として刊行されたモンドリアンの『新しい造形（新造形主義）』（第五巻、原著一九二五年）と、ドゥースブルフの『新しい造形芸術の基礎概念』（第六巻、原著一九二五年）で、直接その骨子にふれることができます。バウハウス叢書第十巻には、デ・スティルの建築家、J・J・P・アウトの『オランダの建築』という一冊も含まれていますから、そこにバウハウスのデ・スティルに対する関心も、同時にうかがうことができます。

一九二一年にドゥースブルフがヴァイマールのバウハウスを訪問し、同地に滞在してデ・スティルの講座を開設し、バウハウスの表現主義的傾向を強く批判したことはよく知られています。一九一九年に開校したバウハウスは最初の大きな変革の時期を迎えていました。ちょうど、一九二三年にグロピウスによって「芸術と技術―新しい統一」というテーマで「新しい造形（ゲシュタルトゥング）」、すなわち「デザイン」を芸術と近代機械産業との結合として捉える明確な姿勢がはじめて打ち出される前夜でした。それは、一般的にバウハウス初期の表現主義的な段階から幾何学的構成主義の段階への転換点であったと、捉えられています。またよく知られていますように、それはヨハネス・イッテンが産業との連携に向かうグロピウスの見解と相容れずバウハウスを離れる契機ともなりました。

ヴァイマール滞在におけるドゥースブルフのデ・ステイル派の主張とバウハウス批判とがきわめて強力であっただけに、バウハウスの転換やその後の構成的なデザインにはドゥースブルフとデ・ステイルの構成原理が強く影響しているという見方があります。しかし、再版の新バウハウス叢書の編者で私の友人でもあったハンス・M・ヴィングラーの指摘のように、私も様式のうえでのその直接的な影響はそれほど大きなものではなかったと考えています。そして、デ・ステイルとバウハウスの相違については、前者が新しい「様式(デ・スティル)」という形態を求めた一つの芸術運動の表明であったのに対して、後者は逆に様式概念の固定化を拒否し、社会的責任としての芸術意識を育てるなかで、それぞれの個性を開花させていく教育的な行為のプロセスであったという見解も、対比的にみれば、ほぼその通りであると考えます。先にも述べましたように、バウハウスの場合は、しかも、それは共同の多様な生成のプロセスであったと思います。

しかし、バウハウス叢書(全十四巻)のなかに、グロピウス、クレー、シュレンマー、モホリ=ナギ、カンディンスキーらバウハウスのマイスターたちの著作と並んでモンドリアンやドゥースブルフの造形論も叢書として編纂されたことは、そこに、バウハウスのデ・ステイル派の造形原理に対する自律的な評価のまなざしと、同時に、新しい「造形言語」の統合と形成へ向けたバウハウスの生成的な運動体としての革新的な姿勢の一面を見ることもできます。

バウハウス叢書のなかには、ほかにも同様に構成主義の歴史的な展開やその現代的な意義を検証するうえで重要なアルベール・グレーズの『キュービスム』とロシア・アヴァンギャルドのカジミール・マレーヴィチの『無対象の世界』が含まれていますが、同時代の構成主義のなかでも、デ・ステイルの構成の特質は生成要素の関係をもっとも根原にまで還元させた、いわば零度の構成原理ともいえるものです。それは減法の構成原理だともいえます。

デ・ステイル派の構成法と日本文化の記憶

デ・ステイル派の構成法に私が自らの文化の記憶と共振するような経験をしたという要因は、ひとつには、この減法の構成原理にあったのではないかと思います。つぎのことも『ふすま』という自著で詳しく考察しましたけれども、日本には、古来、造形用語として「かざ(飾)る」という言葉があります。「かざる」といえば、今日では「装飾をほどこす」こと、「装飾」「加飾」の意味です。しかし、日本では「かざる」という言葉の原初的な意味は「ぬぐい清める」ことで、「かざる」に当てられた漢字の「飾」は同時に「ぬぐう」「きよめる」とも読まれ、どこまでも生成の根源へと浄化していくことを意味するものでした。たとえば、伊勢神宮をはじめ神道の神域に見られる白の御(み)

帳(ちょう)や幣帛(へいはく)、白木の社殿のような極限まで「ぬぐい清められた」清浄性が「飾り」であったのです。それは後に——おそらく仏教伝来以降——荘厳(しょうごん)とよばれる仏教における祭域の飾りや金碧・極彩色の障壁画の絢爛豪華な飾りのように、より立派に華やかに「装飾する」「加飾する」ことを飾りとする、いまひとつの「かざる」という意味へと転化されていきます。そして、日本文化においては、この「かざり」の両義性ともいうべき二つの対極的な美学が生みだされてくるのです。装飾の無と有、否定と肯定、減法と加法との両極性です。私が想い起こした数寄屋造りの背景には、この「ぬぐい清める」減法の意識が流れています。この減法の美学との関係で、また後でデ・ステイル派の造形観について述べてみたいと思いますが、その前にバウハウス叢書のなかのモンドリアンとドゥースブルフの「関係」概念を見てみたいと思います。

中心の解体——律動的均衡関係の形成

バウハウス叢書のなかでは、モンドリアンにおいても、ドゥースブルフにおいても、自然の模写と区別する新しい構成的な芸術をあらためて「造形(Gestaltung)」とよび、「造形」は「関係」を形成するものだとしています。しかし、その場合の「関係」という概念については、この章の主題語である「Relation」という哲学上の概念ではなく、「釣り合い」と「関係」という二つの意味を同時に含みもつ「Verhältnis」という概念がもっぱら用いられています。そして「Relation」やいまひとつの「関係」を表わす「Beziehung」という語が用いられるときには、必ず「釣り合いのとれた」「均衡のとれた」という形容詞か動詞の過去分詞形が伴われています。ということは、新たな関係の芸術、関係の構成原理を提起した新造形主義とデ・ステイルの造形観にとっては、「釣り合い」や「均衡」という意味を包含する「相互的な関係」の概念こそが重要であったのだと考えられます。これまでに「均衡関係」という表現を度々用いてきましたのはそのためなのですが、この「釣り合い」とか「均衡」とは、いったいどういう意味なのかという検討が必要です。

それは根原的な対立要素の「釣り合い」や「均衡」を求めることなのですが、モンドリアンの言葉にしたがえば、新しい造形（新造形主義）においては、この場合、「調和（ハーモニー）」という言葉より、むしろ「均衡のとれた関係」という概念を適用したい、しかし、この「均衡のとれた」という言葉をシンメトリーの意味に取ってはならないというのです。[*2] この場合のシンメトリーとは、西洋古来の均衡の概念である「左右対称性」を指しているのは明らかです。調和（ハーモニー）という概念もつねに「左右対称性の均衡」とむすびついていました。すでに「図と地の関係」として述べてきましたように、それは中心が左右や側部を支配し、左右や側部が「中心」に従属するヒエラルキー（階層性）を

「調和（ハーモニー）」あるいは「宇宙（コスモス）」とする観念だといえます。モンドリアンが提起した「新しい造形」の理念は、そのようなシンメトリー、左右対称性の均衡・調和の観念の破壊、中心の解体にあったのです。そうであれば、新しい「均衡のとれた関係」とは、いうまでもなく左右対称ではない左右非対称、アシンメトリーという西洋にあってはまったくこれまでにない革新的な均衡関係の提起であったのだといえます。これは統合による調和から釣り合い、バランス、均衡による開かれた生動的な調和への移行だともいえます。ここには、すでに造形におけるカタモルフという律動的な均衡関係の新しい世界への一つの決定的な契機が示されています。

非対称的構成原理と動的均衡

非対称的な構成原理については、日本では決して目新しいことではなく、平安時代の寝殿造り庭園の作庭手法や数寄屋における茶室にはじまる配置概念としての「置き合わせ」の原理から違い棚の構成、あるいは左右対称的な身体を大胆な非対称的な図柄で包む着物の意匠など数多くの事例をただちに想い起こすことができますけれども、西洋にあっては、この左右対称性の否定、非対称性を新たな造形原理としたのも、西欧近代の革命的な出来事でした。その事情を語るうえで、画家のフェルナン・レジェらとの共同執筆で述べたギーディオンのつぎの言葉はあまりにも有名だと思います。

家具の一つを非対称の構成に配置するだけで、視覚的、装飾的革命がいっそう強烈にあらわれる。われわれの視覚教育は対称であった。非対称を用いれば、近代の風景はまったく新しくなりうる。[*3]

この非対称の均衡関係という構成原理は、絵画からタイポグラフィ、家具や建築など、ちょうど形成途上にあったモダン・デザインや建築に新しい造形の規範として大きな影響を与えました。なかでも、書籍における活字の文字組みやポスターなどへの影響は多大でした。活版印刷術を新しい伝達の手段と捉えて展開された活字の構成によるモダン・タイポグラフィのデザインは、対称的な文字組みに代わって、ただちに非対称的構成を新しい造形原理としました。

一九二〇年代に、未来派、ダダ、構成主義、バウハウスなどの芸術運動とともに中央ヨーロッパ全域に拡がった新しいタイポグラフィの実験的な試みが一九二八年にヤン・チヒョルトによってモダン・タイポグラフィの基本原理として体系化され、一書として刊行されました。それが非対称構成原理を含むモダン・タイポグラフィのバイブルともいわれた有名なチヒョルトの『ディ・ノイエ・テュポグラフィ（ニュー・タイポグラフィ）──現代クリエーターのためのハンドブック』です。この本の巻末には六ページにわたって参考文献があげられていますが、なかでも、モンドリアンとドゥースブルフのバウハウス叢書はそれぞれ特別の推薦図書のひとつとされています。しかも、序文の前ページ（六ページ）には、同書の指導理念のように（一九二二年の『デ・ステイル』誌からの引用であると思われますが）モンドリアンのつぎの言葉が掲げられています。

新しい人間にとっては、ただ自然と精神との均衡のみが存在する。過去のいかなる時代においても、あらゆる古いもののヴァリエーションが「新しさ」であった。しかし、それは「真の新しさ」ではない。忘れてならないのは、私たちはいっさいの古いものの終焉という文化の転換点に立ち会っているのである。新旧の分離はここでは絶対的であり、決定的だ。[*4]

それにしても、対立要素の非対称的な均衡関係とは、具体的にはどのようなものであったのでしょうか。この対立要素の均衡関係については、数学的、関数的、機能的、記号的といった概念の観点から論及されることが一般的ですけれども、私には、そうした解釈にそのまましっくりと全面的な同意ができないでいます。

先に述べた実体概念から関係概念へという文脈からみれば、関係概念は「関数」概念と等しく、「関数」は「function」ですから「機能」と同じです。この論点が、また一九二〇年代の機能主義デザインの特質とも重ねられていくのですが、その視点だけですと、どうも「新しい造形」というものの質的な観点が抜け落ちてしまいます。記号的という捉え方も同様です。「記号的」という場合は、「なにか」を具象的に表わしているのではなく、「抽象的な符号の関係のような」という意味合いで用いられているのだと思いますが、それでは、「抽象的」ということを単に「記号的」という概念で置き換えているにすぎません。記号論的な意味での「記号」という概念を用いるのであれば、私は「根原的な記号の回生」「原記号の回生」という捉え方をしたいと考えています。

「a」の「アブダクション」の章で考察しました「生命の根原へ」「自然の根原へ」立ち還るという

問題性や「d」の「ディジエネレイション」の章で述べた解体による抽象化の生成プロセスとも重ねて照射していくことが可能な、いまひとつの問題性です。ここで重要なのは、単に「関係性」の問題だけではなく、その関係性を構成していく造形要素と造形思考についての新しい捉え方の必要性です。

自然の模写に依存しない自律的な新しい造形要素と造形思考を、ドイツ語では、ともにGestaltungsmittel（ゲシュタルトゥングスミッテル）という概念で言い表わします。それは、これまでに述べてきましたように「Gestaltung（ゲシュタルトゥング）」は「形成」や「造形」そして新しい造形としての「デザイン」を表わす語で、それに結合されている「Mittel（ミッテル）」は「媒体」や「手段」や「方法」を表わしていますから、「造形手段」ないし「形成手段」という意味になります。新しい造形においては、構成のための造形要素（エレメント）も造形思考も、ともに「なになにによって」という媒体や手段や方法の概念で捉えられているところに注目すべきです。

新しい造形が獲得した点、線、面、形、色彩、光、空間、時間、運動など、これらの自律的な新しい造形要素は、自然や歴史や現実の事物の制度などと結ばれていた第二次的な記号機能（意味）から解放されて、多義的なあるいは汎義的なともいえる根原的な記号へと回生したものだという意味で、私は原記号と呼んでいるのですが、これらの造形要素はいまひとつの近代芸術における素材や材料の新しい認識や発見であったともいえます。それは「質」についての新しい認識や発見であったのです。

デ・ステイル派の造形も関係概念だけで論じることはできません。質の均衡関係の考察が必要なのです。新しい造形の素材観、材料観については、また別のところで述べる機会があると思いますので、ここでは、デ・ステイル派の造形思考の特質のひとつにふれておきたいと思います。

デ・ステイル派の造形思考には、とくに彫刻家ファントンフェローの作品に見られるような感性と一つになった数学的思考があります。そのような造形思考の背景には、数学的思考は、自然と人間精神の営みを等価に捉えたときの人間の根原的な秩序生成の基盤であるという認識が秘められているように思われます。それは自然という秩序生成の総体と並ぶときの人間の感性と理性との均衡、調和の理念であるともいえそうです。

ドゥースブルフは、自然の模写に依存しない、そのような調和の理念から自律的に形成される造形物を、自然という具体的な実在物と並ぶもう一つの「具体的なもの」と呼び、従来の「抽象芸術」という呼称は妥当ではないとして、それに代えて「具体芸術」という概念を一九三〇年に提唱しました。

こうした造形思考はデ・ステイル派にも共感を寄せていたマックス・ビルによってオランダか

らスイスへと継承されていきます。マックス・ビル自身はファントンフェローからは感性と一つになった数学的表象世界の律動を、モンドリアンからは対角状に用いた正方形をタブロー空間の有限における無限空間へのいまひとつの数学的表象世界の律動を、そしてドゥースブルフからは「具体芸術」という概念の展望を新たな世界認識として、また新たな世界生成の言語として観得していったのではないかと私は考えています。

*1　その修復ドキュメントについては以下の書籍を参照してください。Bertus Mulder, “The Restoration of the Rietveld Schröder House”, in P. Overy, L. Büller, F. d. Oudsten, B. Mulder, *The Rietveld Schröder House*, De Haan/Unieboek B. V., 1988, pp. 104–123.

*2　Piet Mondrian, *Neue Gestaltung*, Neue Bauhausbücher, Hg. von Hans M. Wingler, bei Florian Kupferberg Verlag, Mainz, 1974, p. 24.　邦訳：ピート・モンドリアン『新しい造形（新造形主義）』（バウハウス叢書五）、宮島久雄訳、中央公論美術出版、一九九一年、二十二頁

*3　ジークフリート・ギーディオン『現代建築の発展』生田勉ほか訳、みすず書房、一九六一年、五十頁

*4　Jan Tschichold, *DIE NEUE TYPOGRAPHIE: ein Handbuch für zeitgemäss Schaffende,*

Verlag des Bildungsverbandes der Deutschen Buchdrucker, Berlin, 1928, p. 6. 著者による翻訳。

社会デザイン・ソーシャル・デザイン
Sozio-Design/social design

リズム
Rhythmus/rhythm

感覚・意味・こころ・おもむき
Sinn/sense/sens

す(透・鋤・漉・梳)き・好き・数寄
suki

安全・安心
Sicherheit/safety

象徴環境
Symbolmilieu

自己組織化
self-organization

自己言及
self-reference

シネキズム・連続性
synechism

共感覚
synesthesia

存在・ある
Sein

主観・主体
Subjekt/subject

シュレーディンガー
Schrödinger, E.

構造
Struktur/structure

斎藤茂吉
Saito, M.

共生
symbiosis

ショル
Scholl, I.

セミオシス
semiosis

シンメトリー
Symmetrie

白川静
Shirakawa, S.

記号論―記号学
semiotics-semiology

constellation[r][s] **Rhythums/rhythm & Struktur/structure**

リズムの構造・構造のリズム

マックス・ビルの数学的思考方法

ここではリュトムス（Rhythums）、リズム（rhythm）すなわち「リズム」という概念とシュトルクトゥーア（Struktur）、ストラクチュア（structure）「構造」という概念とをつなげて話を進めたいと思います。「リズム」と「構造」という語からすぐさま想起されるのは、私には、ヨハネス・イッテン、パウル・クレー、マックス・ビルの造形思考です。この三人は興味深いことに、ともにスイス出身です。なかでも「造形手段（ゲシュタルトゥングスミッテル）」として「構造」という概念をはっきり意識化して提起したのはマックス・ビルです。イッテンとクレーはビルのように造形方法ないし造形原理の包括概念として「構造」という語を用いているわけではありません。しかし、イッテンとクレーがそれぞれ異なる仕方で世界の連続性を分節化し、それを新たな関係のリズムとして組織化している点で、構造的な世界把握だといえるのではないかと思います。

ビルが一九四九年に発表した代表的な論文のひとつ「現代芸術における数学的思考方法」は「リズム」と「構造」に関する初期の画期的な論考です。この論文は「数学的思考方法」という表題から数学を利用する造形方法、ないし数理的に構成する造形方法の提起と理解されがちなのですが、決してそうではありません。ビル自身、この論考で、数学的なアプローチといっても、それは数学自体ではなく、また数学を直接利用する造形ではないということを言明しています。むしろそれは「リズムと関係の形成」であり、「ある特殊な個人の思考の源から創造される法則の表現」であるといっています。それは、現代の自然科学や非ユークリッド幾何学が開示したような新しい数学的表象の世界、その世界像によって喚起される新しい造形言語の発見の問題であるともいえます。

「ディジェネレイション」のさいに見たビルの《無限と有限》という絵画は、そのような新しい数学的表象によって喚起される造形世界です。そこには、この論考でも述べているような連続と非連続、確かさと不確かさ、確たる境界線のない有限、無限における遠近といった数学的宇宙像がひとつの知覚的世界として顕現されています。論考のなかで、さらにビルは数学的思考の概念世界の構造をあげていきます。

数学の問題の神秘的であること、空間というものが説明できないものであること、そして、一方で始まり他方で最初と一致するとき別の形で終わるという思いがけない空間の驚き、一にとどまる多、ただ一つの存在で変えられる同形性、真の変数で成り立つ力の場、相交わる平行線、現在として自己回帰する永遠、完全な不変性の正方形、相対性によってくもらされることのない直線、任意の点において直線を形づくる曲線……。[*1]

こういった現代の自然科学の知によって開示された新しい世界構造は人間の秩序の基礎をなす基本的な関係の力であり、リズムである、とビルはいいます。そして、そのような自然に内在する根原的な力やリズムを造形的手段によって眼に見えるかたちに、触知できるかたちに具体化していくということが、新しい時代の芸術の、造形の社会的な使命なのだと考えます。それは、ビルの言葉でいえば、自然の、宇宙の「原構造」に迫ることだといえます。それは、多様な生成の源であるような原構造の発見と展開であるともいえるでしょう。ここに、領域を横断するビルの広大な生成の大地――その総合知の源泉――が秘められています。そして、つねに、一つの基本概念であっても、それが十分に内容豊かで包括的であれば、それひとつで多種の目的を達成できるのだといっていたビルの言葉が想い起こされます。

この「現代芸術における数学的思考方法」という論文は最初スイスの『Werk』誌（三号、一九四九年）に発表されたものですが、これが広く世界的に知られたのは、一九五五年にアルゼンチンでトーマス・マルドナードによって上梓されたビルのはじめてのモノグラフィ『Max Bill』においてでした。同書はビルの論文を含めすべてスペイン語と英・仏・独の四カ国語で編まれたものですから、世界的に広く読まれ、とりわけ「現代芸術における数学的思考方法」はきわめて革新的な議論として大きな反響を呼びました。

マルドナードも同書のマックス・ビル論のなかで、芸術の科学への新しいまなざしが必要となったと指摘しています。ビルの数学的思考方法とは自然の新しい見方であり、その構造的な認識や発見の方法であるといえます。

ゲーテの「原葉」の洞察との関連でマックス・ビルの《一つのテーマにもとづく十五のヴァリエーション》が多様な変容の可能性、かのプロテウスの隠された原構造の発見だと述べましたけれども、それは「現代芸術における数学的思考方法」という論考に十年以上先立つその実践的な事例の創造でした。ヴァリエーションという展開は外的な時間・空間の変容の展開を指すのが一般的ですけれども、このビルの作品の場合は、一つの構造に内在する多様なヴィジョンを一度に顕在化させた、内側からの無限の可能性を共在させた原構造の創造的な発見であったという意味で、一般的なヴァリエーションという概念とそのヴィジョンの変革であったといえます。

パウル・クレーの形態の組織化とリズム

ここでは再びクレーの造形思考が想い起こされます。クレーが形態形成、フォルムの生成について重要視したのは「要素の組織化」、広義の「構造」による生成方法であり、それは、先にもふれたマックス・ビルに強い影響を与えた形態の組織化理論のひとつ、諸要素の「関係性」の組織化とリズムの生成原理でした。そのような構造的な見方によるリズムの形成について私にとってとりわけ興味深い関係要素の組織化方法は、分割可能な（ディヴィドゥエル）性格と、個体的な（インディヴィドゥエル）性格という二つの分節概念の提起です。分割可能な性格の分節とは、一定の数的基準による分割、同一単位が反復、連続していくような非有機的な分節のことですが、個体的な性格の分節とは、同種の数に還元できない個的な形態の組織化で、有機的なリズムを生成する特質を意味しています。その意味は「個体（Individuum）」という概念の原義に立ち返ってみますとよく分かります。この語は英語では「分割可能な」という「dividual」に否定の「in」を頭に付した「individual」に当たり、「個人」「個体」「個物」という意味に用いられる語ですけれど、この語はラテン語に発し、「これ以上切り分けることができないもの」という意味なのです。私たちひとり一人の「個性」を表わすIndividualität（独）やindividuality（英）という語の元となる概念です。たしかに、私たち人間ひとり一人は「これ以上切り分けることの不可能な個的な存在」であるといえます。そして、そのひとり一人の顔かたちや身体形態の特質といえば、人間の類として相互に類似してはいるけれども、ひとり一人異なり、それぞれの固有性をもち、まさにかけがえのない個としての存在にほかなりません。相互の形態的類似性について、先のカール・ロータ－・ヴォルフの数学的概念に照らしてみれば、それは合同でも、相似でも、また射影でもなく、それはむしろ位相的(トポロジカル)な類似であって、広い意味でカタモルフの類似関係であるといえるでしょう。

クレーの個体的な性格という形態素の特質には、また生物などの具体的な実際の個体の例も出てきますので、クレーが「分割不可能なもの」としての「個体」という概念を有機的なリズムの分節(単位)と捉えていることは明らかです。このクレーの分割可能な性格と個体的な性格という二つの分節単位の考え方が、私にとって、とりわけ興味深いのは、無機的なものと有機的なもの、あるいは幾何学的なものと有機的なものといった、この二つの対照的なものの共存の在り方について強く想像力を喚起されるからです。言いかえれば、今日の分子生物学における生物と無生物の間をたゆたうウイルス(幾何学的、無機的で生物ではない限りなく物質に近い存在)に関する新たな知見と重ねて、クレーが絶えず関心を注いだ物質媒体の生命化、その生命リズムの形成の問題について再考させられるからです。この二つの概念を私たちの環境世界に敷衍(ふえん)して考えた場合、分割可能な性格のものは、建造物や工業製品など人工物に、個体的な性格のものは、動植物など自然の生命体にそれぞれ対応させて、その共存の在り方やバランス、共存のリズムについて想像力を広げていくことができるのではないでしょうか。ここでは、分割可能な無機的性格のものに個体的な性格のものが浸透・融和することで高次な生命リズムが形成されると考えられているからです。[*2]

再び、その造形原理そのものに戻りたいと思います。図はクレーの分割可能（ディヴィドゥエル）な性格と個体的（インディヴィドゥエル）な性格の構造についての二つの論考のなかに出てくる解説事例の一つですが、（図37）上段の円弧の重なりの交点を点の分布に置き換えたヴァリエーション（中段）と、それを網目格子（Raster）に変換したヴァリエーション（下段）とが示されています。下段の網目格子の構造は部分的に個体的（インディヴィドゥエル）な変容を遂げて、単義的なリズムの反復から、より高次なリズムへの連続的な展開のメタモルフォーゼを生成させています。

円弧の交点の点の分布への変換はビルの《十五のヴァリエーション》の方法論とも重なるものですし、個体的な変容はビルの三角、四角、五角と変形させていく方法と基本的には類縁性のあるカタモルフのメタモルフォーゼです。クレーもすでに先駆けてクレー固有の仕方で世界の原構造の発見に向かっていたのだと考えられます。そのことは、よく知られている「芸術は眼に見えるもの

37 パウル・クレー「分割可能な性格と個体的な性格の事例」
（Paul Klee, *Das bildnerische Denken: Form- und Gestaltungslehre Bd. 1*, Hg. von Jürg Spiller, Schwabe & Co. Verlag, Basel/Stuttgart, 1971, p. 233.）

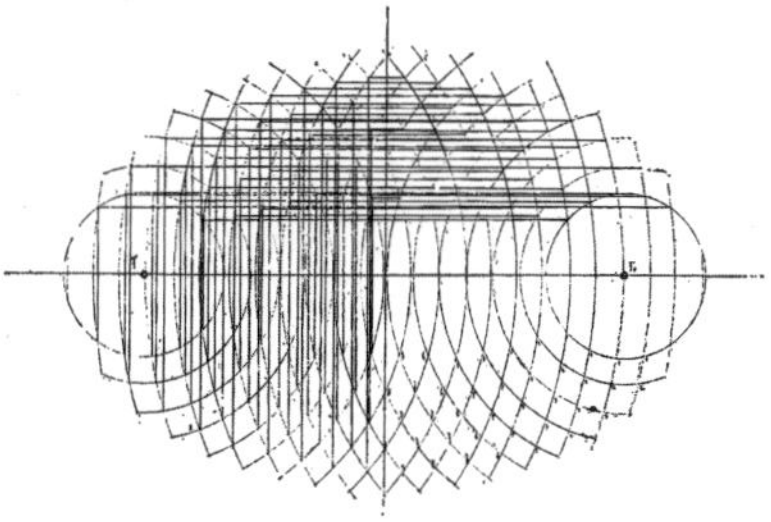

1
円弧を拡大していく
構造の研究

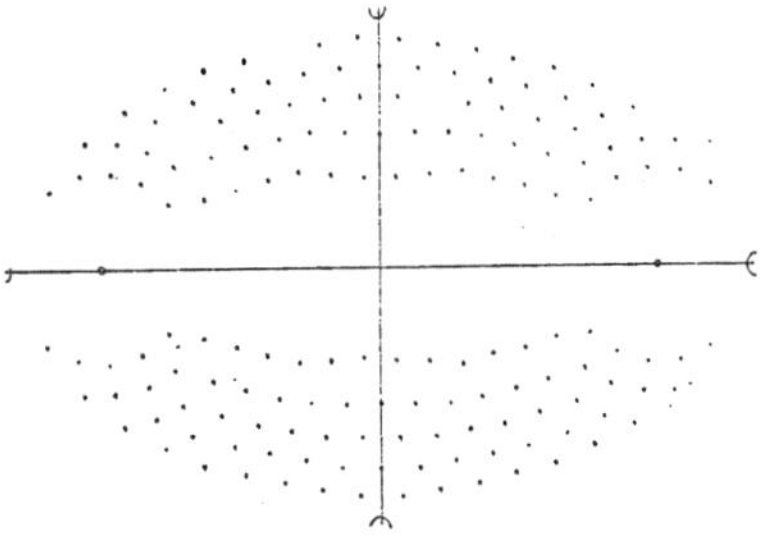

2
1を点の図に
置き換えたもの

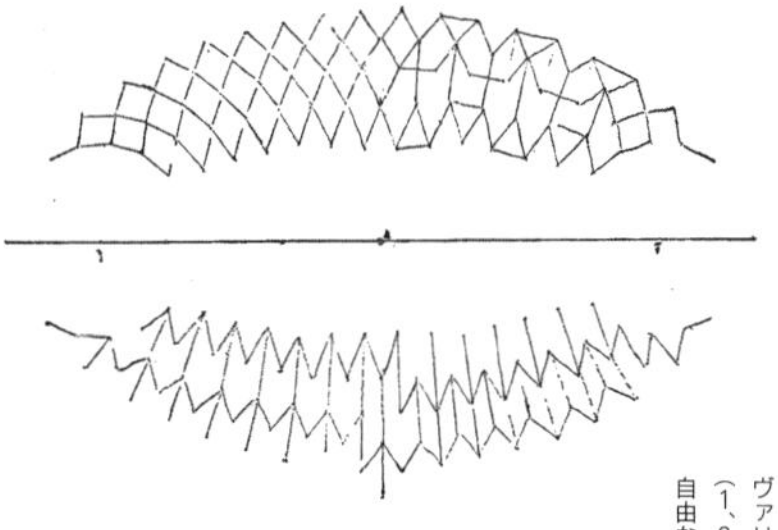

3
このテーマに対する
自由な構造の
ヴァリエーション
（1、2の構造を基礎にした
自由な選択運動）

を再現するのではなく、眼によく見えるようにすることである」[*3]というクレーの言葉にすでに言い表わされています。ビルはおそらくこうしたクレーの造形思考の観点を彼固有の方法論へと継承発展させていったのだと考えられます。そしてビルは無機物から有機物に至るすべての組織化を包括可能な「構造」という概念をいっそう重要視しています。

抽象芸術に代わる具体芸術

こうした「構造」がもつ関係の力やリズムという世界生成の根原的な秩序を「自然」と並ぶいまひとつの具体物「芸術」として生成させていくという芸術観は、見える対象を再現するということばかりか、個人の内面的な表出や告白を芸術の本質と考えるような見解や表現行為とは一線を画するものでした。それはまさにドゥースブルフが「具体芸術」と呼んだ造形理念と合致する芸術の新しい志向性で、新しい時代のデザインという制作行為の豊かな創造の水脈・地脈を形成するものであったといえます。

その「具体芸術」という概念は、当初、ドゥースブルフをはじめデ・ステイル派のイメージとのむすびつきで、幾何学的な構成主義と同一視されるきらいもあったのですが、この「抽象」に代わる

「具体」という問題提起を引き継いで、「具体芸術」の国際運動へと理論的にも大きく展開していったマックス・ビルによって、その「具体」の意味の特質が広範でたいへん豊かなものになっていきます。その鍵となったのが「構造」という概念の導入でした。この「構造」という概念には、おそらく「原葉」とも重なる新たな数学的表象としての世界の「原構造」から、さらには音楽や言語のリズム表象の原構造までもが重ねられていたと考えられます。

ビルがクレーと並んで敬愛するもう一人の父親、カンディンスキーは、このような観点に立つ芸術をつぎのように要約しています。それは、自然の生成のように内在する本性から純法則的に自ずから生成される完全な新しい対象としての作品である、と。そして、さらに、音楽においては、もう何世紀もの間そうであったのだが、もっぱら芸術家個人の抽象的な思考プロセスから自律的に作品が生成されているように、造形芸術もようやく、そのような音楽の生成過程に追いついたのだといっています。そして、カンディンスキーは、ここに「自然的世界」に対して新しい「芸術的世界」が並び立つことになるのだといいます。色彩や形態による純粋に構成的な「抽象芸術」と呼ばれる世界も、実在的で具体的な「自然」と同様に、いまひとつの実在的な世界であり、まさに具体的な世界であるのだから、「抽象芸術」はやはり「具体芸術（コンクレーテ・クンスト）（Konkrete Kunst）」と名づけたほうがよいと思う、とその同意を示しています。*4

また、クレーが造形の根本原理を探るうえで、構造とリズムの関係の考察からもすぐに分かりますように、創造の力学のなかでも、とくに音楽の作曲法に関心を寄せていたということは、おそらくあらためていうまでもないと思います。クレーはとりわけゲーテのように音楽のうちに創造の根原的な秘密があると考えていたのでした。当時の抽象芸術を展開する画家たちの多くは、その関心の視点や音楽と造形芸術とのアナロジカルな考察について、それぞれの相違はあるにしても音楽の抽象性やその作曲プロセスの構造に関心や憧憬を抱いていました。クレーの父、ハンス・クレーに歌唱やオルガン演奏を学び、音楽家を志した時期もあったヨハネス・イッテンの宇宙生成リズムの構造への接近にしても、それは、音楽への関心とも深く重なっています。具体芸術の継承者としてのビルもその例外ではなく、音楽と造形とは、数学的構造の大地をともに分かち合うと考えていました。《十五のヴァリエーション》も一つの主題からの「変奏曲」ともいえる点、線、面、色彩のポリフォニックなコンポジションであり、あたかもグラフィックスコアでもあるかのように、そこには音響への想像力を強く喚起するものがあります。

こうした音楽と数的秩序との関係については、西洋の背景として、一方ではピュタゴラスのような数と調和（ハルモニア）の原理にもとづく宇宙生成論の流れが想起させられると同時に他方、シェーンベルク、ヴェーベルン、ベルクをはじめとする新ウィーン学派の伝統的な長短調や音階の破壊による無調化の音楽「十二音音楽」の提起へと至る——造形芸術の革新と並行する——二十世紀初頭の近代音楽の革命が想起されます。

「構造」という概念には言語の原構造への希求も重ねられていたというのは、カンディンスキーの求めた「形態言語」「色彩言語」という概念のうちに見ることができますし、クレーの「造形思考」という概念のうちにも容易に読みとることができます。「思考」とは西洋では、言語による思考であり、この「ロゴス」による思考が近代ないし近代文明をもたらしたといえます。しかし、いわゆる通常の言語ではなく、色や形や空間やリズムといったイメージを介した、原初的な思考を新たな次元で再建しようという志向性がここには顕著にうかがえます。言いかえれば、クレーもカンディンスキーと同様に、近代の分断された諸感覚の再統合・統合へ向けて——言語も音楽も含みもつような——新しいいまひとつの言語宇宙の形成が志向されていたのです。

ここでは指摘だけにとどめたいと思いますが、ビルが「具体芸術」に「構造」という概念を導入した背景には、さらにはソシュールを原点とするローマン・ヤコブソンらの構造言語学から「具体の科学」をめざしたレヴィ=ストロースの「構造」概念につながっていく観点と、いまひとつは集合論の基礎のうえに数学の再構成をめざしたブルバキ派の「構造」概念との関係という観点からの考察の必要性も残されています。相対性理論や非ユークリッド幾何学などが開示した二十世紀の宇宙像にもとづけば、その「構造」概念をもって、結晶体のような幾何学的構造から混沌としたアモルファスな形象——コスモスからカオスまで——を宇宙論的（コスモロジカル）に包摂することが可能となったといえます。すでに見てきましたように、この「構造」概念はヴォルフの開示したような数学的な宇宙観とゲーテの形態学的（モルフォロギッシュ）な宇宙観を合わせもっているのだといえます。ここには、マックス・ベンゼが展開した情報美学による宇宙像も重ねて見ることができるでしょう。

ちなみに、形式的・分類的な思考方法やデザイン教育の現場——とりわけ日本——においてはビルのような造形方法や構成的な造形を「数理的造形方法」とか「数理造形」と呼ぶことが一般的です。ビルによって展開された具体芸術（あるいは具体造形（コンクレーテ・ゲシュタルトゥング））の思想と実践を背景にして生まれた一九五〇年代のスイス派と呼ばれる構造を重視した造形や、ノイエ・グラフィーク運動のデザインもまた同様に数理的造形やデザインあるいは幾何学的構成と呼ばれることがしばしばです。しかし、「構造」という概念に沿ってこれまでカタモルフなどの観点から多焦点的に述べてきたことでも推察していただけると思うのですが、私はこうした呼称・命名から概念的に理解してしまいますと、それらの本質を見逃してしまうと思うのです。それは豊かな知を単に技術的、経済的にのみ消費してしまうような行動原理とは直結しても、息の長い根原的な創造の水脈・地脈を形成していくことにはなりません。ビルの《十五のヴァリエーション》は彫刻として花崗岩の柱にも展開されています。(図38) 柱は、古代ギリシャ以来、物質の神聖顕現の契機であり、私はビルの仕事に新たな次元における神話知を感じます。別の語の星群のところでビルの造形との出会いの驚きにまた再帰することができればと思います。

38
マックス・ビル《三角から八角までの断面をもつ柱》ドイツ・フランクフルト、シルン芸術館の「マックス・ビル」展での屋外展示。素材はグレーの花崗岩。平面作品として展開した《一つのテーマにもとづく十五のヴァリエーション》のテーマを立体化したものである。撮影：著者、一九八七年

＊1　Max Bill, "Die mathematische Denkweise in der Kunst unserer Zeit", in Tomás Maldonado ed., *Max Bill*, ENV editorial nueva visión, Buenos Aires, Argentina, 1955, pp. 38–41.

＊2　福岡伸一『生物と無生物のあいだ』講談社（講談社現代新書）、二〇〇七年

＊3　Paul Klee, *Das bildnerische Denken: Form- und Gestaltungslehre*, Bd. 1, Hg. von Jürg Spiller, Schwabe & Co. Verlag, Basel, 1971, p. 76.

＊4　Wassily Kandinsky, "Einführung von Max Bill", in Wassily Kandinsky, *Über das Geistige in der Kunst*, Benteli Verlag, Bern, 1952, pp. 5–16.　邦訳：ワシリー・カンディンスキー「マックス・ビル〈紹介〉」、ワシリー・カンディンスキー『抽象芸術論—芸術における精神的なもの—』所収、西田秀穂訳、美術出版社、一九五八年、七—十八頁

伝統
Tradition/tradition

テクノロジー・科学技術
technology

三分法・三項関係
trichotomy

トポロジー・位相幾何学
topology

思想絵画
thought picture

谷崎潤一郎
Tanizaki, J.

真・真理
truth

タイプ・模範・範例
Typ

規格化
Typisierung

くもり
Trübe

トポス・場・位相
Topos

透明性
transparency

生活文化・日常文化
tägliche Kultur

ターナー
Turner, J. M. W.

constellation[t] **Trübe**

生命の原像へ、生成の原記憶へ

ゲーテの「くもり」——光と闇の媒介者

この章では、ドイツ語のトリューベ（Trübe）という語からウアビルト（Urbild）という語につなげてお話をしたいと思います。このTrübeという語はゲーテの色彩論におけるきわめて重要な概念です。これは「くもり」とも「にごり」とも「かげり」あるいは「陰影」とも訳せるような言葉なのです。その意味で、日本文化における自然観や美意識や精神性とも重なってくるような響きのある魅力的な言葉であり現象ですが、今日では「くもり」という訳語が定着してきています。

この「くもり」は光と闇の仲介者、媒介者なのです。色彩の根本現象を光と闇、明るさと暗さの分極運動に求めたゲーテは、この両者を仲介し、さまざまな色彩を生じさせるものを、このように「くもり」と呼んだのです。言いかえれば、「くもり」は色彩の根本的な生成の源であり、媒体であり、媒質であるといえます。

そして、この「くもり」の様態には、気体、液体、固体があり、「くもり」の段階も、透明から不透明な白に至るまで無限にあります。しかし「くもり」とは、いったい具体的にはなにかといえば、靄、蒸気、煙、砂塵、霧、雲、雪、雨……などで満たされた大気の層をはじめ、生命体から物質に及ぶ環境世界におけるあらゆる透明な――ごくわずかであるにせよ、透けて見える不透明性なものに至る――媒質を指しているのだといえます。

こうした媒介の状況は、大気について見れば、それぞれの土地特有の気候・風土によって異なり、いわゆる風土性の差異があるわけですけれども、私たちはそうした媒介を通して、世界にふれ、世界を見ているのです。風土の差異や季節やその日その日の時の推移とともに、大気も刻々と変容していきますが、そのような大気の多様な変容が私たちと世界とを仲立ちしているのだといえます。まさに「くもり」という大気の多様な現象性によって私たちの眼前に世界が出現しているのです。

考えてみれば、私たちは地球という空気ないし大気の海の底で生活しているのであり、この地球を包む大気で満たされた気圏は、まさに生命あるものにとっては「呼吸圏」であり「生息圏」であって、この観点から見れば「くもり」はただ色彩や世界の生成を媒介するだけでなく、同時に私たちの「生」の媒介者であるともいえます。そしてここには、私たちの生活世界をひとつの気圏あるいは大気圏、呼吸圏、生息圏といった――私たちが生き生かされている――環境世界として捉え返すべき根原的な問いが含まれていると思います。

そして、この「くもり（トリューベ）」を介して色彩が、世界が生成されるという生成観は、近代建築や近代デザインが近代化を急ぐあまり看過してきた生の原像や原郷――風土や固有の風景や時の推移の問題など――を生の根原的な価値として、あらためて深く捉え返していくうえできわめて重要です。地球上が多様な差異を包容し、千変万化の豊かな生成する世界であるというのは、こうした「光」と「闇」とを媒介する「くもり」との実に多元的な相互作用があるからです。それが絶えず世界の豊かな変容や差異を生成しているのです。

したがって、このゲーテのトリューベという概念の重要さはきわめて今日的な課題とつながっており、現代の生活世界や環境形成の在り方を考えるうえでの根本的な前提となるものです。そういう思いもあって、一九九九年、ゲーテの生誕二五〇周年にさいして岩波書店の『思想』（九〇六号、一九九九年十二月）が「ゲーテ　自然の現象学」を特集し、それへの寄稿の依頼を受けたときには、私はこの「くもり」について執筆しました。

とくに「近代造形思考とゲーテ」というテーマで自分の現象観察にもとづきながら「くもり」

と「残像現象」について考察しました。残念ながら、あまり出来のよい論文にはならなかったのですが……。私たちの生息圏、環境世界の差異の豊かさや多元性は、実はこの「くもり」と「補色残像の現象」との相乗作用にあるのだということと、その「くもり」と「補色残像」という現象をはじめて明らかにしたゲーテのような自然観を基礎におく近代造形思考の生態学的な意味について述べました。なぜなら、そのような生態学的造形思考がきわめて重要なデザイン思考の水脈であるからです。

光（太陽）と闇（眼の奥の内部世界）との響き合いである「補色残像の現象」は、誰でも経験していることですが、日没の美しさに打たれて夕日を眺めているときの劇的な体験がまさにそうです。この体験観察については、拙著『デザインの原像　かたちの詩学Ⅱ』のなかの「太陽残像」という一文で詳しく述べましたが、その一節をあげてみましょう。

真赤な太陽の中心にゆっくり緑が滲みだし赤を遠心的に染めあげ、わずかな輪光の黄に共鳴して濃い青紫の陰影が大気に浮かぶ。それは残像の仕業であるのはいうまでもないが、まるで眼が太陽を一緒に染めあげているかのようである。この赤への緑の滲透と、黄に対する青紫の影との関係は、赤に対する緑、黄に対する青紫という相対立する補色の残像なのだ。[*1]

この補色残像は自然の根本現象としての外と内との正（プラス）と負（マイナス）との分極的な均衡のリズムですが、「くもり」は、同時にまた、その自然の分極性のリズムに乗って外と内とを一つに融合しながら、その残像現象のリズムに、四季折々、その日その日、あるいは靄や霧、雨雪や嵐などその時々の気象状況、風土性、地域性や場所性などによって、さらに細やかな多様な変様のリズムを与えていくための媒介者であり、現象であるといえます。自然の多様性と美しさという現象は、まさに「残像」のリズムと「くもり」のリズムとの細やかな共鳴にあるのだといえると思います。*2

ターナーの大気像とラスキンの風景の発見

このゲーテの「くもり」を介した色彩現象の情景との連関においては、私には、一方では十八世紀末から十九世紀半ばにかけて、風景画のうちにさまざまな大気の変容を描きつづけたイギリスの画家ターナーと、そのようなターナーの絵画の展開を積極的に支持したジョン・ラスキンの風景哲学が想い起こされます。

ターナーの絵画に《光と色彩（ゲーテの色彩論）――洪水のあとの朝――創世記を書くモーゼ》（一八四三

年）という作品がありますが、（図39）ターナーはゲーテの色彩論に深く共感し、とくに晩年に、その色彩の現象学的考察を子細に研究しました。画家で友人のチャールズ・ロック・イーストレイクがゲーテの『色彩論』（一八一〇年）を翻訳し、一八四三年に贈呈したといわれています。

この《光と色彩》はゲーテの分類した暖色系の正の色を中心に描いた大気的な変容世界ですけ

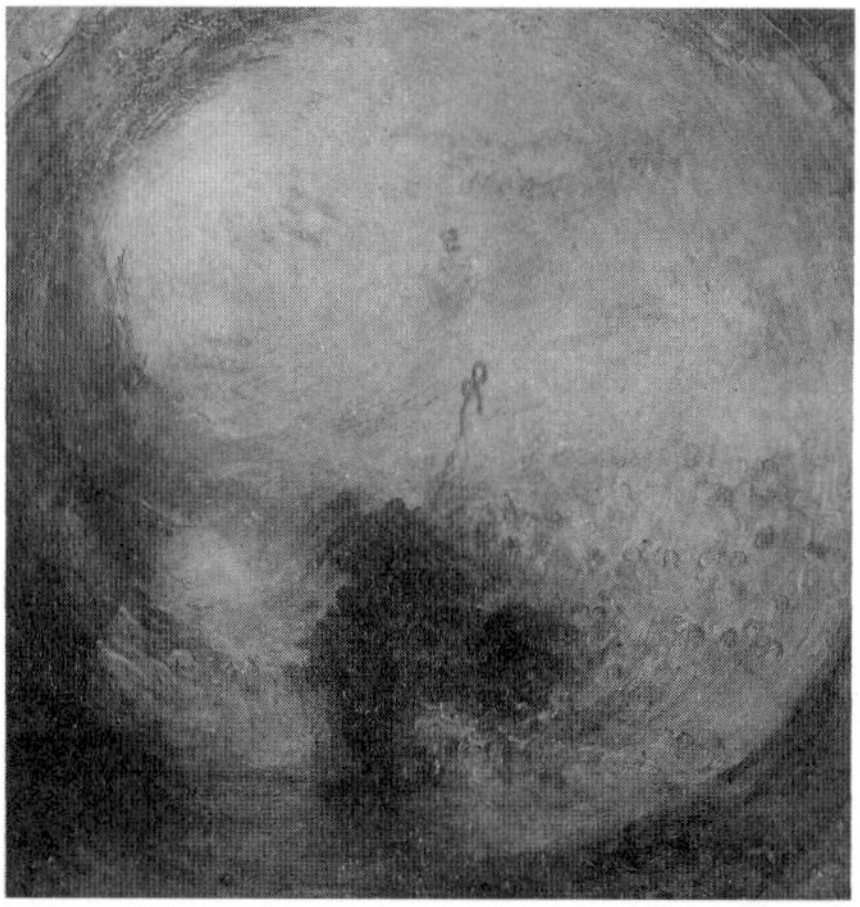

39 ジョセフ・マロード・ウィリアム・ターナー《光と色彩（ゲーテの色彩論）―洪水のあとの朝―創世記を書くモーゼ》一八四三年（John Walker, *Turner, The Library of great painters*, Harry N. Abrams, Inc., New York, 1976, p. 139.）

れども、画面左上から差し込む強い黄の輝きが橙から赤へと大きく渦のように旋回し、画面のすみの暗部に濃い青や緑へのわずかな移行による全色環世界への過程が暗示されて、それはまさに光と闇の「くもり」を介した色彩現象の世界生成のプロセスだといえます。

さまざまな大気の変容と物象とがひとつに融け合うような、このターナーの風景画における新しい世界の呈示は、いまだ近代絵画が自然の対象性、あるいは対象の模写（ミメーシス）を放棄する前夜であり、そのためにたいへん攻撃的な批判にさらされました。まだオックスフォード大学に入って間もないジョン・ラスキンがその攻撃からターナーを擁護するために書き始めたのが、あの有名な大著『近代画家論（Modern Painters）』（一八四三―六〇年）であったといわれています。

ラスキンはターナーの大気像あるいは雲の表現において、過去のいっさいの巨匠、レオナルドやラファエルロをも凌ぐと絶讃したほどでした。このラスキンの『近代画家論』は一言でいってターナーの絵画の考察に端を発する「雲の風景」の発見、近代の「風景の発見」の書でした。しかも、それは刻々と変容する雲や大気の天象とともに移ろう植物たちの地象の生態を宇宙生命として捉えた風景の真理（こころ）の発見、宇宙生命としての自然の真理（こころ）の再発見の提起であったともいえます。

ラスキンの「どんよりした曇り模様」と社会変革の理念

たいへん興味深いことに、ラスキンは中世芸術の穏やかな野原や空から近代の風景画のもっとも特徴を示す実例に目を転じると、最初に眼を奪われる、また奪われて当然な特性は、「どんよりした曇り模様である」といいます。少し長くなりますが、それに続くテクストを引用して見てみましょう。

完全に明るく動きのない雰囲気から、急にどんよりとした空の下の揺らぐ風の中へつれてこられたと、私達は感じる。変わりやすい日光が、私達の顔に閃いたり、雨がさーっと降ってずぶ濡れになったり、芝生の上で変幻万化する影の跡を追ったり、かっと怒って裂けた雲の間から射す薄日を見守ったりしなければならない。そして、すべての中世人の楽しみは、安定、明確、輝きにあったが、私達が近代になって必要とされているのは、暗がりを喜び、変転を誇り、一瞬一瞬変化し色褪せてゆく事柄に幸福の基礎を置き、捉えるのが不可能で理解し難いものから至上の満足と教えを期待することである。*3

この「どんよりした曇り」という表現は、必ずしもゲーテの「くもり」の直接的な援用ではなく、また光と闇の媒介者としての「くもり」を指しているわけでもなく、むしろ、明に対する暗、光に対する影あるいは闇の発見にあるのですが、しかし、その原語には「cloudiness」が用いられ、また引用文のなかの、急に「どんよりとした」という言葉には「sombre」が使用されています。ドイツ語では、このどちらの語にも「Trübe」を当てることが可能であり、まさにこのテクストには、ゲーテにおける光と闇を媒介する「くもり」のような現象の発見をも想像させるところがあります。

それと同時に、ここには一瞬、「晴れの日」だけではなくて、「曇りや雨もまた好し」とする日本人の自然に対する情感や歌心を想い起こさせるところもあり、ラスキンはまさにこの大気の「どんよりした曇り」を介して生々流転する自然の風景を、これこそ自然の生命（いのち）であり、自然の真の美しさであると捉えたのだと思います。しかも、そのような自然の風景を小宇宙としての私たちの心と深く共鳴する宇宙生命の意（こころ）として、「生の原郷」として捉えて、自然の深い生命的な意味をあらためて覚醒しようとしたのではないかと思われます。

そのことは、このテクストのなかの「暗がりを喜び、変転を誇り、一瞬一瞬変化し色褪せてゆく事柄に幸福の基礎を置き、捉えるのが不可能で理解し難いものから至上の満足と教えを期待することである」という言葉にもっともよく言い表わされています。

この「暗がり」「変転」「色褪せてゆく事柄」「捉えるのが不可能で理解し難いもの」といった言葉には、まさに、退行的、減退的、カオス的な、いま一方のネガティブな世界の消滅プロセスへの積極的な同意、賛意が示されています。これは、「ディジェネレイション」のところでも述べたような自然の生と滅とをともに「生成」と捉えた自然の深い生命性の発見にほかなりません。それは、まさに自然の生命リズムの発見であるとも言いかえられます。

そうして、ここには、ちょうど産業革命を達成したルネッサンス以降の合理精神・光のなかの理性によって形成されたゆらぎなき明晰な近代文明というものを、あらためて深く省みるべきだとする、いま一方の視座、「明」に対する「暗」、「光」に対する「影」、いまひとつの社会的な問題性へのまなざしも、まさに同時に重ねられているのだと思います。

周知の通り、近代デザイン史は一般的にイギリスの産業革命の集大成ともいえる一八五一年の第一回ロンドン万国博覧会の会場クリスタルパレス（水晶宮）のイメージを出発点としています。そこで世界に呈示されたものは、その鉄骨とガラスの殿堂「水晶宮」はもとより、ワットによって完成された蒸気機関をはじめ、すでに今日の機械文明をもたらした主要な機械類のほぼすべてであったといえます。それはまさに世界無比の技術革新を謳歌するものでした。

しかし他方、このヴィクトリア朝の繁栄においては、分業による機械生産工程が人間そのものから作る喜びや自由や創造性を奪い、機械による生産力の高まりが人間疎外を増大し、優れた工匠や熟練工はそのかけがえのない手わざの場や価値を失っていきました。工業力第一主義によって、企業家たちは利潤追求にのみ目が眩み、労働環境や一般庶民を取り巻く社会環境も悪化していきました。自然の破壊、機械生産による粗悪品の氾濫、手工芸技術の低下などによって、美はどんどん失われていき、煤煙による大気汚染や醜悪な都市化が環境公害を拡大し、自然の美や人の心も荒廃して、倫理感も崩壊していきました。まさに社会の建て直しや人間性の再建が、自然や生活世界の美の再生が必要でした。

こうした時代を背景に、ラスキンと彼の社会改革思想に共鳴したウィリアム・モリスとによって、いわゆるアーツアンドクラフツ運動（Arts and Crafts Movement）という近代デザイン運動の幕が開かれていくわけですが、ここでは、むしろ、いま少し「くもり」と「世界の生成」「色彩の生成」「風景の生成」について考察していきたいと思います。

しかし、ラスキンが社会の変革や人間性の再建の根底に自然と人間との関係性の回復や大気のうちに変容する風景の生命性の覚醒を据えたことが、ここではきわめて重要であるといえます。これは、現代の私たちがまさに必要としている切実な課題であり、深く捉え返すべき世界認識であるからです。このことは、先に「f・g」の章で述べました「身振り」の意味とも重ねて考えていただきたいと思います。

ゲーテの「くもり」と谷崎潤一郎の「陰翳礼讃」

もう一度、ゲーテの「くもり」に戻ります。この概念について、先に、ゲーテにしたがって「くもりの様態には、気体、液体、固体があり、くもりの段階も、透明から不透明な白に至るまで無限にあります」と述べましたが、しかし、その現象について、ゲーテによって、必ずしも具体的な事例が系統だってあげられているわけではありません。

したがって、この「くもり」の様態を、いま一度、具体的な現象として想像してみたいと思います。たとえば、朝やけや夕やけ、雨雲や雷雲、霧や靄など、それらの天象をはじめ、すべての地象、すなわち樹々の葉の緑、川や海の水の碧さ、大地の土の艶や肌理などから、花びら、果実の皮、昆虫の羽や体表、動物や人間の体の表皮（皮膚）など、これらの物体的なものを含む万象の現象性にも及んでいきます。

たとえば、一本の樹木の葉にしても、葉の緑は一つとして同色に見えるものはなく、透過性をもち、葉相互の重なりは、多様な陰影の濃淡と透き影とで、刻々と移ろいゆく深い空間を現象させます。また、あらためて自らの手をじっと見つめれば、手の平や甲には赤みを帯びた皮膚を通して青い血管が、半透明な爪には内側の表皮の赤みと白い小爪が透けて見えます。しかし、それらの赤み、青さ、白さは、平面的、均一的な一様性ではなく、微妙なグラデーションや時間的な変様を伴う多様な知覚の現象性であるといえます。

これらは「くもり」を介して生成する現象の一端にすぎませんが、それらは、眼で見ながらも、単なる視覚的な体験というより、身体内部の基層から触覚的な感覚が喚起させられるような質料(材質)的な、そして身体全体でそれらの現象を生きるような大気的、空間的、変容的、時間的な知覚体験だといえます。

私がこのゲーテの「Trübe(トリューベ)」というドイツ語の概念に——すでに「にごった」という意味として知っている単語のひとつでしたけれども、色彩論のうえで——はじめて出会い、日本語の「曇り(くも)」に当たると知って意識化されたのは、一九五六年のこと、ドイツのウルム造形大学で、ヘレーネ・ノンネ=シュミットの色彩論の演習においてでした。私はそのさい、まるで閃光のようにある感動をもって、中学生の頃に読んだ二つの書物を想い起こしました。そのひとつは、鷹(たか)部屋(べや)福平という珍しい名字の工学博士によって書かれた『ゲーテの画と科学』というたいへん啓発的な興味深い本です。[*4] そのノンネ=シュミットの授業は、この本で出会い、すっかり忘れていた

「媒體(ばいたい)の〈曇り〉」ということばを呼び起こし、その「曇り」と、はじめてドイツ語の「Trübe」とが一つになった瞬間でした。

一方、いまひとつは、同じ頃に古本屋で手に入れて感動した創元社版の谷崎潤一郎の『陰翳禮讃』でした。しかし、読んだ当時はこの二つの本を一つにつなげてはいませんでしたが、その二つの惣然とした想起は、いま考えても不思議な経験です。なかでも、谷崎潤一郎の『陰翳礼讃』についてノンネ先生に話をしたことがたいへん懐かしく想い出されます。[*5]

『陰翳礼讃』は、周知のように、日本や東洋における固有の文化の特質として、「陰翳」――薄暗さ、ほの暗さ、暗がり、濁(にご)り、翳(かげ)り、曇り、薄明かり、ほの明かり、明暗……など――を介したさまざまな現象の生成とその固有の享受について述べられたものですが、今日ではドイツでも一九八七年にこの訳書が出て以来、日本美学の神髄を語る書物としてたいへんよく知られているものです。

当時、私の記憶に深く刻まれていて、すぐさま想い起こされたのは「羊羹(ようかん)の色」「能楽師の手の光沢」「暗がりの中にある金襖や金屏風の表情」といった現象への谷崎独自のまなざしとその現象表現でしたが、早速にノンネ先生の宿舎で、ちょうど、日本から持参していた虎屋の羊羹に抹茶を点(た)ててお茶の時間を作り、『陰翳礼讃』の紹介をはじめ、羊羹や抹茶の色の現われ方などについて話し合いました。

ちなみに、ノンネ先生は、先生がバウハウスでともに学んだ、後のバウハウスのマイスター、ヨースト・シュミットの夫人ですが、ウルムの教員宿舎では、床に藺草（いぐさ）の畳表を敷き、日本のような床座の生活をされていました。「バウハウスでも、こういう生活をしていたのよ」といって、大の日本贔屓（びいき）で、私をよくお茶の時間に招いてくださいました。彼女の色彩論はバウハウスでパウル・クレーに学んだ「クレーの色彩論」にもとづく「クレー＝ノンネ・モデル」と呼ばれるもので、「くもり」の話は、ちょうどグラデーションの課題のさいでした。

今あらためて、『陰翳礼讃』のその想い起こされた部分をひもといてみますと、「羊羹」については、漱石が『草枕』のなかで羊羹の色を讃美していたのを想い起こして、谷崎自らも羊羹の色を讃美して、つぎのようにいっているところです。

> そう云えばあの色などはやはり瞑想的ではないか。玉（ぎょく）のように半透明に曇った肌が、奥の方まで日の光りを吸い取って夢みる如きほの明るさを啣（ふく）んでいる感じ、あの色あいの深さ、複雑さは、西洋の菓子には絶対に見られない。――中略――だがその羊羹の色あいも、あれを塗り物の菓子器に入れて、肌の色が辛うじて見分けられる暗がりへ沈めると、ひとしお瞑

想的になる。人はあの冷たく滑らかなものを口中にふくむ時、あたかも室内の暗黒が一箇の甘い塊になって舌の先で融けるのを感じ、ほんとうはそう旨くない羊羹でも、味に異様な深みが添わるように思う。[*6]

この「玉(ぎょく)」のように半透明に曇った肌が、奥の方まで日の光りを吸い取って夢みる如きほの明るさを啣(ふく)んでいる感じ」という物体の周囲から内部に深く生起する色の現象性や「あたかも室内の暗黒が一箇の甘い塊になって舌の先で融けるのを感じ」という、物体がそれを包む大気や空間や時間と融合し、身体全体の触感覚ともひとつになって、まさに、その生成する現象世界を生きるという知覚体験についての記述に注目したいと思います。

これは、まさに、ゲーテの「くもり」を介した生成現象の知覚体験にほかなりません。

先に、あらかじめ書き記しておきましたけれども、谷崎は「陰翳」についての表現を「薄暗さ」「ほの暗さ」「暗がり」「濁り」「翳り」「曇り」「薄明かり」「ほの明かり」「明暗」などといった言葉で言い表わしていきます。それらの情況は——日本文化の特質を示す固有の情景であるにしても——すべて、ゲーテの「くもり」のなかに包容される現象です。谷崎は決して色彩論を展開しようとしたわけではありませんが、谷崎の「陰翳」を介して生成する多様な現象へのまなざしと実に直観的な現象の記述とは、その観察と表現の豊かさにおいて、東のゲーテにも喩えることができるのではないかと思われます。

「およそ日本人の皮膚に能衣装ほど映りのいゝものはないと思う」[*7]という谷崎は、能衣装の袖口から覗いている手の美しさや頬と衣装との関係なども多面的に観察しており、そこで語られている多くは、皮膚の色と能衣装の色彩との陰翳を介したさまざまな色の同時対比の現象だといえます。この色の同時対比という現象生起の根原性については、「インタラクション（相互作用）」の章のヨーゼフ・アルベルスの世界のなかで述べましたので、想い起こしていただきたいと思います。

いまひとつ強く記憶に刻まれていた金襖や金屏風の金色が暗がりのなかで「ぽうっと夢のように照り返して」[*8]いた様相についての谷崎のさまざまな観察などは、ゲーテの「くもり」と「太陽残像」の現象観察を出発点として「色の現われ方」の現象学的な様相の分類研究を行ったダーヴィット・カッツの――「光輝」や「きらきら」などを含む――さまざまな様相のカテゴリーを想い起こさせます。しかし、このカッツの「色の現われ方」については、また後で述べたいと思います。

なお、この『陰翳礼讃』において興味深いことは、かすんで見えるような、はっきりしない様を表わすさまざまなことばによく出会うことです。たとえば「ぽうっと」「ぼんやり」「ほんのり」「もやもやと」「朦朧（もうろう）たる」などといった表現です。

あるいはまた、染みの広がる「滲み」や、ぼんやりとした「鈍い」や、深みのある「沈んだ」や、重い感じの曇りや濁った様子の「どんよりとした」といった、目立つ晴れやかな、明るい明晰な物象とは逆の、はっきりしない陰影や暗さや澱みなどを含んだ捉え難い現象を形容することばたちとの出会いです。こうした「ことばたち」との出会いから、私たちは再び「どんよりした曇り模様である」といったラスキンの「近代の風景」を想い起こすのではないでしょうか。ラスキンの「いまひとつの近代」の発見です。

生成する世界を生きる、生成する色彩を生きる

先のような『陰翳礼讃』のなかの「ことばたち」から見れば、ラスキンが発見した「いまひとつの近代」は「陰翳」の発見であったともいえます。それらの「ことばたち」は、同時に、空と大地や海や川を、日の出や日没や、月光や暗雲などの刻々と変容する色彩の大気で染め上げた、まさにターナーの新たな風景画の造形語法にも、そのまま適合する言語表現だといえるのではないでしょうか。

日本文化においては、「ぼうと、かすんだ」「もやもやと」「朦朧たる」「滲み」「沈んだ」「どんより

と」などといった生成現象は、日本という列島の風土や文化の特質としても、「墨に五彩あり」という中国より渡来した水墨画の墨象の表現としても、古来よりずっとなじみ深いものであり、たとえば、桃山時代には、長谷川等伯の《松林図屏風》(十六世紀末)のような「水蒸気をたっぷりふくんだ大気のなかからぽうっと現れる松林」[*9]の名作が生まれています。(図40)

しかし、西洋にとっては、それは近代の出来事、近代の「いまひとつの近代」の発見であったといえます。他方、こうした視点が、西洋における東洋の、あるいは日本の発見という現象とも重なってくるのでしょう。

とはいっても、一方では等伯とほぼ同時代に、遠近法と同時にその対極の、それを解体する歪像法・アナモルフォーシスや空気遠近法を研究し、しかも、壁のしみや石の肌、ゆらめく焔や燃えつきた灰、光の微動や大気の推移、雲の動きや水の流れなどをはじめ、混沌としたアモルファスな定まらぬおぼろな現象像に並々ならぬ関心とまなざしを注ぎ、それを想像力の源としたレオナルド・ダ・ヴィンチの存在を想い起こさなければならないでしょう。

これは、「ディジェネレイション」とも関連する重要なテーマであると同時に、現象的に似ていても東西の差異あるいは日本との相違——たとえば、現象を「構造化・原理化」する西洋に対して、「情感として捉えて、表現の技法化」を図る日本の特質など——あらためて考察すべき問題を内在

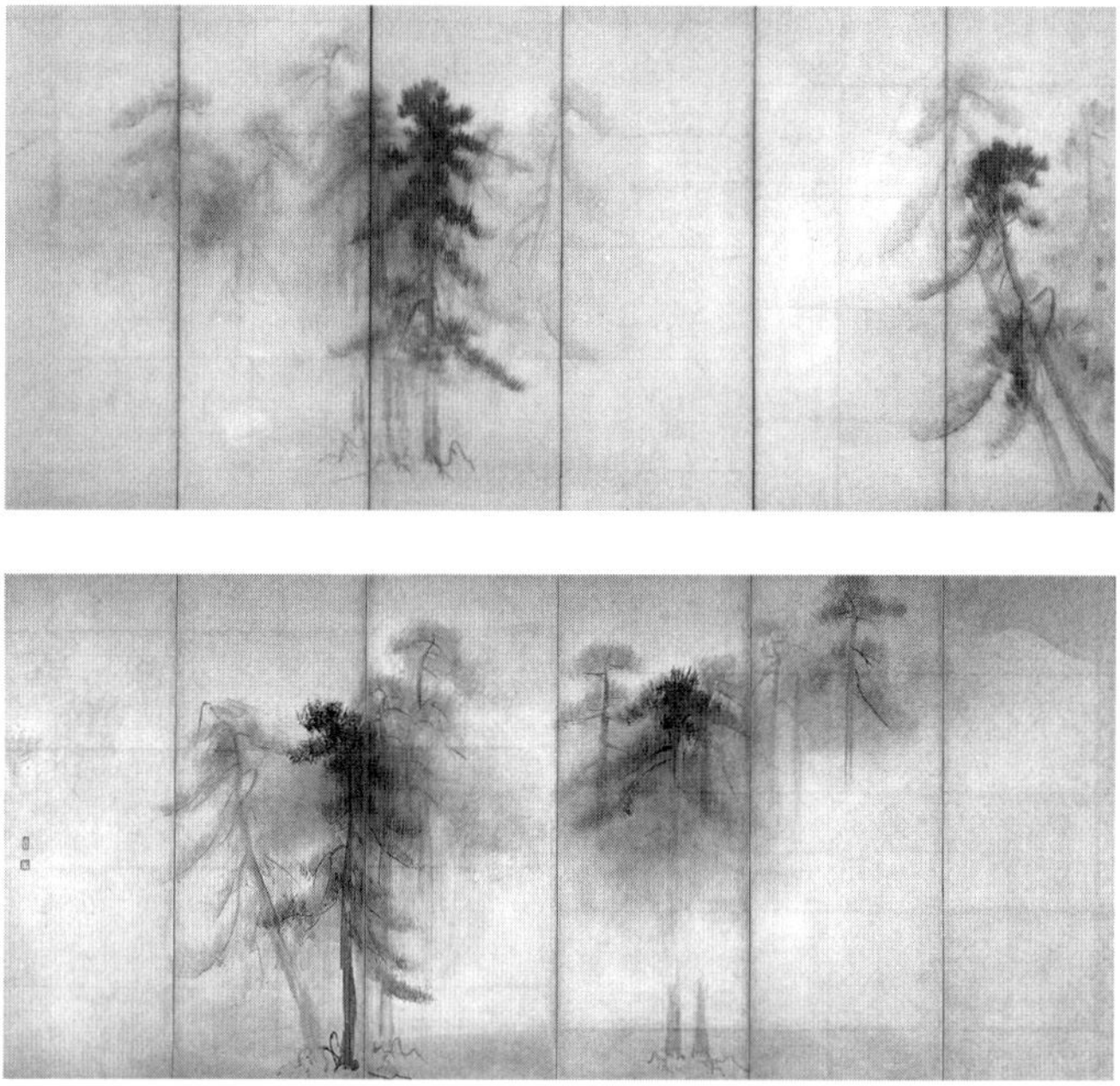

40
長谷川等伯《松林図屏風》十六世紀末（水尾比呂志『日本造形史』武蔵野美術大学出版局、二〇〇二年、二八〇—二八一頁）

する思考の重要な素材ですが、ここではその指摘だけにとどめましょう。

先にバウハウスのヨーゼフ・アルベルスが、画家としては生涯の連作《正方形讃歌》の創作世界へと向かい、デザインの教育・研究者としては「色彩の相互作用」の探求へと向かったことについては述べましたが、その原点がターナーの絵画《光と色彩（ゲーテの色彩論）》の朝の日の光をはじめ、ターナーの大気を染めた日の出や日没の風景画であったということは、あまり知られていないかもしれません。それは、前にもふれましたように、おそらくアルベルスの絵が単に形式面でハード・エッジの絵画として、しかもオップ・アートとして分類されて、そこに内在する自然観が美術界で深く省みられる機会がなかったからでしょう。アルベルスは、ターナーと同様に、彼の風景画に生の根原性としての内的自然を発見したのでした。

その内的自然の発見とは、まさに「生成する世界を生きる」、「生成する色彩を生きる」という知覚体験の意味の覚醒でした。太陽の「光」に対して、それを受容する人間の眼から脳への内的なプロセスは「闇」だといえます。この「光」と「闇」の間には「大気」や「眼球」などの「くもり」があり、この「光」と「闇」の間の「くもり」を介して、色彩が、世界が、生成するのでした。その色彩や世界の生成は、人間を取り巻く大宇宙（マクロコスモス）としての外的自然と、小宇宙（ミクロコスモス）としての人間の内的自然との、「くもり」を介した相互の呼び求め合う響き合いの現象だといえます。

それは、まさに私たちが「生成する世界そのものを生きる、生成する色彩そのものを生きる」という体験であり、世界の美しさ、色彩の美しさの享受の体験そのものにほかなりません。それは、言葉をかえれば、生成する自然を生きる、自然の生命をともに生きることです。自然の美の享受とは、実際こういうことなのだと思います。

したがって、ラスキンの『近代画家論』のところで述べたことですけれども、「世界の生成、色彩の生成」とは、一方「生成する自然の風景」であり、「生成する宇宙生命」の意であると言いかえられます。

「闇」の発見——眼のなかの混色

ゲーテの色彩論は、これまで述べてきましたような宇宙の生命性に根ざす生態学的な色彩観からの展開ゆえに、とりわけ近代の芸術家たちに強い影響を与え、彼らによってさらに発展させられました。その影響は、先のターナーをはじめ、ルンゲ、ドラクロワ、印象派の画家たちや、イッテンとシュレンマーの師であるヘルツェルやバウハウスのクレー、カンディンスキー、イッテン、アルベルスらに及びました。

このターナーの風景画から印象派へといたる自然主義的、印象主義的な近代絵画の特徴は、とくに戸外における「光」の効果や印象の追求による「光の発見」として語られることが一般的です。しかし、私はむしろ「光」に対する「闇」と、この両者を媒介する「くもり」の発見とにあったのだと思います。

たとえば、印象派は、絵具を用いてできるかぎり光の印象に近づくため「筆触分割」と「視覚混合」という手法を導入しました。これは、周知のように、絵具を混ぜ合わせて色を作るのではなくて、純色の色斑を並置して、離れて見るとそれらが混ざり合って見え、鮮やかな色が得られるという視覚混合の方法です。この方法は、混色が観察者の眼のなかで行われるところから「視的混色」ともいわれますが、今日、一般的には「並置加法混色」と呼ばれている方法です。後期の点描派の画家スーラなどになると、より規則的な点描による画面の構成法を生みだし、平面色（フィルム・カラー）様相のような――これは、後で述べますけれども――より滑らかな混色の生成を可能にしました。

この並置加法混色は、まさに「眼のなかの混色」であり、「光」に対する「闇」の発見と、その両者を媒介する「くもり」の発見にほかならないでしょう。

ちなみに、この並置加法混色という方法は、技術的には、点描絵画だけでなく、古くから洋の東西を問わず織物の経験的な手法のなかに、また今日の印刷の網点機構の色再現方式や、カラーテレビのブラウン管の発色機構にも利用されている原理です。

織物の手法といえば、ゲーテ以来の「色彩の同時対比現象」について、フランスの化学者で織物研究者であったシュヴルールが、織物における織糸の色の並置関係で色が変容して見える色対比の様相を研究して、一八三九年に『色彩の同時対比の法則について』を上梓しましたが、その色の並置による同時対比理論が点描派の構成原理の基礎となったことはよく知られているところだと思います。

闇と太陽残像

やや繰り返しになりますけれども、《太陽のなかに立つ天使》をはじめ、さまざまな情景における日の出、日没、月光、灯火や燃える光など、大気に融合したあらゆる種類の光の表現を追求したターナーの光への関心は、それは同時に闇への赴きであり、太陽残像をはじめ、さまざまな光の残像現象において呼び求められる闇の世界、内的自然との呼び合いに向かっていたのだと思います。

私たちにとって、その劇的な体験は、太陽を見つめているうちに眼から太陽や天空に向かって投射される残像の流転や太陽の直視後、閉じた眼の内側の暗闇に見る網膜残像の流転の現象だといえます。とくにターナーの後期の表現の特質には、そのような残像体験の表出を強く想像させるものがあります。

十九世紀においては、こうした絵画の動向と並行してフェヒナーをはじめ自然科学においても、太陽直視による残像体験から人間の内なる自然を究明しようとする科学的な試行が生まれてきます。精神物理学という研究領域などの成立ともつながるような人間の内なる自然を計量化し、物理学的に還元しようとする動きです。

こうした自然科学の動向については、とくに立ち入りませんが、しかし、近年、各方面で諸領域を横断する研究テーマとして関心がもたれている「視覚と近代」という問題に関して、ゲーテの残像体験やその色彩論の展開を近代への大きな「視覚の転換」「主観的視覚と五感の分離」への転換の切断面だとする方法論で、広く注目を集めたジョナサン・クレーリーの言説の展開には[*10]、私は個人的にはたいへん注意が必要だと思っています。ゲーテの色彩論はすでに述べてきましたように生命性に根ざす主・客合一の生態学的な色彩の生成論であり、諸感覚の統合に基礎をおくものです。クレーリーが、ゲーテの色彩論を主体の内的な自然に根ざすという意味で、観察者の身体的主観性の問題を歴史認識としてはじめて大きく取り上げたことは重要です。しかし一方、それゆえ「主観的視覚と五感の分離」という最初の視覚の転換点だとして、この色彩論を現代の視覚の自律化・抽象化や、観察者や世界の規格化・規律化の進行という事態を生んだ自然科学の還元論と一括りにして論じているような危惧も感じるからです。

話をまた絵画に戻しますが、太陽や月の直視による残像体験といえば、私たちはロベール・ドローネが一九一二年頃から《太陽と月》という主題をはじめ空間に飛び散る残像色の円や渦巻きを多く描いたことを想い起こすのではないでしょうか。当時、ドローネ夫妻は自然の豊かな郊外のアトリエの壁に小さな穴をあけ、その穴を通して見た太陽と月との執拗な残像観察をしたことはよく知られています。

カッツの「色の現われ方」

興味深いことに、ちょうどドローネの同時代の一九一一年に、ゲッティンゲン現象学派の一人、心理学者のダーヴィット・カッツが『色の現われ方とその影響―個人的な経験にもとづいて』[*11]という色の現象性研究の著作を上梓します。この研究は――『陰翳礼讃』のところなどで予告しましたことですけれども——「色の現われ方」「色の見え方」の様相、すなわち「色の現象としての様相」をはじめて空気で満たされた生活世界としての空間や環境の質として捉えて分類命名した、たいへん画期的な意義深い試みです。しかも、重要なことは、これはゲーテの「くもり」の現象研究から、その後のヘーリング、ベーツォルトなどの研究を継承し、閉じた眼のなかの太陽残像と天空への残像投射についての観察を出発点として展開されたものであることです。

一般的に、日本のいずれの心理学書にも「色の現われ方」として「表面色」「平面色」「空間色」「光沢」「光輝」「灼熱」などといったカッツによる「色の様相」のカテゴリーとそれぞれの実験心理学的な様相の特徴が記されていますけれども、それがどのような研究経緯によるものか、どのような意味をもつものかなどの記述はなく、その画期的な意義はすこしも見いだすことができません。しかし、重要なことは、これらの「色の様相」の分類は、すでに述べてきたような、大気で満たされた宇宙内存在としての人間の内と外との共鳴という知覚の身体経験によって提起されてきたものであるということです。

カッツの「表面色—平面色—空間色」「光沢—光輝—灼熱」といった現象分類の背景には、視覚的に固いものから柔らかいものへ、不透明なものから透明なものへ（この記述では、上から下に向かって）、密なものから粗なものへ、というような空気遠近法的な広がりのなかでの空間的な相対関係の知覚様相の差異が措かれ、同時に、それらの様相の差異は移ろいやすい相関的なものであるという時空間における「見え」の相対観が見られます。カッツは現象の様相を分類し命名していますけれども、その試みは決して物理学的な還元ではなく、一貫して現象の観察にあったといえます。カッツにとっても、きわめて重要なのはその前提としての多様な現象体験そのものなのです。

カッツの原典のなかには、さらに「動き」のある現象としてGlitzern, Funkeln, Flimmernといった現象表現がでてきます。これらは翻訳しにくい言葉で、大気的・空間的な様相のなかで、日本語では、ぎらぎら（あるいは、ぴかぴか）、きらきら、ちらちら、といったオノマトペと対応するような光の微動を伴う現象を表わしている動詞を名詞化したものです。たとえば、「きらきら」した動きのある現象を示しているFunkelnは、いったいどのような情景かといえば、私たちがよく知っているドイツ民謡の「ローレライ」の一番の歌詞を想い起こしていただきたいと思います。「入り日に山々赤く映ゆる」という一節です。最後のところの「映ゆる」という訳の原語が実はFunkelnなのです。ここでは、眼が夕日と共鳴して天空をともに染め上げていく感動的な美しさ、まさにまぶしさのなかに刻々と移りゆく色の幻想的な体験を想い起こすことができるでしょう。

いまひとつ、「平面色」という様相の体験はどのようなものか、みなさんが身近に経験していることなので、その点を述べておきましょう。「平面色」とは、英訳ではフィルム・カラーといいますので、この方がイメージしやすいかもしれません。一面、晴れ渡った空の青さや大気に霞んで見える山々の情景などはフィルム・カラーの様相です。

この様相の心理学的な実験の手続きのうえでは、リダクション・スクリーン（一枚の平面に小さな穴をあけた衝立てのような道具）の穴を通して物体の表面を見ると、眼のピントがそのスクリーンのうえに合わされて、物体表面のテクスチュアや構造が見えなくなり、物体感が失われて、そこに純粋に色だけが残るという色の状態で、これを「平面色」様相というのです。

この状態は「色が解放される」ので「自由色（Freie Farbe）」とも、穴の視野開口部に見られるので「開口色（aperture color）」とも呼ばれ、それは、ちょうど画家が対象物の色を適確につかもうとするときに眼を細めて見る様相の状況と似ています。それは、睫毛を通して入る光の回折散乱によって焦点がぼけ、純粋に色だけをつかむことができるということと原理的に同じであるからです。

こうしてみると、平面色（フィルム・カラー）様相とは、必ずしも天空や遠い大気の霞んだ諧調のなかにだけあるのではなく、私たちの身近な物体のうえにも、あるいは情況による色の様相の、刻々と移りゆく見えの変容のうちにも容易に見いだせる現象だといえます。

生成する世界の生命性——金閣寺の体験から

「生成する世界を生きる」「生成する色彩を生きる」と前にいいましたが、みなさんそれぞれが、その「生成する世界の生命性」にふれて深く感動した多くの体験をお持ちのことと思います。私も、そのうちのひとつをあげてみたいと思います。

それは京都の、焼失後の復元から三十年以上経ってようやく金箔が張りかえられた金閣寺を訪れたときの体験です。午後遅く、ちょうど、日の光が真横から鏡湖池(きょうこち)を渡って金閣本殿の表面を照射しているときでした。その金箔の輝きは樹々の緑や池の水波と照応して空間全体が、大気が、震える光輝の奏楽で満たされていました。建立者が想定したように、それはまさに浄土さながらであったといえます。しかし、私がなによりも感動したのは、金閣本殿の裏手に回ったときのことです。建物の翳りと青葉の陰影の誘いのなかに、きらら
かな金波が射し込み、その立ちこめた大気を薄いルビー色のような真紅が染めているのでした。それはことばで表現しえないような幻想的な美しさでした。しかしこれは、美しさに対する感動だけでなく、偶然にも、ゲーテの追体験ではないかとも思われました。

ゲーテの色彩宇宙(色環)は、色彩生成の根底に光と闇を想定したアリストテレス以来の伝統に立って黄と青を根原的な色彩とみなし、この二色が高昇して、その頂点において赤（真紅）に至るという自然の根本現象（原現象）から形成されています。私は、まさにこの色彩の根本現象を体験したのです。ゲーテは「真紅」と呼ぶこの赤に特別の意味を与えています。光と闇が、あるいはこの黄と青が強いルビー色のような真紅に高昇していく様は、たとえば、曇り日の混濁した雲間に透けた明るい光の残像体験でも確かめられる根原的な色彩生成の様相であるといえます。この金閣寺における体験の情景は、こうしたゲーテの色彩論より展開された「くもり」を介した色の現われ方、平面色・空間色・光輝・きらきらなどの諸様相が、おそらく空気のなかに立ちこめ流動していたのだと思います。

＊1　向井周太郎『デザインの原像　かたちの詩学Ⅱ』中央公論新社（中公文庫）、二〇〇九年、三十九頁

＊2　この問題の詳しい議論については、拙著『生とデザイン　かたちの詩学Ⅰ』所収の「原記号としての色と形　ゲーテと近代造形思考との関連から」という論考を参照してください。

＊3　ジョン・ラスキン『風景の思想とモラル　近代画家論・風景編』内藤史朗訳、法蔵館、二〇〇二年、二一三頁

＊4　鷹部屋福平『ゲーテの画と科学』彰國社、一九四八年。本書には著者の紹介はなく、後に知って驚いたのですが、著者・鷹部屋福平（一八九三―一九七五年）はラーメン構造を中心とした構造力学の世界的な権威で、しかも文・理・芸にわたる関心をもったユニークな学者で、アイヌの住居や生活文化の研究も行っています。金子務『アインシュタイン・ショック』（岩波書店・岩波現代文庫）によれば、来日していたアインシュタインが帰国する船にドイツ留学に向かう鷹部屋が乗り合わせ、二人の親しい交流が生まれたといいます。本書には著者の関心と学識の豊かさが表出しています。しかし、戦後の簡素な紙の本でいまにも崩壊しそうです。

＊5　谷崎潤一郎『陰翳禮讃』創元社、一九三九年（現在『陰翳礼讃』中公文庫、一九九五年）以下の引用や書名は中公文庫版の表記に沿いました。

＊6　前掲書『陰翳礼讃』八十―八十一頁

＊7　前掲書『陰翳礼讃』九十二頁

＊8　前掲書『陰翳礼讃』九十頁

＊9　鈴木廣之「等伯試論」、太田博太郎ほか監修『新編名宝日本の美術20　永徳・等伯』所収、小学館、一九九一年、一一〇頁

＊10　ジョナサン・クレーリー『観察者の系譜　視覚空間の変容とモダニティ』遠藤知巳訳、十月社、一九九七年（二〇〇五年に以文社から復刊、原著一九九二年）

＊11　David Katz, *Die Erscheinungsweisen der Farben und ihre Beeinflussung durch die individuelle Erfahrung*, Verlag von Johann Ambrosius, Barth, 1911.

使用
use

根本現象・原現象
Urphänomen

原植物
Urpflanze

原器官
Urorgan

原構造
Urstruktur

普遍性
universality

原像・原形象
Urbild

ユートピア
Utopia

ウルム
Ulm

根原
Ursprung

原葉
Urblatt

環境形成
Umweltgestaltung

宇宙
Universum

包越する
umgreifen

constellation[u] **Urbild**

原像とメタモルフォーゼ

原像の保存と更新

この章ではトリューベ（Trübe くもり）をウアビルト（Urbild 原像）や、ウムヴェルトゲシュタルトゥング（Umweltgestaltung 環境形成）の課題へとつなげていきたいと思います。

先に前章の「くもり」のところで、ラスキンが社会の変革や人間性の再建の根底に、自然と人間との関係性の回復や大気のうちに変容する風景の生命性の覚醒を据えたことが、きわめて重要であると述べました。繰り返しになりますが、このことは、現代の私たちがまさに必要としている切実な課題であり、深く捉え返すべき世界認識であるからです。

そのことは、言いかえれば、近代、あるいは現代の広義の「美の喪失」という文明状況を深く認識し、大自然に対する真の美の感覚を回復することが緊急の課題であるからです。

これは、まさに、現代デザインの包括的な課題です。この課題については、詳しくは『生とデザイン　かたちの詩学I』所収の「「生命知」ないし「生知」としての美意識・美学の形成とデザイン」という論考を参照していただきたいと思いますが、この課題は、確立すべきデザインの新しいエチカ（倫理）の問題であり、「真・善・美」などの諸価値を宇宙（コスモス）のうちにひとつに「包越」していく「美」の理想の形成です。

ここで用いている「包越する」ということばは、「u」のコンステレーションのなかで、もう一つ私が重要視している umgreifen（ウムグライフェン）という動詞です。この語はドイツの哲学者であるヤスパースの思想を表わすものとして「包括する」という訳が用いられてきましたが、最近では、「包越する」という訳語が与えられてきており、私はこの語が気に入っています。この訳語ですと、ただ私たちを宇宙とともに包括していくだけでなく、私たちを宇宙のうちに、雄大な自然の美のうちに包み込みながら、それを超えて、ひとつに宥和し高昇していくというイメージが喚起されてくるからです。私はそれを再解釈して自らの文脈で用いています。ここでは、先のトリューベ（Trübe くもり）の意味をウアビルト（Urbild 原像）の意味とつなげて環境形成の意（こころ）へと包越してゆきたいと思います。

「くもり」という現象への覚醒が自然の生命性に対する真の美の感覚を回復するひとつの手がか

りであったように、原像（ウアビルト）、これも——ゲーテの自然観にもとづく重要な概念で——自然と人間とを包越する根原的な宥和の絆です。原像とは、言いかえれば、「根原（ウア）の形象（ビルト）」という意味で、「原形象」ということもできます。

私たち人間にとって、身近な問題として原像とはなにかと問うならば、私たちひとり一人の、また共同体それぞれのアイデンティティの根原性を意味するものだといえるでしょう。その意味においては、それは私たちにとって、もっとも根原的な心の支えになるものであり、心のふるさと、心の原郷であるともいえるものです。たとえば、私たちの都市の原像、あるいは町並みの原像といえば、それは、しばしば私たちの生まれ育った生活世界や環境の原像を指しており、自らのアイデンティティとも、地域共同体のアイデンティティとも深くつながっているものです。

ここで少し日本の近代化、とりわけこの戦後六十年の日本の国土計画、あるいは環境形成がどのようなものであったか想い起こしたいと思います。東京の都市環境はどうでしょう。都市形成の在り方をただ単に市場原理に委ね、超高層ビルはオフィスだけでなく、住居も高層マンションの林立という、人間と大地との根原的な絆を切り離し、まさに歴史や文化のさまざまな心の原郷としての親しみ深い生活世界の、環境の原像をただただ破壊し、捨て去ってきたのではないでしょうか。これは、きわめて貧しい都市環境だといわなければなりません。

しかし、この問題はひとまず措いて、急いで、いま少し「原像（ウアビルト）」という概念の意味について見ておきたいと思います。先に、「k」章のシンメトリーのカタモルフのところでふれた自然における生命原理としての、ゲーテの「収縮と拡張（ないし膨張）」という分極的な生成運動の概念を想い起こしていただきたいと思います。自然や生命の生成においては、絶えず、その根原の形象の刻印を、すなわち原像の刻印を保存しておこうとする求心的な収縮運動が働いています。それに対して、他方、その原像を突き崩しながら新たな変革の彼方に向かってどこまでもメタモルフォーゼ（変容）を続ける遠心的な膨張・拡張運動の力も働いています。これが、原像とメタモルフォーゼの関係です。人間の文明形成においても、この分極運動が自然や生命体のような均衡（バランス）のとれた、ゆるやかなリズムを奏でていればいいのですが、ただただ放埓に、根原の形象、原像を破壊してどんどんメタモルフォーゼだけを続けていってしまえば、人間の生にとっては、まさに生の根原的な形象が失われ、その原像喪失によって、その存在の根拠を、心の所在を、原郷を喪失していくのです。

私たちの生の在り方や生活世界はこの原像の保存が不可欠であり、同時に絶えず更新していくためのメタモルフォーゼが必要です。重要なのは、この両者のゆるやかな生命的なバランスのとれたリズムなのだといえます。

このような原像とメタモルフォーゼという生成観にしたがえば、変化していくなかにも、私たちの住まいの環境や都市は、やはり私たちの心の安堵とつながるその歴史や地域や文化の原像を宿していなければならないのだ、ということが容易に想像できるのではないでしょうか。

原像としての「らしさ」――アルベルスの写真作品から

この原像とメタモルフォーゼの関係はつぎのような例をあげることもできます。たとえば、電車のなかで、自分の前の座席に、子どもをはさんで父親と母親と親子三人がそろって座っている光景を見ることがあります。そのような場合、そのお子さんを左右のご両親と見比べてしまいます。必ずしも、お母さんとお父さんの顔立ちが似ているわけではないのに、お子さんはお母さんにも、お父さんにもよく似ているなと思い、ある種、啓示に打たれたような、しかも、なにかほのぼのとした気持ちになることがあるのではないでしょうか。

子どもが親に似ているというのは親の写しであるからですが、しかし、親とまったく同一ではなく、あくまで類似者なのです。親に似ているけれども、新しい個性の誕生、世界中でたった一人のかけがえのない個性にメタモルフォーゼ(転生)しているのです。しかし、その新たな個の姿には懐かしい父親と母親(あるときは祖父母など)の原像が保持され、それらの面影(根原の形象)を宿しているのです。

ここで、ヨーゼフ・アルベルスの《アンドレアス・グローテとその母》という写真作品を見てみたいと思いますが、これは、まさに原像としての母親の面影を宿す新たな個の誕生を主題にしているのではないでしょうか。(図41)

しかし、ただそれだけではありません。下の方の小さな組写真を見てみますと、アンドレアスの兄のような子どもの連続写真と祖母のような写真が一点入っていることに気がつきます。まさに、家族それぞれの類似性とそれぞれ異なる個の存在というものを表わしていて、いまここで問題にしている「原像(ウアビルト)とメタモルフォーゼ」、「根原(ウアビルト)の形象と個々の形象(メタモルフォーゼ)」という生命リズムを主題にしているように思われます。

アルベルスのもう一つの写真作品を合わせて見ていただきたいと思います。

マルリィ・ハイマンという女性のいくつもの瞬間像です。(図42)これは一時間の間に撮られたマルリィの表情の推移を捉えたものですが、先のアンドレアスの連続的なスナップ写真でも分かりますように、人の表情はスナップショットで一枚一枚固定されていますけれども、実際には一時も固定されずに、絶えず変容(メタモルフォーゼ)しているのだという意味が、ここには込められています。

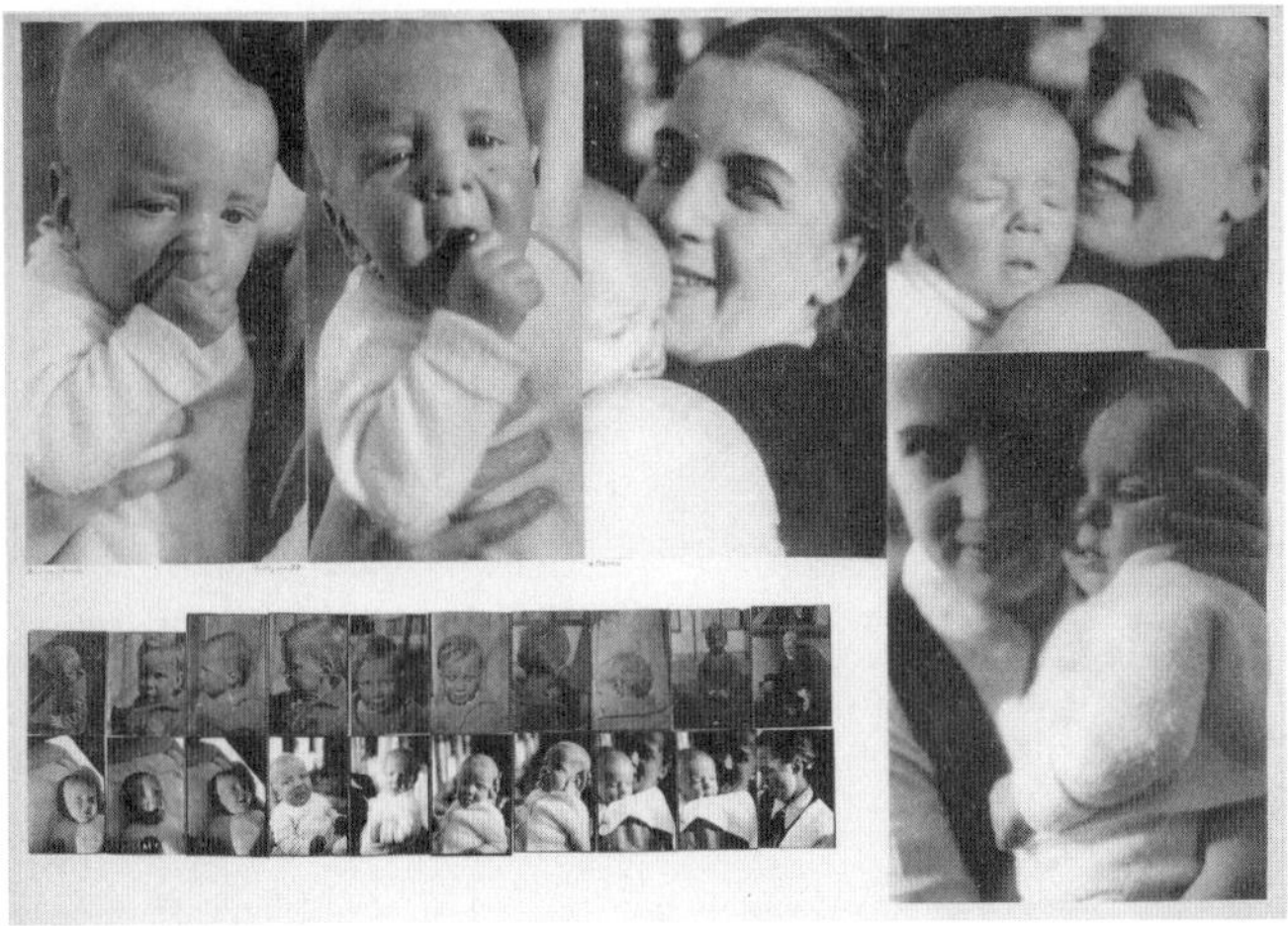

41
ヨーゼフ・アルベルス《アンドレアス・グローテとその母》
一九三〇年（*Josef Albers Photographien 1928–1955*, Hg. von Marianne Stockebrand, Kölnischer Kunstverein und Schirmer/Mosel, München, Paris, London, 1992, p. 51, Tafel 11.） ©The Josef and Anni Albers Foundation/VG BILD-KUNST, Bonn & APG-Japan, 2009

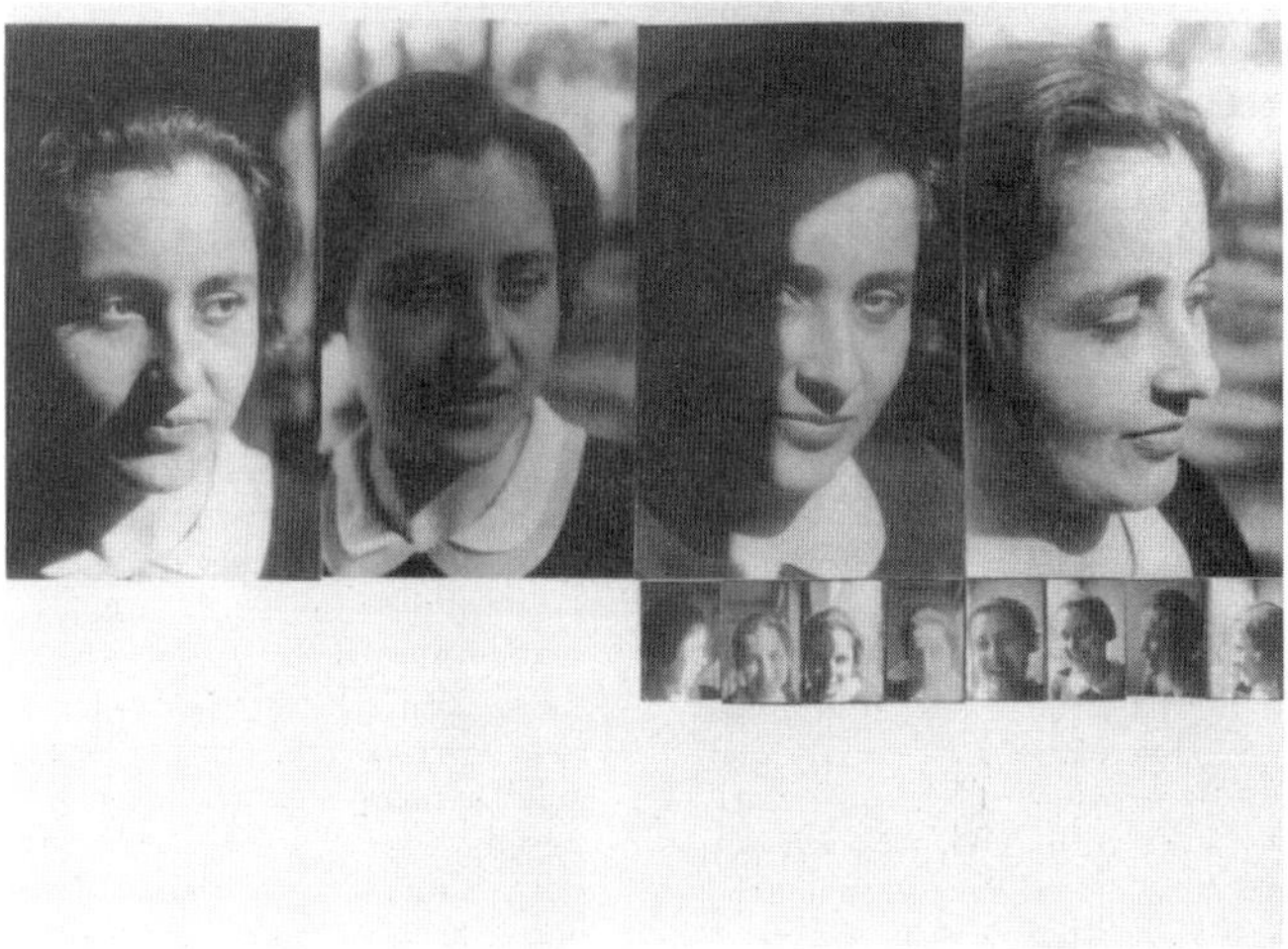

42
ヨーゼフ・アルベルス《マルリィ・ハイマン》一九三一年（前掲書 *Josef Albers Photographien 1928–1955*, p. 22.）©The Josef and Anni Albers Foundation/VG BILD-KUNST, Bonn & APG-Japan, 2009

他方、その変容の推移におけるそれぞれのカットに見られるマルリィの表情は一回性のものです。ですから、メタモルフォーゼとは、その時、その時の一回性の「個々の形象」「個々の姿」、あるいは「個々のかたち」であるといえます。この個々の姿、個々の表情全体がマルリィであり、マルリィの像であり、マルリィらしさだといえます。この一回一回の表情に刻印されている、ほかの人と見まがうことのないそのマルリィ「らしさ」の全体が、このマルリィのアイデンティティ、個性であり、同時にそれがマルリィの原像であるといえます。その意味では、メタモルフォーゼとは、まさに、その生きている様を、その生命性を表わしています。しかし、その多様な変化のなかにも、決してほかと見誤ることのない固有のその人「らしさ」としての原像が保持されているのです。これは、まさに悠久なる生命の根原性です。

アルベルスの写真には、こうした主題が多く展開されており、自分のポートレイトをはじめ、エル・リシツキー、パウル・クレー、マックス・ビル等々を撮った、それらの連続的な表情の変容像にも興味深いものがあります。私はこのような意味を喚起するアルベルスの写真のスタディもたいへん好きです。

「かた」と「かたち」の関係

この「原像（ウアビルト）」と「メタモルフォーゼ」というゲーテの概念は興味深いことに、日本の「かた」と「かたち」という概念にも重なる視点をもち、東西に通底しながら、それを超える知の形態が示されています。日本の「かた」と「かたち」については、先にも「k」章でふれたように、「かた」を原像に、「かたち」をメタモルフォーゼに対応させて考えてみることができます。「かたち」の「ち」には、古語で漢字の「霊」が当てられますが、「ち」は原始的な霊格の一つで、自然物の持つはげしい力・威力を表わす語で「いかづち（雷）」「をろち（蛇）」「いのち（命）」などの「ち」と同じなのです。その意味では、「かたち」の「ち」はメタモルフォーゼという語が持つ生命性とよく似ています。原像に対応する「かた（象・像・型・形）」を根原として保持しながら、絶えず生成していく、新たに生まれ変わっていく、そういう一回性の自然の生命的な力を表わしているものだといえます。さらに、ゲーテの「原像とメタモルフォーゼ」と「かたとかたち」の関係や、日本文化における固有の「かた」と「かたち」の問題などを考察していきますと、それは、それでまたたいへん興味深い主題となっていきますが、ここでは、こういう問題の視点があるということだけ申しあげておきたいと思います。ただ、この観点について興味のある方は、拙著『デザインの原像　かたちの詩学

II』所収の「原像の崩壊」という論考で、ここより少し詳しく述べていますので、併せてそれを参照していただければ幸いです。

四億年の進化の原像をたどる人胎児の発生過程

ゲーテの「原像とメタモルフォーゼ」という自然の生成原理への関心との関係で、一九六〇年代の末に、私は「ヒトのからだ――生物史的考察」[*1]という論考に出会い、その生命観に深い啓示と共感を得ました。前著『かたちのセミオシス』の刊行のさいに、「あとがき」にその論考の影響も反映されているとして、著者の名もあげて謝辞を述べました。その著者は解剖医学者の三木成夫氏です。

三木氏は解剖医学者として東京医科歯科大学の助教授から東京藝術大学教授に転じ、一九八七年に六十一歳で急逝されるまで、同大で「生物学」のきわめてユニークな講義を担当し、またその保健管理センター長も務められた方です。近代医学というよりは、十八世紀以来の博物学的、自然史的な豊かな知を背景に、三木学ともいうべき根原的な生命体の進化にもとづいた独自の系統発生の生命形態学を確立された碩学ですが、生前文通だけでお会いする機会がなかっただけに、その急逝がたいへん惜しまれてなりません。

私が三木氏の先の論考でもっとも衝撃を受けたのは、「人の胎児が母胎における発生過程において脊椎動物のさまざまな顔の面影を歴史的にたどる」という論証でした。そのことを示すものとして、三木氏が自分でスケッチをされた胎児の写生画があります。（図43）これは、上から人胎児の受胎三十二日目、受胎三十五日目、受胎三十六日目、受胎三十八日目という変容（メタモルフォーゼ）の様子が示されていますが、それは、上から四億年前、二億年前、一億五千万年前、五千万年前と、生命体が人への進化の過程でそのように変容してきたのではないかということです。人の胎児が胎内でこのわずかの間に四億年からの進化の歴史を一回経過するのです。

人胎児のそのような変容過程を比較するために、三木氏が、現在生息している動物のなかから古代形象の受け継がれている脊椎動物を選び出しました。（図44）上から順に、古生代の古代ザメ・ラブカ、中生代の爬虫類・ムカシトカゲ、新生代の原始哺乳類・ミツユビナマケモノです。胎児の顔の変容過程は、まさにこれら動物たちの面影を宿しており、遠くふるさとの風景を眺めるような、なんともいえぬ懐かしさを覚えるのではないでしょうか。これはほんとうに興味深い魅力的な、現代にとってきわめて啓示的な研究だといえます。まさに、人胎児が母の胎内で生命記憶としての進化の原像をすべて通過して世界へと誕生してくるということを、このように論証し

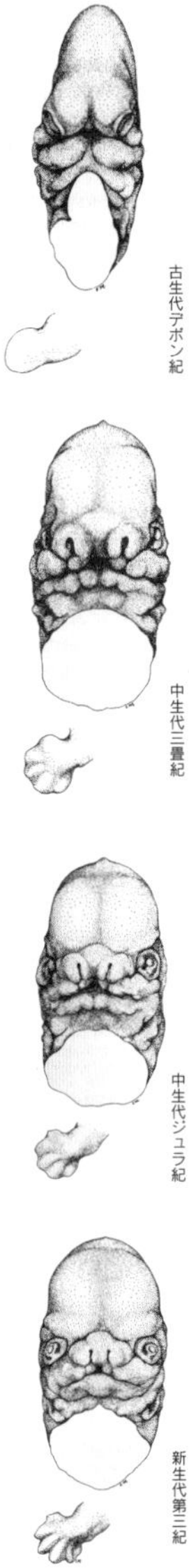

43　（右）三木成夫によるスケッチ「人胎児の顔の変容過程」（三木成夫『生命形態の自然誌　第一巻　解剖学論集』うぶすな書院、一九八九年、三十—三十一頁）

44　（左）古代形象の受け継がれている動物の顔。上から古代ザメラブカ、ムカシトカゲ、ミツユビナマケモノ（前掲書『生命形態の自然誌　第一巻　解剖学論集』三十二頁）

ているからです。しかも驚くべきことは、その四億年から五千万年といった悠久なるゆるやかな変容（メタモルフォーゼ）のリズムです。こうした事例を見ますと、近代産業革命以降、とりわけ二十世紀以降の技術革新と市場競争原理による環境や社会における変革のスピードが、こうした生命リズムからいかに乖離してしまっているかがよく分かるのではないでしょうか。現代は、まさに社会や生活のリズムにおいても、生の原像を喪失しているのです。

原像とその至福の環境——ヴァイマール

つぎに原像との関係で、ドイツ・ヴァイマール市のイルム川をはさんで広がる公園のなかに建てられているゲーテのガルテンハウスの光景を見ていただきたいと思います。（図45）これはゲーテがヴァイマールの宰相の頃、一七七六年に取得した休息のための簡素な別荘とその庭園の光景で、一八〇六年に描かれたゲオルグ・メルヒオル・クラウスの着彩画ですが、この公園に沿ったベルヴェデール並木道がマリエン通りにつながるあたりには、一九一九年に設立されたヴァイマール国立バウハウスの校舎があります。これは、もとはバウハウスの前身、ザクセン大公立美術学校の校舎で、同校の校長であったアンリ・ヴァン・ド・ヴェルドの設計（一九〇四—〇六年）で建てられ

45 （上） ゲオルグ・メルヒオル・クラウス《ゲーテのガルテンハウスのある庭の風景》一八〇六年（*Goethes Gartenhaus*, Stiftung Weimarer Klassik, 2001, n. pag.）

46 （下） ゲーテのガルテンハウス、撮影：著者、二〇〇二年、ドイツ・ヴァイマールたものです。周知の通り、ヴァン・ド・ヴェルドはアール・ヌーヴォーの先駆者であり、この校舎の外観は広い開口部とゆるやかな曲線と整理された直線との構成でたいへんエレガントであり、つぎなる抑えた美学への移行を予感させるものがあります。一九九〇年の東西ドイツの統一以来、同校舎は新しく設立されたバウハウス総合大学・デザイン学部の一部となり、一世紀を経て現代の直線的な新しい校舎とも、たいへんよく調和をしています。

一方、このイルム川のほとりやゲーテのガルテンハウスのあたりの光景は、パウル・クレーや彼の息子のフェリックス・クレーをはじめ、かつてのバウハウスの人びとの日記や回想のなかによく出てきます。たとえば、クレーとカンディンスキーの散歩など、こうしたバウハウスの人びとの散歩はもとより、凧上げやさまざまなフェスティヴァルを行った場所でもあります。二〇〇二年の夏に私が撮影したゲーテのガルテンハウスは、(図46) 先の着彩画の光景と少しも変わらず、一七七〇年代のゲーテの時代、そして一九二〇年代ヴァイマール・バウハウスの時代、そして二〇〇〇年代初頭の現在に至るまで、そこには約二三〇年の時の流れがあるにもかかわらず(しかも、二十世紀には二つの大戦を経験しているにもかかわらず)、イルム川畔の樹々や川の流れとともに、すべてがそのまま共在し、自然と融合する文化としての風景が継承されて、今日でも、私たちはゲーテの著作やスケッチ、バウハウスの人びとのデザインや著作や回想などを、なお、その歴史を生きる現実の環境世界とともに共有できるのです。私は、このことに、ほんとうに驚きました。これは、まさに夢みるような至福の環境だと思いました。

原像と環境ピクトグラム——イズニィー

南ドイツのボーデン湖に近い、スイスとオーストリアとの国境のアルゴイ地方に、小さな美しい保養地イズニィーという町があります。人口は約一万四五五〇人です。今日のイズニィーは一〇四三年にアルツハウゼン伯爵によって開かれたもので、一二三五年には市の開設権が与えられた都市法にもとづく「都市」となっています。実は、ここではオトル・アイヒャーによって制作されたイズニィー市のピクトグラムについて紹介したいのですが、その前に少しだけこの町の沿革や産業について述べておきたいと思います。

このイズニィーは、十六世紀初頭の宗教改革においてはアルゴイ地方の中心地で、一五二九年以降、プロテスタント地区となります。イズニィー市の九世紀以来の歴史的な都市の城壁や建造物や民家の多くは、いわゆる三十年戦争といわれる宗教戦争の大火によって一度は破壊されてしまうのですが、しかし、後に再建されて、今日なお、バジリカ様式の後期ゴシック式内陣をもつ聖堂やロココ・バロック様式の修道院や初期バロック様式の市庁舎をはじめとする歴史的な建造物とイズニィー固有の町並みが、周囲の民家や農家、田園や川や森、地域固有の風物や動物などとともに、アルゴイ地方のなかでも、イズニィー固有のたいへん美しい独自のアルゴイ風景を形成しています。

参考までに、今日のイズニィー市の主な就業場所としての施設や産業を、二〇〇三年現在、約何人かといった就業者数もカッコのなかに入れて、規模の大きい施設や企業からあげておきたいと思います。この小さな地方都市のおおよその規模と地方自治の自立性とが想像できると思うからです。

保養や治療のための医療施設（八五〇人）、トレーラーハウス製作所（七〇〇人）、カーテンレール製作所（四五〇人＋家内作業者六〇〇人）、老齢者ケア・リハビリテーション関連器具及び設備の製作所（三八五人）、皮革製品製作所（二〇五人）、狩猟道具製作所（二〇〇人）、園芸用品製作所（一六〇人）、オフセット印刷所（一五〇人）、医療機器製作所（一〇〇人）、西アルゴイ庶民銀行（九〇人）、紐・ロープ類製作所（八〇人）、精密機械・人工樹脂製作所（八四人）、イズニィー自然科学・工学専門大学（七〇人）などです。

オトル・アイヒャーは一九七九年にイズニィー市の委託で、そのシティー・アイデンティティ形成のプロジェクトを展開します。そのプロジェクトはアルゴイの保養地・イズニィーの観光政策の一環でした。観光政策は、しばしば新たな地域開発などによって環境破壊や環境劣化を招く恐れがありますが、アイヒャーはイズニィーの環境保全と、同時に観光促進の広告活動のために「ピクトグラム」という手法と、その多面的な適用とによってイズニィーのアイデンティティを高めようという構想を立てました。

それはどういうことかといえば、アルゴイ地方のイズニィー市の風景や景観をピクトグラムという形式で形象化することによって、その地域や町の原像がより顕在化され、地域住民にとっても、その顕在化したイメージによって、自らの地域や町との自己同一化がいっそう深化するという構想にもとづくものでした。そして、この地方や町のシンボルや特徴となる建造物、家並み、風景、風物などを写しとったピクトグラムによって、アルゴイ地方イズニィーの自然、文化、社会、歴史と現在などを物語る詩的な絵本にしたもの、絵はがきにしたもの、観光ポスターやリーフレットにしたものなど、多くのインフォメーション・アイテムが制作されて、イズニィー市固有のコミュニケーション・システムが形成されていきました。

観光用のポスターや絵はがきには、その町や地域の風景写真を用いるのが一般的ですけれども、それに代えて、ピクトグラム化された風景や景観が用いられたという事例は世界的にもはじめてであり、たいへん新鮮な試みでした。しかし、その風景や景観がピクトグラムとして形象化されるためには、対象となる町や地域の風景や風物にアイデンティティとしての固有の特徴や相貌、言いかえれば、固有の原像がなければなりません。同時に、制作者に、その原像を捉えるまなざしと、それらをピクトグラムとして顕在化させる形象化の方法論や創作力がなければなりません。この両者の問題は、図版のピクトグラムの事例から容易に読み取れるのではないでしょうか。(図47)

イズニィーはアルゴイ地方のなかでも、ドイツ観光のうえで日本でもよく知られているケンプテン、フュッセン、オーバースドルフなどとは、いまひとつ異なる固有の都市の特色をもっています。このアイヒャーのピクトグラムで制作されたイズニィーの絵本が「イズニィー固有のアルゴイ」という意味を伝達するために『イズニィーのアルゴイ』[*2]というタイトルになっているのは、そのためです。

この絵本のテクストは詩人のカタリーナ・アドラーの協力によるものですが、「アルゴイ」の語源から、農民たちの天候の言い伝えなどの伝承や地域の諺（ことわざ）、水源、雌牛、牧場、チーズなどの自然や産物、人びとの節約性などの暮らし向きや気質などを詩的に語っています。それらとともに、一七七七年と、この本の刊行年の一九八一年との比較で、町には、医者が何人、パン屋が何人、仕立て屋が何人などと、自営の職業とその人数を列記しているページなどもまた、ひとつの地域共

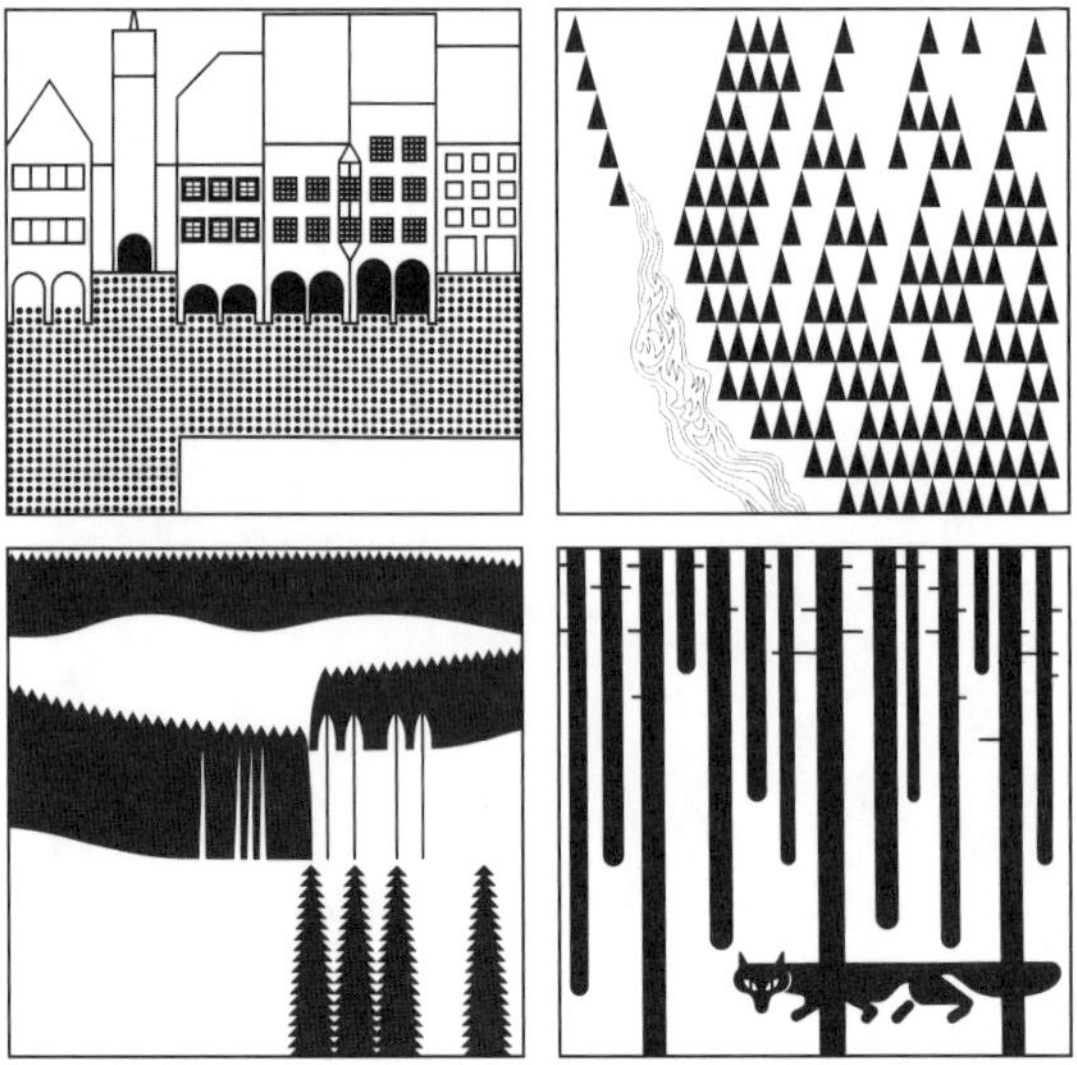

47
オトル・アイヒャーのデザインによる《イズニィー市の環境ピクトグラム》（Katharina Adler, Otl Aicher, *das Allgäu (bei Isny)*, Stadt Isny/Allgäu Isny, Isny im Allgäu, 1981, pp. 15, 44, 67, 87.) ©Florian Aicher

同体の自立性や歴史の特質を想像するうえで興味深いものです。これは、まさに子どもにとっても、大人にとっても、イズニィーへの愛情が一段と喚起させられる美しい絵本です。

この観光政策の試みにおいては、イズニィーの人びと自らにとっても、ピクトグラムによって顕在化されたイズニィーの根原の形象によって――絵本やポスターや絵はがきなどを介して――自らの町や地域との自己同一化（アイデンティフィケーション）とそれへの共同感情が一段と深められたといえます。デザインという行為は単に「新たな地域や環境の開発」を促進する手法ではないのです。また、「開発」と「新しい試み」とは必ずしも同義語ではないのです。そのため、このイズニィーのピクトグラムを紹介するにあたって「環境ピクトグラム」と名づけたのは私なのですが、この命名には、アイヒャーも意を得てたいへん気に入っていました。

現代のようにグローバリゼーションがますます加速化する時代においては、リージョナルとか、ローカルといわれるような地域固有の価値の問題がますます重要になってきます。

これは多様性や多元性の価値の問題ともつながっています。デザインの地域性の問題というと、地場産業のデザイン課題と捉えられることが一般的ですけれども、ただ単に地場産業の問題ではないのです。それは、これまで述べてきたことで想像していただけると思うのですけれども、地域の個性、そのアイデンティティと深くかかわる問題であり、根底にあるのは、その地域固有の生命性の問題であり、風土、歴史、文化、言語などを含むその地域固有の生の根原性（その原像）から捉えていかなければならない課題なのだといえます。

デザインの原像としての「モデルネ」——継承と変革・創造

先のオトル・アイヒャーも、私が一九五六年にウルム造形大学に留学したときの恩師のひとりですが、彼は同夫人のインゲ・ショルとともに、スイスからマックス・ビルを共同創設者と初代学長として招いて開学したウルム造形大学の起案者であり、創設者でした。周知の通り、この大学は第二次大戦後一九五三年に、当時の西ドイツ・ウルム市に「バウハウス」の社会改革的な理念を継承した新しいデザイン大学として設立されました。そして、この大学創設の起こりは、インゲの弟妹でオトルにとっては同志的な親友であったハンスとゾフィーがナチスに対する「白バラ」という抵抗運動によって無残にも斬首されたことの追悼記念に由来しています。

この「白バラ」運動については、最近では日本でも、「白バラの祈り　ゾフィー・ショル、最期の日々」という映画や劇団民芸の演劇でよく知られているのではないでしょうか。今日では、そのほか、姉インゲ・ショルの手記『白バラは散らず』（未來社）をはじめ、多くの本が刊行されています。実は、私がウルム留学を心に決めたのは、大学の修士課程に入った頃、このインゲの原著、フィッシャー文庫の『Die weiße Rose（白バラ）』に出会って強い衝撃を受け、その内容と、その本の裏表紙に掲載されたウルム造形大学設立のメッセージとに深く心を動かされたからです。このことについては『生とデザイン　かたちの詩学Ⅰ』所収の「職業（ベルーフ）としてのデザイン」という項でより詳しく述べています。

敗戦とともに、インゲとオトルは、その白バラ運動を継承し、権力に左右されない平和と自由の精神や真の文化の意味を一般市民の間で追求していくための文化センターとしてウルム市民大学講座を開講し、いち早くこの市民運動を推進しました。さらに、これと並行して、やはりナチスの弾圧で閉校を余儀なくされたバウハウスの理念を新たな次元で再生し、環境形成と真の文化の建設というもうひとつのプロジェクトとしてウルム造形大学を開学したのでした。

近代（モダン）デザインというものについて、その真の意味について、より正確には「近代」と「デザイン」のつながりについて、私はウルムで学んださいに、はじめて眼を開かされました。それは「モデルネ」と呼ばれる近代のプロジェクトとしての脈々たるデザイン運動に対する開眼でした。そこで、はじめて強く知らされたことは、西欧にあっては、近代デザイン運動が、近代技術や産業の発展による近代化の在り方を、絶えず社会的・文化的視点からあるべき生活世界へと豊かに再編していくための、いまひとつの対抗的な近代のプロジェクトであったということなのです。

近代の理念として重要なことは、新しい技術や産業による生活や社会の「近代化」そのものではなくて、生活や社会のあるべき「近代性」の形成であり、真に豊かな生活世界を形成していくことなのです。「真の豊かさ」ということが大切で、「何が真の豊かさか?」という問いが重要なのです。そして、こうした「真の豊かさ」へと向かう「近代性」の形成や、そのための推進運動が「モデルネ」と呼ばれてきました。これは、言いかえればデザインのモデルネであり、これこそが、あるべき近代性を形成するための社会改革的な「近代のプロジェクト」であったのです。

バウハウスは一つのそのようなモデルネとして、きわめて強い革新性と批判の精神をもって当時の問題に解答を与えようと試みた運動体であったといえます。ウルム造形大学がバウハウスを継承しているとすれば、それは単にバウハウスの教育体系や方法そのものではなくて、モデルネの運動として、同様に強い革新性と批判の精神をもって新しい時代の問題に挑戦してきたのだという点にあります。そのウルムのデザイン運動の過程で、オトル・アイヒャーは、ときには「第三のモデルネ」といって「新しいモデルネ」の設計(デザイン)の必要性を提唱し、かつそれを実践してきました。

ところで、私たちが描く希望や理想など、思考の産物である抽象的な思想や哲学も、またその実践的な行為も、ひとつの形象(像)として、ひとつの「かたち」として捉えられるのではないでしょうか。私は自分の経験を通して、「モデルネ」も近代デザインの根原的な意味の形象、すなわち、あるべきデザインの「原像」であるということができるのではないかと思います。アイヒャーは、まさにこのデザインの原像を継承し、かつ新たな「モデルネ」の哲学と実践を再形成しようと試みたのです。ここに、経験としての歴史や文化の生命性に根ざしたデザイン思想の原像とメタモルフォーゼ（変革・再創造）との生動的な関係、その生成過程の動態を見ることができます。

継承と創造——ミュンヘン・オリンピックのポスター

オトル・アイヒャーは、ウルム造形大学の閉校（一九六八年）とミュンヘン・オリンピック（一九七二年）の総合デザイン・ディレクション以降、デザイン活動の拠点を家族とともに、アルプスに近いアルゴイ地方のローティス（Rotis）に移します。実は、そのことも、新たな「モデルネ」の実践でした。しかし、このローティスでの活動を紹介する前に、少しだけミュンヘン・オリンピックのプロジェクトにおける特色の一端をお伝えしておきたいと思います。

周知の通り、ミュンヘンはバイエルン州の中心都市です。アイヒャーはこのミュンヘン・オリンピックのアイデンティティないしテーマを「バイエルンの空の色と白い雲の色、バイエルンの自然や伝統的な風物の色」を基調色として用いて「若々しい色彩の祭典」としました。そのことについて、アイヒャーはつぎのように述べています。

一九三六年のベルリン・オリンピックでは、視覚的メディアの効用がナチスの宣伝の道具として用いられました。この忌まわしいベルリンのイメージを雪辱（せつじょく）して、新たに世界的にだれにでも親しまれる楽しい祭典のイメージを謳いあげなければなりません。[*3]

この言葉からは、同時に、ヒットラーの台頭がバイエルンであり、ミュンヘンであったことに、すぐさま想い至りますが、「過去を心に刻む」必要を説き、「罪の有無、老幼いずれを問わず、われわれ全員が過去を引き受けなければなりません……」[*4]（一九八五年）といった元西ドイツ大統領ヴァイツゼッカーの言葉に代表されるようにドイツの戦後史はひとえに自省と謝罪の念にもとづく近隣諸国や世界との和解のための絶えざる努力の道程であったことが強く想い起こされます。アイヒャーがミュンヘン・オリンピックのヴィジュアル・コミュニケーションに込めたデザイン・テーマは、まさに戦後ドイツの願いそのものでした。他方この言葉には、デザインという手法が独裁政治の煽動的なプロパガンダ（宣伝）の道具にもなるという警鐘も含意されています。デザインの「モデルネ」の背景には、市民社会における人権や公共に対する新しいエチカ（倫理）の形成という課題のあったことも、たいへん重要です。

なお、ミュンヘン・オリンピックの具体的なヴィジュアル・コミュニケーションの展開をポスターとピクトグラムについて少しだけ見ておきましょう。アイヒャーは一九六四年の東京オリンピックのヴィジュアル・デザインのなかで二つの方法を高く評価して、これを継承しました。ひとつは、ポスターの表現方法に各スポーツ競技における臨場感のあるリアルな写真が用いられたこと、いまひとつは、勝見勝氏のデザイン・ディレクションのもとで、オットー・ノイラートの視覚言語によるコミュニケーション方法を受け継ぎ、はじめて各競技種目や会場施設などの標示のためにピクトグラムという手法が用いられたこと、この二つの方法がミュンヘンへと継承されたのでした。

しかし、ミュンヘンのポスターでは、現実感のある競技写真が用いられながらも、広報の公共性の在り方や人間の知覚の構造や印刷原理などの観点から立案されたミュンヘン・オリンピック固有の新しい構想のデザインが展開されました。これも、市民への情報公開という「近代性（モデルネ）」の問題とかかわる課題ですが、オリンピックのデザイン構想とその展開も、開催年の数年前から展覧会の形式やパブリックな場への掲示などによって、人びとに回を重ねて広く公開されていく必要があります。その開催へと向かう時間的なプロセスにデザインの構想を織り込んで、何段階かの画像変化のポスター・デザインが制作されていきました。

ミュンヘン・オリピックの「若々しい色彩の祭典」という主題のように、最初は競技のリアルな映像が与えられ、開催が近づくにつれて映像が解体されつつテーマ・カラーのイメージが鮮明になっていくというものでした。映像の輪郭や陰影が色彩に還元され、溶解されても、時間のなかですでに見慣れた意識のなかの競技の潜像と重なってリアルな映像を見てしまう知覚の仕組みを背景に、だんだんに色彩のポリフォニーが謳いあげられて開会へと至るという構想のデザイン展開でした。バイエルンの自然や風物を表象する、その明るく爽やかな、しかも華やいだ即興的なイメージも浮かびあがる色彩のポリフォニーは、アイヒャーの自然観と平和や自由への希いをまさに表徴するものでした。（図48）

継承と創造——ミュンヘン・オリンピックのピクトグラム

東京オリンピックから継承したピクトグラムの問題は、アイヒャーにとっては、ヴィジュアル・コミュニケーションの方法化のための重要な課題のひとつでした。

48 オトル・アイヒャーのデザインによる「ミュンヘン・オリンピックのポスター」、(右)陸上競技 (左)フェンシングをテーマにしたもの(武蔵野美術大学美術資料図書館蔵)©Florian Aicher

ちなみに、一九五〇年代には、まだ、主に印刷を媒体とした二次元的なグラフィックやヴィジュアルなデザインは一般的に商業美術（あるいは商業デザイン）、宣伝美術（あるいは宣伝デザイン）などと呼ばれ、商業的な宣伝・広告活動の方法として捉えられていました。しかしながら、ウルム造形大学では、アイヒャーたちはこうしたメディアのデザインを新たに市民社会におけるモデルネの課題としての社会的な情報公開や知の情報伝達の観点から捉え直して、はじめて「ヴィジュアル・コミュニケーション」という概念で組織化しました。

この概念がヴィジュアル・デザインという概念とともにデザイン教育のなかで使用されはじめたのは、正確には、モホリ＝ナギによってシカゴに創設されたニュー・バウハウス（一九三七年、後にインスティテュート・オブ・デザインという改名を経て、一九四九年にイリノイ工科大学に併合される）の歴史の過程においてです。そこには、一九二〇年代のヴァイマール・バウハウス時代に、すでにタイポグラフィや写真を、単に印刷術や写真術として、あるいはまた単に芸術表現の手段として見るのではなくて、新しい「コミュニケーションの手段」として捉えていたモホリ＝ナギの先駆的なデザイン観の強い反映を見ることができます。しかし、デザインの大きな役割のひとつを「コミュニケーション」と捉えた、このモホリ＝ナギの重要な認識を継承して、デザイン教育のなかに、はじめてその意味を広げ、環境形成のためのヴィジュアル・コミュニケーションとして明確に組織化したのは、アイヒャーたちによるウルム造形大学においてでした。

それゆえ、アイヒャーにとってピクトグラムは、まさに公共施設や国際的な交流場などの環境形成に欠かせない言語を超えた万人のための視覚言語（絵ことば）であって、ヴィジュアル・コミュニケーションのための重要な課題のひとつであったといえます。しかも、そのピクトグラムの源流は勝見勝氏も重視していた哲学者のオットー・ノイラートが一九二〇年代にウィーンの社会経済博物館長として、子どもをはじめ市民のために知の視覚情報伝達の方法として考案したアイソタイプ（International System of Typographic Picture Education/ISOTYPE）にあり、これも、近代の在り方、近代性（モデルネ）の形成とむすびついた、ひとつの主要な近代のプロジェクトであったからです。

こうした理由から、アイヒャーは東京オリンピックにおいてピクトグラムが制作されたことを高く評価したのですが、ただ、そのピクトグラムの個々の形象の展開が恣意的であったことに気づき、どのようにして、ピクトグラムの形態的な統一感を形成すればよいかスタディを重ねます。とくに、オットー・ノイラートによるアイソタイプの思想やデザイン事例についての徹底的な研究を基礎に、ユニバーサルな伝達性をもつ世界視覚言語としての、かつタイプフェイスのような形態的同一性のある「タイプピクト」としてのピクトグラムを展開しようと考えました。その結果、競技種目のピクトグラムについては、それぞれの身体的な構造の特質に着目し、方法論として直交グリッドと斜交グリッドが用いられました。それを骨格としたシステマティックな展開によって、一つのタイプフェイスのような統一感のある競技種目のピクトグラムがはじめて実現されたのでした。オリンピック会場やインフォメーションのための施設や誘導そのほかのピクトグラムも同様な指針のもとで、オリンピック以後も、公共空間で使用可能なユニバーサリティをもつものとして展開されていきました。このようなスタディが、一方で先のイズニィーの環境ピクトグラムのような方法論の背景を支えています。

しかし、イズニィーのところで指摘したようなデザインの地域性や個別性の課題が重要視されている現代にあっても、一方で初源的な「モデルネ」がめざした公共的な人類共有のユニバーサルなデザインの財産が必要であるのは、あらためていうまでもありません。

ローティス——第三のモデルネ

先にふれましたように、一九七二年のミュンヘン・オリンピック以降、オトル・アイヒャーは家族とともに生活の場を南独のアルプスに近いアルゴイ地方のローティスに移しました。そこはバイエルンとバーデンヴュルテンベルクの両州境の川を一部にはさんだ高原です。そこの古い農

49
アイヒャーの住居およびスタジオ、撮影：著者、一九八五年、ドイツ・ローティス。（上）納屋の一つで、このなかに印刷工房、ギャラリー、ホールなどがある。手前の木はローティスの標識として北緯四七度五一・二九、東経一〇度〇六・一九に植樹した菩提樹。（下）ピロティ式のデザイン・アトリエ群とその背後に大きな母屋の屋根が見える

家の家屋や納屋を住居、印刷工房、ギャラリーなどに改装し、さらにアイヒャー自身の設計でピロティ式のデザイン・アトリエを四棟ほど建てて、デザイン・コミュニティとしてデザイン活動を展開していきます。(図49)

かつて水車製粉施設であった母屋の脇の川の流れで自家発電を行って、すべてのエナジーを自給します。もちろん水も自給です。さらに自家用のガソリン・スタンド、薬草園を含む園芸農業による植物性食材の自給。アイヒャーは、ここローティスを自己認識として一つの自治共和国、二つの州にはさまれた独立自治領であるとして、自立(自治)と共生の生活モデルを提起し実践しました。そこでの生活・営み全体がアイヒャーの(より正確には、オトルとインゲの)デザインの、思想の表明であったといえます。デザインはすぐれて生活を支える、生活そのものの行為であるからです。

単に利便性とか効率性という観点からみれば、ローティスは車がなければアクセスできないようなたいへん不便な場所です。しかし、ここでの生活は、ひとつには思想、言論・集会の自由の促進や政治・経済の中央集権化に対する対抗モデルの展開といった政治的運動の目標と、いまひとつは、文化と技術文明との対立矛盾の排除とその融和への具体的行為の実践といった文化的運動の目標を体現するものでした。

その意味でここローティスでは、日常のデザイン活動とともに、新たな情報の発信源として哲学や科学をはじめ広い領域にわたって同時代の知を媒介する講演会やシンポジウム、あるいは音楽会やパフォーマンスなど、さまざまな非日常的なイベントが開催されました。

不便にもかかわらず、ここには遠方からも好んでクライアントをはじめ企業家も政治家も学者も多くの人びとが訪れてきました。訪れた人びとは——場合によって、何日か滞在して——心身が清々しく再生されて戻っていくのです。このローティスという自然環境のなかでの生活と清談清語を通して単なる経済至上主義や市場原理における利便性や効率性といった価値とは異なる生活や文化における生の根原的な価値が享受され、それがあらためて覚醒されていくからです。ローティスの日常性のなかの非日常性、その祝祭性。こうしてローティスの澄んだ爽やかな空気を一段と濃密なものにしているのは、オトルとインゲの人間性であることは言うまでもありません。

ローティスのデザイン姿勢とプロジェクト

アイヒャーは一九八四年に、既存のデザイン・スタジオと併行して、いまひとつローティス・アナログ・スタディ研究所を発足させます。この研究所は長期的な自主研究プロジェクトを展開するためのものでした。私はこの設立から一九九一年の不慮の事故によるオトルの逝去まで日本から同研究所のプロジェクトに協力してきました。そのため一夏をローティスで過ごすこともありました。このローティスでの経験は私にとってデザインのモデルネについていっそう認識を深める機会ともなりました。

そのひとつはデザインと政治や経済との関係です。政治の在り方や経済の在り方によってデザインの在り方も異なってしまいます。別の言い方をすれば、政治家や経済人ないし企業家が「デザイン」をどのように認識しているかによって、デザインの在り方が異なってしまいます。たとえば、デザインを単に物に付加価値をつける産業上の手段として捉えるか、デザインを生活の基盤や質を形成する文化的・社会的な営為として捉えるか、といった認識の相違でデザインの在り方が異なるのは自明でしょう。そのいずれを選択するかは、まさに政治の問題です。近代の市民社会においては、市民ひとり一人があるべき生活や社会の建設のために政治的な肯・否の権利と責任をもっています。デザインのモデルネにおいては、「あるべき生活や社会」と「あるべきデザイン」とはまさに同義語のようにひとつになっていて、ここローティスでは、生活態度やデザインの姿勢が同時にあるべき生活形成や社会形成のための一市民としての政治的な姿勢や運動の表明でもあったのです。

きわめて中央集権性の強い近代日本のような国土の在り方から見れば、もともと地方分権的な——あるいは地方主権的というべきかもしれない——ドイツにおける各地方の都市や農村が今日なお自立性をもって固有の生活文化の豊かさを継承保持していることに驚きと羨ましさを覚えますが、それだけにまた、現代のグローバル・スタンダードに対する人びとの嫌悪感と危機感も一段と強く、ローティスの生活行為もこのグローバリゼーションに対する抑止や対抗の姿勢であったといえます。

キッチンメーカーのブルトハウプ社のプロジェクト（CIと製品コンセプト）との関連で、アイヒャーが「地域や民族を超えたシステムキッチンの均一的な思考は死んだ」として『Die Küche zum Kochen: Das Ende einer Architekturdoktrin（調理するためのキッチン—近代建築教義の終焉）』[*5]という本を編纂したのも、固有の生活文化を大切にするその表われのひとつでした。この本は、地域の伝統や食材や調理法や調理道具などに根ざす文化としての調理の可能性を生かし、しかも現代のライフスタイルにふさわしいキッチンをデザインしましょうという提言の書でした。

先にも述べましたように、技術ないしテクノロジーやその進歩が必ずしもそのまま人間的な生活の質や幸せを保証するわけではありません。それを社会的・文化的視点からあるべき生活世界へと真に豊かに再編していくための行為がデザインであり、デザインのモデルネであるといいました。現代のテクノロジーの加速的な進展とその生活への適用がいかに自然や人間的な生活のリズムから乖離してきているかは、今日ではだれの目にも明らかです。

アイヒャーが自動車の誕生百年にあたる一九八四年に世界五カ所で公開した百枚のポスター(119×84cm)による「自動車批評」という展覧会[*6]と同名の書物『kritik am auto』の刊行も「文化と技術文明との対立矛盾の排除とその融和への具体的行為の実践」といった文化的運動の表われです。これは自動車の図面や写真から美しい線画に描き起こされた百年間の代表的な自動車の貴重な形態変遷史であると同時に、これまでにない自動車の「デザイン批評」であり、自動車の歴史的考察や車ごとの分析、現状分析から将来への課題を提起するヴィジュアル・コミュニケーションでありました。

なお、この「自動車批評」には「自動車ファンに反する自動車擁護の可能性」という副題がついており、その内容は車の熱愛者にとっては必ずしも口当たりのよい自動車デザイン論ではありません。アイヒャー自身も車の愛好者ですが、ここでは、過激な市場競争ということに目を奪われて、むしろタブーと化している人間と車と環境との基本的な共存の在り方を問うところから自動車批評の基準を提起しようと試みています。自動車の歴史を振り返り、人間社会と自然環境との在り方から未来に向けてあるべき車の形式や可能性を問うことは今まさに急務の課題であるといえるのではないでしょうか。
ここでもうひとつ指摘しておきたいことは、アイヒャーがこの試みからポスターという形式を新たに歴史や批評や思想などを伝達する問題提起のメディアとして捉えていくことです。一九八六年に、アイヒャーが哲学者や歴史学者との共同研究で西洋の近代批判の観点から哲学者ウィルヘルム・フォン・オッカム(一三〇〇年頃―四九年頃)の再評価を行ったのもポスターの形式でした。そして、同時にその書籍も刊行されました。[*7]
ローティス・アナログ・スタディ研究所で私がオトルに協力してきました主なプロジェクトのひとつは、『世界図書館―ピクトリアル万国百科全書(Grobal Library: A Pictorial Encyclopedia of the World's Countries)』の制作でした。これはアイヒャーの急逝によって「未完のプロジェクト」となりましたが、「スイス」「日本」をはじめ数巻のダミーがほぼ完成しているところでした。この百科全書の編集構想については省略しなければなりませんが、私がこのプロジェクトで認識を新たにしたことは、西欧近代における百科全書派の思想の流れをはじめオットー・ノイラートの視覚的な世界把握の構想などの啓蒙思想が、オトルの新たな世界表象の創造というこの遠大な企ての基底にその原像として継承されていることでした。これは私自身、西欧における「経験としての文化」と呼んでいるところのものですが、そこに、西欧のきわめて強靭な個としての実践的理性の精神を見る思いがしました。
アイヒャーが一九八八年に完成させた新書体「ローティス（Rotis）」はセリフとサンセリフの区別や境界を超えて書体ファミリーの概念を拡張した新しい試みの書体としてすでに広く世界に普及していますが、「ローティス」とは、第三のモデルネの地、その誕生の地を記すものなのです。
ちなみに、本書の各章の扉ページにあるコンステレーションの欧文書体は、ローティスを使用しています。

*1 三木成夫「ヒトのからだ—生物史的考察」、小川鼎三編『原色現代科学大事典6　人間』所収、学習研究社、一九六八年、一〇五—一八四頁。この感動的な研究には、現在、三木成夫『胎児の世界　人類の生命記憶』（中公新書六九一、一九八三年）という名著で接することができます。

*2 Katharina Adler, Otl Aicher, *das Allgäu (bei Isny)*, Stadt Isny/ Allgäu Isny, Isny im Allgäu, 1981.

*3 一九六九年六月にオトル・アイヒャーより著者に贈られた Richtlinien und Normen für die visuelle Gestaltung, Organisationskomitee für die Spiele der XX. Olympiade München 1972, Juni 1969. に添付されたポートフォリオより。著者による翻訳。

*4　リヒャルト・フォン・ヴァイツゼッカー『荒れ野の40年　ヴァイツゼッカー大統領演説全文　一九八五年五月八日』永井清彦訳、岩波書店（岩波ブックレットNO. 55）一九八六年、十六頁

*5　Otl Aicher, *Die Küche zum Kochen　Das Ende einer Architekturdoktrin*, Callwey, München, 1982.

*6　同展は、日本では一九八六年一月から二月にかけて東京のアクシスギャラリーで開催されました。展覧会後、全ポスターはアイヒャーより武蔵野美術大学美術資料図書館に寄贈されています。Otl Aicher, *kritik am auto*, Callwey, München, 1984.

*7　Otl Aicher, Gabriele Greindl and Wilhelm Vossenkuhl, *Wilhelm von Ockham　Das Risiko modern zu denken*, Callwey, München, 1986.

引用
quotation

量
Quantität/quantity

クオリア・感覚質
Qualia

源泉・根原
Quelle

質・良質
Qualität/quality

問い・問題
question

正方形
Quadrat

ヴェルクブント・工作連盟
Werkbund

constellation[q][w] **Qualität/quality & Werkbund**

生活世界の「質」と工作連盟（ヴェルクブント）運動

工作連盟運動との出会い

この章では、先のウアビルト（Urbild 原像）とウムヴェルトゲシュタルトゥング（Umweltgestaltung 環境形成）という語につなげて、クヴァリテート（Qualität 質）とヴェルクブント（Werkbund 工作連盟）という語を手がかりに話を進めたいと思います。

「質」（Qualität/quality）といえば、近代デザイン史のうえで一九〇七年に結成されたドイツ工作連盟（Deutscher Werkbund 略してＤＷＢ）に端を発したデザインの近代化運動が想い起こされます。周知の通り、この運動は新たな工業化時代における生産品の良質化運動でした。しかも、この運動は、単に個々の生産品ばかりでなく、その「クッションから都市計画まで」といったモットーのように、日常生活のためのプロダクトから住環境にも及ぶ「質の向上」を目的としたものでした。

そして、この運動の特色としては、単に芸術運動や建築運動ではなく、芸術家や工芸家や建築家とともに、政治家や商工業にたずさわる企業家など各領域の専門家たちの最高の知恵が結集した一つの社会的な新しい型の運動であったということが、きわめて重要です。まさに各専門領域の統合と共同の理念にもとづく生活環境の「質の向上」をめざした社会的、文化的な運動であったといえます。

それでは、その「質とはなにか」といえば、それは生産品や住環境の単に材料や技術や機能の面での質だけではなく、またそれらの単に美的・形式的な面での質だけでもありません。さらに社会的、文化的な面での質も含めて、それらすべての面を統合した全的な質の形成を目的としていました。この良質なものを生産する工作作業の向上ために「Veredelung（フェアエーデルング）」という概念が用いられたことも、私には重要に思われます。この語は本来「人の品位を高める」意味で、品質を「純化・精製する」ことにも転用される言葉ですが、この語の選択のうちに、近代工業化時代の新たな物づくりに対する強い倫理感がうかがえるからです。

ドイツ工作連盟運動の影響はほぼ欧州全域に波及し、一九一二年にはオーストリア工作連盟が、その翌年にはスイス工作連盟が設立されました。また一九一四年には一八四五年に設立されたスウェーデン工芸協会（Svenska Slöjdföreningen 略してSSF）がドイツ工作連盟の方向へと再編され、一九一五年には、イギリスに工作連盟をモデルとした産業デザイン協会(Design and Industries Association 略してDIA)が設立されました。またさらに、北欧から中欧の諸国においても、ヴェルクブント精神を継承した同種の運動体が形成されて、デザインの近代化が進められていきました。

ドイツ工作連盟はバウハウスに続いて一九三四年にナチスによって解散を余儀なくされましたので、私は一九五六年にウルム造形大学に留学するまでは、この工作連盟運動はバウハウスの発足に影響を与え、これに並行した二十世紀初頭のデザイン運動であり、すでにひとつの歴史的な出来事なのだと考えていました。

しかし、一九五六年十月、ウルムの新学期の始業とともに体験したことは、ウルム造形大学を会場とした全学あげての「スイス工作連盟とドイツ工作連盟の合同大会」でした。ドナウ河を見下ろすクーベルクという丘陵に建つ校舎には、工作連盟の幟(のぼり)がはためき、会場は人の熱気であふれていました。マックス・ビルの代表的なデザイン論考である「モルフォロギー(形態学)的方法による外界環境の形成」という環境形成論が提起されたのも、この大会講演においてでした。大会発表のなかには、ウルムの理論的な支柱でもあった情報美学の創始者、マックス・ベンゼの「人工世界内の芸術の存在意義」といった講演もあり、私はこれらの講演と討議の熱気のなかに身を置きながら、その衝撃とともに、自分もいまや工作連盟のこの脈々たるデザイン運動の歴史と現在を共有しているのだという実感で全身が熱くなっていました。

ドイツ工作連盟は、第二次大戦後、早くも一九四七年に再興されて、戦後の住宅復興などを支援していたのです。私が渡独した五六年でも各都市にはまだ瓦礫の山が見られ、生々しい戦禍の跡を残していましたが、私は、各都市で「住まいの相談所」を開設して人間的な生活のためにふさわしいゆとりある空間の広さをはじめ、あるべき住まいの在り方のガイダンスに力を注いでいた工作連盟の活動にも出会い、はじめて人間の存在と尊厳を大切にするデザイン運動の在り方を知って、ほんとうに強くこころを動かされました。[*1]

少し余談になりますが、私は小学校三―四年の頃に、先生からクラスのひとり一人に「将来なにをしたいか、なにになりたいか」を尋ねられたときに、ほとんど理由もなしに「ぼくはスイスへ行きたいと思います」と答えて、皆にどっと笑われ揶揄されて、まったく居場所がないほど恥ずかしい思いをしたことがあります。戦時下のことです。今思えば、たぶん、スイスが永世中立国で平和な美しい国と聞かされていたからではないかと思いますが、しかし、後年スイスと何らかの関係ができるとはまったく想像もしていませんでした。

ですから、現実に、スイスの自然と人工物との均衡の美しさをはじめて目の当たりにしたときの感動は一入で、かつ感慨深いものがありました。スイスはまさに永世中立国で二つの世界大戦を免れて、両大戦中も工作連盟の工業生産品や環境の良質化運動が推進されて、すでに福祉国家としても理想的な生活環境が形成されていました。なによりも、モダンデザインが自然・風土・歴史・文化のなかに織りなされて社会に根づき、現に一般市民の豊かな美しい清浄な安定した住居や住環境が存在しているということに、ほんとうに大きな驚きを感じました。

きわめて個人的な経験としても、チューリッヒ市内に居住するウルム造形大学時代の親友、建築家で工作連盟会員でもあるハインツ・ヘスの住居は、かつて農家としての築四百五十年を超えた木造家屋で、内部を改造しながら、自らの建築スタジオや写真家のドローテ夫人のスタジオやいくつかのテナントとともに、ヘス家三世代が住んでいるものなのですが、内部は歴史を刻む郷土の香りと現代性とが織りなす自然の簡素さで、いつ逗留の世話になっても、深い心のやすらぎを感じます。(図50)その度に、ほんとうの豊かさとは、単に新しいことでも、単に物質的に贅をつくすことでもないのだ、という思いを新たにします。

ここでも思うことは、人間的な生活基盤の根本は明らかにやすらぐ住居と住まいの環境なのだということです。そして、市民個々人の安全・自由・秩序を大切にするスイス社会における生活や住まいの根本は、皮膚感覚で帰属を感じ、信頼の意識をもてる小さな共同体のやすらぐ環境の群化によって形成されているのです。ヘスの家屋そのものもひとつの小さな共同体なのです。個々人の自由が守られながら、温かな相互信頼の意識で満たされています。「秩序」という概念は「公共」とか「社会性」という意識とつながっているのです。こうしたスイス社会の在り方と工作連盟の活動はまさに連動してきたのだと思いますが、とりわけ、一九五〇年代のスイスは工作連盟の運動を中心に、新しい社会的、文化的あるいは美的な規範として結晶化された豊かなデザインの知と新しい啓蒙的志向性をもった芸術・デザイン運動の発信地でもありました。[*2]

50 一五四七年に建てられ、一九五〇年から内部の改造を行いヘス家が三代にわたって暮らす住居。スイス・チューリッヒ（*Umgenutzte Scheunen: eine Beispielsammlung*, Amt für Städtbau, Zürich, 2005, p. 78.）

ビルの「環境形成（ウムヴェルトゲシュタルトゥング）」論とパウルソンの「象徴環境（シンボル・ミリュー）」論

スイスにおいて、工作連盟運動の推進をはじめ近代（モダン）デザインの主導的な役割を果たした一人がマックス・ビルでした。ビルは建築家、タイポグラファー、プロダクト・デザイナー、画家、彫刻家、文筆家として、実践的にも理論的にも、トータルにスイスにおいてデザインの基礎づけを牽引してきました。そして、すでに一九四〇年代に、ビルは「デザインの目的は――建築であれ、ヴィジュアル・デザインであれ、プロダクト・デザインであれ、いずれのデザインであっても――すべて環境形成である」という新たな総合のデザイン理念と「環境形成（Umweltgestaltung）」という新しいデザイン概念を提起していました。

マックス・ビルが学んだバウハウスでは、デザインの諸活動の最終の目標は建築における総合でしたが、ビルはその総合の理念を「建築」から「環境」という対象へと転換しました。バウハウスのヴァルター・グロピウスの総合の理念の背景には、各種工匠集団の技芸や力を結集して築き上げた中世のゴシック大聖堂に見るような総合の理念への憧憬や、新しい工業化時代におけるその理念再興への希求がみられます。しかしながら、建築はひとつの空間的な構築物で物的な対象です。それに対して「環境」は人間や生物など生命体を取り巻き、それらと相互作用を及ぼし合う外界のことで、生命体にとっては生活世界そのものです。社会建設のための総合や共同の理念はきわめて大切ですが、近代の市民社会にとっては、総合芸術としての建築物の象徴性よりも、一般市民の日常生活や日々の暮らしに作用する環境の全体的な質の規範こそ重要なのではないでしょうか。

ここでは、この「建築」という「もの（物）」の象徴性から「環境」という「こと」の連関性へ、言いかえれば環境の社会的・文化的な質の規範へとデザイン思考の対象を転換したのです。そのことは、ビルの「環境形成とは生活文化ないし日常文化（Tägliche Kultur）を形成することだ」という言葉にも端的に言い表わされています。いずれにしても、個々のデザイン現象をこの「環境形成」という上位概念で統合したビルの先覚性はきわめて重要であると思います。

ちなみに、ウルム造形大学では、発足時、デザインの専攻がインフォメーション、ヴィジュアル・コミュニケーション、生産品形式（プロダクト・フォルム）、建築、都市計画という五領域で編成されていましたが、すべてが、環境形成という目的で統合されていました。ビルによって戦後スイスからウルムに中継されたデザインの各領域を統合する「環境形成（英訳では environmental design 環境デザイン）」というこの概念は、欧州ではウルムを介してデザインの諸領域を統合する上位概念として根づいて今日に至っています。しかしながら、日本では「環境デザイン」とよぶと、一つのデザイン分野を指す呼称となってしまいます。ここに、デザインの認識上の重要な根本的相違があるのだということを指摘しておきたいと思います。

当時、生活環境の「質」についてもうひとつ大きな驚きを経験したのは、スイス訪問よりも先にスウェーデンをはじめとするスカンジナヴィアのモダンデザインの興隆と住環境の豊かさを目の当たりにしたときでした。デンマーク、スウェーデン、ノルウェー、フィンランドの北欧四国は毎年スカンジナヴィア・デザイン・カヴァルケイドという共同の祝祭的なデザイン展を開催して、まさにデザインの黄金時代を開花させていました。その一九五〇年代から半世紀以上の時を経て、当時デザインされた椅子や家具や器物が今日なお生産されて私たちを魅了しているスカンジナヴィア・デザインの生命力を考え合わせますと、これはまさに何重もの驚きです。私たちはその深い背景も考えてみなければなりません。

当時、なかでも、武装中立政策をとって二つの世界大戦に参加しなかったスウェーデンでは、ちょうどスイスと同様に、一九一四年以降、工作連盟化したスウェーデン工芸協会が両大戦中も生産品の良質化と環境浄化の運動を推進し、第二次大戦後は、すでに理想的な福祉国家として一般市民の豊かな住環境が実現していました。人間的な生活のための住まいの広さ、やすらぐ空間と家具や器物、簡素でありながら、清潔で優しい温かな美しいそれぞれの住まいの佇まい。その豊かさにはほんとうに驚きました。

デザイン運動の背景として、ともに、宗教や神話、福祉や医療や環境を、人間の生の基盤を形成するもっとも基本的な社会的機能として重要視してきた北欧は、ほかの諸国でも、すでに社会福祉の浸透した国家として、それぞれ固有の特色をもった美しい豊かな生活環境を形成していました。ほんとうに深く心を動かされたことは、先にスイスの経験でも述べましたように、北欧諸国でも、モダンデザインがそれぞれの自然・風土・歴史・文化のなかに織りなされて社会に根づき、市民社会としてそれぞれ固有の生活文化と環境を形成していることでした。それは、近代のテクノロジーや産業による単なる社会の近代化ではなくて、まさに新たな市民社会としての近代性（モデルネ）が形成されているのでした。近代化が風土や歴史や文化の記憶から切り離されていないことが重要です。

この経験は、美術史家でスウェーデン工芸協会と近代（モダン）デザイン運動の推進者であったグレゴール・パウルソンが提起した、またその運動がめざした「象徴環境（シンボル・ミリュー）（Symbolmilieu）」の形成ということの意味をあらためて考える契機となりました。この「象徴環境」とは、それぞれの風土や歴史や文化に根ざしながら、近代の市民が中心となった新しい時代における、まさにその市民社会の暮らし方を表象する新しい「意味の連関」としての生活様式の豊かな規範原型の形成を意味していたのではないかと思いました。

生活権と「住」の質的規範

ビルは環境形成といい、パウルソンは象徴環境の形成という。環境概念について、それぞれの理論形成に相違はあれ、それぞれの具現化された社会環境や住環境の現実と重ね合わせてみると、ともに共通するのは、近代市民社会における人間らしい住まいや生活様式の豊かな社会的・文化的な質的規範体系としての環境の形成といえるのではないかと思います。

先には、人間的な生活のためのあるべき環境の形成について、自然や文化の「生命性」や「原像」という観点から、あるいは近代性としての「モデルネ」という観点などから考えるべき問題群に光を当ててきましたけれども、それはまた生活の仕方・暮らし方やその基盤としての住居やそれを取り巻く住まいの環境などの社会的・文化的な質の規範形成の問題として照射していくこともでき、それがまた人間の生活権や尊厳にとって根本の課題だといえます。市民の基本的な権利としての生存権という考え方がいっそう拡大されて「生活権」という思想がスウェーデンでグンナー・ミュルダールたちの経済学者によって具体的に経済制度に導入されたのが一九三〇年代のことだといわれています。

こうした生活権といった思想で人間らしい住まいや生活様式の豊かな社会的、文化的な質の規範が経済のうえでも制度化されていくことが、きわめて重要です。また、工作連盟のようなデザイン運動が同時代の専門知や思想に重要な影響を与えてきたことにも注目をしなければなりません。生活権の問題は今日、日本でも、宇沢弘文氏らの経済学者によって重要視されはじめている「社会的共通資本」の捉え方につながっていますし、この「社会的共通資本」についての考え方は、ヴァイマールの宰相を務めたゲーテの思想にその源流があるともいえます。この観点から「環境」についての質の規範を少し考えてみたいと思います。

社会的共通資本としての環境

先にあげた「社会的共通資本」とは、宇沢弘文氏の同名の著書によれば、それは「一つの国ないし特定の地域に住むすべての人びとが、ゆたかな経済生活を営み、すぐれた文化を展開し、人間的に魅力ある社会を持続的、安定的に維持することを可能にするような社会的装置を意味する」、そして、その対象は「土地、大気、土壌、水、森林、河川、海洋などの自然環境だけでなく、道路、上下水道、公共的な交通機関、電力、通信施設などの社会的インフラストラクチュア、教育、医療、金融、司法、行政などのいわゆる制度資本をも含む。社会的共通資本は全体としてみるとき、広い意味での環境を意味する」[*3]としています。

今日、なすべきデザインの課題として、あらためてデザインの対象を考えるとき、広義の環境に対するこの社会的共通資本という新たな認識とその対象の捉え方がきわめて重要であると思います。しかし、同書はたいへん啓発的な書物ですが、その論述の展開については、個人的には、ひとつ疑問もあります。ここでは、社会的共通資本という観点から二十世紀都市の非人間性について論じられ、近代都市・建築批判としてあるべき人間的な都市への提言もなされています。けれども、都市に住まい、都市を構成する人びとの「住居」については、ほとんど言及されていないことです。同書では、個人住宅を「私的資本」と捉えているからかもしれませんが、たとえ、それは私的な資産であったとしても、一般市民における人間の尊厳と安心の——ウサギ小屋ではない——基盤を確かなものとするような生活権としての「住宅の法制化」は根本的に不可欠の社会的課題であると思います。私はこれが人間生活のためのもっとも基本的な社会的共通資本のひとつではないかと考えています。

北欧をはじめヨーロッパ諸国では、先にも見てきましたように、近代の市民社会への変革のなかで、早くから住宅は人間生活のための生活権ないし社会的共通資本として捉えられてきました。デザイン運動はそのような思想と強く結ばれて展開されてきたのです。そのために、あるべき人間生活のための住宅の基盤やその環境の社会的・文化的な質の規範が早くに法制化されてきたのです。これは社会的な共通の制度資本の形成だといえます。

たとえば、日本と同じ敗戦国のドイツ——正確には、西ドイツ——では、戦後第一に、住宅・社会資本・社会保障の充実に重点政策が置かれ、住宅投資や社会資本投資は一九六〇年代の末には、ほぼ終わっていたといわれています。先の私が一九五〇年代に経験したドイツ工作連盟の「住まいの相談所」の活動はこうした国策とも連動していたのだと思います。人間的な暮らしのための必要最小限の面積基準と機能空間とを充たす住居を確保するために、その住宅費が——地域によって若干の相違があったのですが——一カ月の所得の二割を超えるときには、その差額を地方自治体が保証するといった制度もあって、政策的に住宅費はきわめて低く抑えられ、生活の基本が守られていました。ですから、戦後のドイツでは、住宅ローン返済のために一生働くなどといった「生活とはいえぬ生活」は、おそらく皆無であったかと思います。住まいの質は、ゆとりのある機能単位の空間とゆとりのある家計支出の配分といった二つの意味の組み合わせ、いわば文化と経済との豊かな均衡比ともいえる社会的規範を形成することで保証されていたのです。

ちなみに、ウルム留学時、私が下宿をしていたラウエ家は二歳と八歳の息子をもつ四人家族のほかに、ラウエ夫人の両親が同居する二世帯用設備の一戸建て住宅で、戦後に新築されたものでした。二階建てで同じ床面積の地下と小屋裏（屋根裏）の居住および収納空間を含めると——うろ覚えですが——延べ床面積が少なくとも約三百三十平方メートル（約百坪）近くあったのではないかと思います。敷地は約六百平方メートルほどあって、庭は灌木の緑と花壇が美しく、裏手は森林に包まれて、小鳥たちをはじめ森のいのちが響き合う和やかな住環境でした。両親は年金暮らし、ラウエさんは四十三歳で、ウルムをはさんでシュトゥットガルトとミュンヘン間を走る蒸気機関車の、その職業に誇りをもった機関手でした。ともかく、当時の日本社会との比較で、その住居の豊かさに——その家族の温かな心の豊かさとともに——ほんとうに驚いてしまいました。しかし、半世紀後の今日でもその驚きは変わらないでしょう。

この背景には、資本主義の市場経済社会であっても「土地を市場の法則外」と規定することで、人びとの生活基本権を守る「土地」に対する社会的共通資本としての政治・経済思想とその制度化があったのです。このことも、日本から見れば、きわめて大きな驚きです。日本の地価はドイツと比べて百倍の差があるのではないだろうかといわれています。*4

共同感情――住民の環境の原像への思い

ところで、話が少し迂回しますが、私の留学時には、ヨーロッパへの渡航は航空機でも、まだプロペラ機によるインド洋回りで途中二回の給油があるそれはたいへんな長旅でした。また西欧の人びとからは「貴君は中国人か」あるいは「エスキモーか」と尋ねられることはあっても、「日本人か」と問われることはほとんどなく、また旅行中でも日本人に偶然出会うことはきわめて稀なことでした。日本の在外公館でいえば、デンマークなどはコペンハーゲンに領事がたった一人仮住まいをしているだけでした。電話も郵便局に出向き長時間待たなければならず、それに緊急重大事でもないかぎり使えるような料金ではありませんでした。今日の日本における夏や年末年始の休暇に、多くの人びとがどっと海外旅行に繰り出す現況から考えますと、若い方々には五十年前の私の経験には、おそらく想像できないところがあるだろうと思います。

しかし一方、今日ではヨーロッパ見聞の機会は旅行でもテレビ映像でも身近で、ヨーロッパでは、それぞれの都市や地域社会がそのアイデンティティを大切にして、自然の風景とともに歴史的建造物の保全や町並みの美観の形成に愛情と力を注いでいるということはよく知られているところだと思います。その意味では、ヨーロッパの都市環境や地域環境の美しさやその質についてあらためて言及するまでもないでしょう。

ただ、それぞれの都市集落の個性やその佇まいが大切にされているのは、なぜなのか。そのことの意味だけは、重ねて強調しておきたいと思います。それは単なる観光政策のためではなく、その背景に、住民の都市風景や村落風景に対する共同感情がひとつの社会共同体として生命性をもって深く歴史化されているからであり、そのような住民の生活心情が――そして環境の原像への思いが――生活権とか社会的共通資本といった思想や概念によって制度化され、保障されてきているからです。そのことがきわめて重要なのです。そして、デザインの思考やその社会的構想力には、ほんとうはこの見えない背景や根底への視野がまた不可欠なのです。

二人の政治家ナウマンとホイス

また、ドイツ工作連盟の問題に戻りたいと思います。近代デザイン史のうえでドイツ工作連盟のデザイン運動について語る場合、この運動を主導したドイツ政府の官吏で建築家のヘルマン・ムテジウスの思想や活動から出発するのが一般的です。二〇〇二年に京都国立近代美術館で、翌年には東京国立近代美術館において、日本ではじめて開催されたドイツ工作連盟の大規模な展覧会もムテジウスを中心としたものでした。それは「クッションから都市計画まで　ヘルマン・ムテジウスとドイツ工作連盟：ドイツ近代デザインの諸相」と題して、二十世紀初頭における近代デザインの動向をヘルマン・ムテジウスの言説や活動を中心にドイツ工作連盟の運動を通して新たに再構築しようと試みた、たいへん意欲的な展覧会でした。そしてまた、若き日に日本滞在の経験をもつムテジウスと日本の関係についてもはじめて光が当てられた興味深い内容でした。

しかし私は一方で、ドイツ工作連盟の活動との関連では、この展覧会図録の論述のなかでわずかその名を散見するだけの二人の政治家に強い関心をもっています。一人は、ドイツ工作連盟の設立者のひとり、フリードリッヒ・ナウマンで、いまひとりは、ナウマンの意思を継ぐ工作連盟の推進者のひとり、テオドール・ホイスです。先に、この工作連盟の運動は、単に芸術運動や建築運動ではなく、政治家や企業家なども含む各専門領域の統合と共同の理念のもとに、生産品や生活環境の質の向上をめざした新しい型の社会的、文化的な運動であったと述べました。したがって、この運動としての生産品と生活環境の質の規範形成のためには、その領域横断的な統合作用の力と政治理念による規範制度化の力とが重要な役割を演じたといえます。先に述べた「見えない背景や根底への視野」の問題とつなげて、少しだけ、この二人の政治家の「質の規範形成」への貢献について述べておきたいと思います。

フリードリッヒ・ナウマンはプロテスタント神学者の政治家で、一八九五年にマルキシズムとは異なるリベラルな観点から社会問題を提起していくために、週刊雑誌『Die Hilfe（救済）』を創刊して言論活動を行っていきます。政治家としては、マックス・ウェーバーに影響を受けつつ近代工業化に内在する諸問題の政治制度の民主化と世界政策の実現に力を注いだ、二十世紀初頭の影響力をもった自由主義左派の政治思想家でかつ民衆的理論家として、最終的にはドイツ民主党を結成してその党首となった人です。また今日のEU（欧州連合）の礎の一つともなった中央ヨーロッパ統合案の主唱者で、ドイツ・ヴァイマール共和国憲法の父ともいわれるように、その主要な憲法起草者の一人でした。

ナウマンは根本では社会主義的なユートピア思想の持ち主でしたが、資本主義も重要視していました。そして、資本主義と社会主義とを拮抗・対立するものとして捉えるのではなく、またその両者の二者択一の思想でもなく、両者の利点の選択や両者の相互作用こそ重要であるという柔軟な社会的・経済的な政策を展開しました。たとえば、一般市民、とりわけ産業の近代工業化によって増大している工場労働者の住宅や住環境には、生活の根本基盤として、人間的な生活の質や尊厳が保障されなければならず、社会・民主主義的な思想にもとづく社会的な共通の資本という位置づけが必要であり、他方、それを可能にしていくためには資本主義的な生産活動と市場経済原理が必要であるといった考え方の政策展開でした。

ナウマンは『Die Hilfe』刊行以前から近代産業の資本主義社会における生産労働の軽視や蔑視に対して直截な改革的情熱ではげしい批難の言論を展開していました。すでに、イギリスにおける近代デザイン発祥の背景として述べたことですけれども、近代産業革命以降の分業による機械生産システムと資本主義制度の進展は、人間そのものから作る喜びや自由や創造性を奪い、かつ人間疎外を増大していきました。また、優れた工匠や手工職人はそのかけがえのない手わざの場や価値を失っていきました。ナウマンの中心課題も、近代化が生みだした資本家に対する「労働者」という概念の「物を作る人びと」の社会的境遇や環境の改革であり、その尊厳の回復でした。ナウマンにとって工作連盟設立の第一の目標は、生産品や生活環境の質の向上という課題の実現によって近代産業における工作・生産労働の「物を作る心」の喜びや創造性、その誇りや尊厳を再興することでした。そして、その背景となる政治制度を創造していくことでした。

私が日本でまだ大学生の頃、西ドイツで戦後間もなく労働者が経営参加する労使共同による経営の「共同決定（Mitbestimmung）法」が制度化されたことを知って、その革新性に対して大きな驚きを感じていましたが、後に、ドイツ工作連盟設立の過程を調べているときに、その源流のひとつがナウマンの政治思想にあることを知って、また新たな感動を得た思いがしました。ナウマンは「物を作る心の再興」という目標を実現する政治制度のひとつとして、ヴァイマール憲法起草にさいしても、すでに労使共同による経営の「共同決定法」の制度化を提起していたのです。

一方、もうひとりの政治家、テオドール・ホイスはナウマンとは二十四歳の年の開きがあり、ほぼ親子ほどの年齢差がありました。ホイスはミュンヘン大学とベルリン大学で、国民経済学、歴史学、哲学、美術史、そして国家学を学び博士号取得の後、二十一歳の若さで一九〇五年からナウマンのもとで『Die Hilfe』誌の主筆として一二年までの七年間をその編集刊行に努めます。後にナウマンが結成したドイツ民主党の代議士となり(二四—二八年、三〇—三三年)、三二年には『ヒットラーの道』という著作でヒットラーの国家社会主義を歴史学的・政治学的・社会学的な観点から精細に分析して批判を展開しますが、その書物はその翌年ナチスによって公開の場で焼却されてしまいます。そして、三三年には、こうしたナチスの政権下でも、なお危険をおかして『Die Hilfe』を再刊して論陣を張りますが、三六年に発禁命令を受け、当時の教職からも追われてしまいます。しかしながら、ホイスが第二次大戦後の西ドイツ——ドイツ連邦共和国——のアデナウアー首相政権期の初代大統領として、二期十年にわたって連邦共和国の近隣諸国や世界との和解と信頼回復に大きく貢献したことは、一般的にもよく知られているところではないかと思います。

ホイスはナウマンのもとでドイツ工作連盟設立の構想に共感し、設立当初からこの活動に参加して、一九一八年から三三年までは同工作連盟の事務局長並びに理事としてこの運動の推進に力を注ぎます。また戦後の同工作連盟の再建にも力を尽くし、ウルム造形大学の理念や運動の力強い支持者でもありました。五一年には、シュトゥットガルトでのドイツ工作連盟大会で「質とはなにか」という記念講演を行い、この講演は同年書籍として刊行されましたが、副題が「ドイツ工作連盟の歴史と課題に寄せて」となっていて、その回想録的な趣きとともに、生き生きとした時代の証言として興味深いものでした。

私にとって、とくに印象深く記憶に残っているのは、講演冒頭の一九〇六年、工作連盟設立前夜のナウマンについての回想と、「質への問い」の先覚者ジョン・ラスキンへの歴史的な記憶の喚起、そして講演最後の「質となにか」というホイス自らの見解です。

ホイスの回想「質とはなにか」

ホイスのナウマンについての回想というのは、一九〇六年八月の夕べ、ナウマンが十九世紀末から定期的に開催されてきたドレスデンでの工芸美術展において、その展示会の様子とドイツ工房（ドイッチェ・ヴェルクシュテッテン）の主宰者、カール・シュミットとの話に深く感動して戻ってきたときのものです。

ホイスには、一緒にカフェーに腰をおろしたナウマンが高揚した面持ちで、このドレスデンの工芸美術展ではっきりと現われてきた新しい創造的な造形志向をもつパイオニアたちの持続的な結集とその運動の推進が必要だといって、彼の思い描く計画を熱っぽく語ったことが印象深く記憶に刻まれているのでした。とりわけ、その新しい品位ある良質の家具や日常品や建築の達成のためにはひとつの運動が必要であり、しかも純粋な単一の美的価値観からは解放されて、社会経済学的な、かつ教育学的な方法論と領域を超えて統合されるような一つの運動こそが必要であるといったナウマンの言葉が忘れ難いといいます。[*5] 私にも、これはまさに、ナウマンの「物を作る心の再興」という目標を実現するための制度設計への構想とも、すでにつながった言葉であったのだと思われます。

それは、まさにドイツ工作連盟発足の前年（一九〇六年）のことでした。発足にあたってこの運動母体を、製作や製作物を意味する「Werk（ヴェルク）」と同志の結集や連携を意味する「Bund（ブント）」とを結合して「Werkbund（ヴェルクブント 工作連盟）」と命名したのは、ほかならぬこのホイス自身であったのです。

ホイスはナウマンの回想のあとに続けて、近代において「質とはなにか」と問うたのは決して私たちが最初ではないといって、その重要な先覚者の一人、イギリスのジョン・ラスキンの意味を喚起します。[*6] ラスキンがイギリス近代の新たな工業的製造過程や製作物のなかに、まさに深刻に感受した人間の魂の喪失や物の生命性の欠如に対する驚愕。そして、ラスキンのその魂の回復やいのちの回生への果敢な挑戦。そのためにホイスは、ラスキンを国民経済学の確立というアイデアに挑戦したすばらしい著述家であり、美術史家であったと評価して、いわば時代の反逆者であり、その行為は明らかにひとつの冒険であったとしています。ここで、ホイスの指摘がきわめて興味深いのは、ラスキンの国民経済学への言及です。このラスキン経済学に関しては、また後で少し述べたいと思います。

ホイスはさらにイギリスにウィリアム・モリスのアーツアンドクラフツ運動の足跡を訪ねたときの話や、それに続くドイツのダルムシュタット芸術家村運動などを経てドイツ工作連盟の活動の歴程をたどるのですが、ホイスは講演の最後に、この運動を通して「質とはなにか」とあらためて問うならば、「質とは」簡潔にいって「Das Anständige（ダス・アンシュテンディゲ）である」と答えます。この言葉は、私には、日本語ですと「礼節をわきまえているもの」、「誠実な礼節の態度」だと聞こえます。言いかえれば、物や環境が人のあるべき姿と同じように礼節をわきまえている、ある礼節の態度だと聞こえてくるのです。この元の語の「anständig」という形容詞には、礼儀正しい、丁寧な、正直な、誠実な、上品な、礼節を知った、折り目正しい、といった意味があり、「人としての尊厳を守る過不足のない誠実な質の規範」とでも呼んだらよいのでしょうか。これは東洋的あるいは日本的な人倫としての礼節の観念とも通底するような言葉ではないかと思うのですが、それがどのような形で具現化されてきたかということについては、ドイツ工作連盟の具体的な活動を現実に見ていく必要があるでしょう。先に見てきた住宅や住環境の豊かな質の規範は、まさに人に対するその誠実な礼節の態度の表われ、ホイスのいう「Das Anständige」にほかならないのではないかと思います。

デザインの歴史が美術史や展覧会という文脈のなかで語られるかぎり、どうしても、作られた物の造形的な様式やデザイナーの造形思想や方法の特質に光が当てられることになりますけれども、デザインが万人の生活基盤の質の形成を主題として選択し、それを目標とするのであれば、デザインは広く社会的な、かつ文明的な課題とつながっていることが分かります。ドイツ工作連盟の設立と推進に深く関与した先の二人の政治家の思想と行動はまさにそのことを——デザイン運動とはなにか、なんであったかを——あらためて私たちに伝えるものではないでしょうか。デザインの在り方は、デザインをどう捉えるかという政治の思想とも、また経済の思想とも深くつながっているのです。

ベーレンスの活動の背景——ラーテナウの思想と経済政策

一方、このドイツ工作連盟の設立前後における同時代のデザイン活動の状況を少し振り返ってみますと、デザイン史のうえで一般的によく特記されるペーター・ベーレンスの活動が想い起こされます。そのベーレンスといえば、とくに一九〇〇年代の初頭から展開されたベルリンのアルゲマイネ電気会社（AEG）における電気湯沸かし器やアーク燈の製品デザインからタービン工場の設計、さらには製品カタログや販売用パンフレットなどのタイポグラフィ・デザインに及ぶ企業のトータル・デザインの先駆者としてよく知られています。（図51）また、ベーレンスが後に「ミスター・ヴェルクブント」と呼ばれたほどにドイツ工作連盟の大きな牽引力となったことも、ベーレンスの門弟からル・コルビュジエやバウハウスの創設者ヴァルター・グロピウスが輩出したことなども、同様によく知られるところです。そして、デザイン史では、一九〇七年には、ベーレンスはアルゲマイネ電気会社の社長エミール・ラーテナウにより同社の芸術顧問に招かれたと紹介されているのが一般的です。

私は一九九〇年にデュッセルドルフで大規模なペーター・ベーレンス展にはじめて出会い、フォークやスプーン、あるいはタイプフェイスなどの小さなものの細部にまで工匠的な造形の神経がいきとどいていることや斬新な舞台美術のモデルなどにたいへん感動して以来、ベーレンスは私にとって書物上の人ではなく特別な存在となったのですが、しかし、ここでは、ベーレンスとの関係でむしろ挿話的に、その背景にあった当時のドイツにおける経済理論と経済政策のもうひとつの事例にふれておきたいと思います。

ベーレンスが一九〇七年（ドイツ工作連盟設立の年）にアルゲマイネ電気会社の社長エミール・

51 ペーター・ベーレンスのデザインによるアルゲマイネ電気会社の「電気湯沸かし器」一九〇二—二二年、撮影：林達雄（豊田市美術館蔵）

ラーテナウより同社の芸術顧問に招かれたときには、実は、同社の運営はエミール・ラーテナウからすでに息子のヴァルター・ラーテナウの手に移っていました。ベーレンスとの直接の交流もヴァルターの方であったと考えられます。このヴァルター・ラーテナウは有能な経営者であったばかりでなく、経済理論、経済政策に通じ、第一次世界大戦後のドイツ復旧のために、ヴァイマール・新生ドイツ共和国の復興相としても、後に外相としても、ドイツの再建に努めた人です。

このヴァルター・ラーテナウは、第一次大戦後のドイツにおける「共同経済論」という経済政策の実践と構想を通じて、日本の知識人、とりわけ経済学者や社会学者にも大きな影響を与えました。ラーテナウが日本の知識人に与えた影響は、とくに第一次大戦中に書かれた『来るべき事(Von Kommenden Dingen)』(一九一七年)と『新しい経済(Die neue Wirtschaft)』(一九一八年)という二つの著作であったといわれています。[*7] ラーテナウはナウマンのドイツ民主党に所属し経済思想もナウマンと同じように資本主義と社会主義との協調にもとづいていました。このラーテナウの「共同経済」という新しい経済理念も、企業の営利欲に代わって、経営者と労働者とが社会の福祉と繁栄に対して共通の責任をもつという、ともに社会的なパートナーシップを自覚する機能的な新しい資本主義を構想したものでした。ラーテナウはそのような経済政策の展開によってドイツ再建の道標をつくったのだといえます。

私は個人的には、後に、ヴァルター・ラーテナウが、少年時代に家庭的に芸術の心を学び、青年時代に哲学と文学の研究に没頭する一方、大学では新しい自然科学的認識の獲得に傾注したこと、一九一三年に『精神のメカニック（Zur Mechanik des Geistes）』という著作で「生物世界」や後のフッサールの「生活世界」[*8]にもつながるような「生」の新たな意味に考察のまなざしを向けていることを知って、この考察は、その生い立ちとともにラーテナウの経済思想の背景をなすものではないかという想像を及ぼしています。一九一〇年頃には、現代の生活環境の質や環境問題を考えるうえで、今日なお啓発的なヤーコブ・フォン・ユクスキュルの生物学的世界観にもとづく「生物と人間の固有の〈意味〉の環境世界」説もすでに提起されていたからです。[*9] しかしながら、ラーテナウは、一九二二年、惜しくもベルリンで反動派によって暗殺されてしまうのです。デザイン史のうえでは、工作連盟（ヴェルクブント）運動の背景には、先の事例とともに、こうした経済思想やその具体化政策のあったことも、また、そのデザインとの関係性も、併せて考察することが大切であり、今後の一つの課題でもあると思います。

しかし一方、新生ドイツ共和国の命運も、ナチズムの台頭によって十数年で尽き、バウハウスも閉鎖、ドイツ工作連盟も解散となって、ドイツは間もなくナチズムの暗黒時代へと没入していってしまいます。第二次世界大戦後、ドイツの国土はソ連と連合国側とによって東西に分断されてしまい、西ドイツは連合国軍の占領下に置かれ自由主義、民主主義国家として再興されていきます。しかし、経済の思想は戦勝国アメリカの市場主義に左右されることなく、社会的共通資本を重視したヴァイマール精神が堅持されて、「社会市場経済」という固有の資本主義経済の政策がとられていきます。そのことが、先に見た土地・住宅政策によってはじめて真に豊かさのある住まいや住環境の実現を可能としたのだといえます。

他方、第二次大戦後の日本においては、先の一九二〇年代の資本主義の転化と修正という課題をめぐるドイツ経済思想の議論と研究の系譜は萎えて、生活経済の在り方はアメリカ型の市場至上主義経済と大衆消費社会の方向へと向かってしまいます。デザインの在り方も、大勢はこうした文脈のなかで捉えられてきたのだといえます。

*1　私にとって、なおウルム造形大学での驚きのひとつに、ブラウン社のデザイン像確立のために同大に委託された製品の新しいデザイン(一九五五—五六年)との——ある聖性が顕在するような——感動的な出会いがあります。なかでも、後に「白雪姫の柩」という愛称で呼ばれるようになるステレオ・レコード・プレーヤーSK4が完成したところでした。同大のハンス・ギュジョロのデザインで、ブラウン社から入社したばかりのディーター・ラ

ムスが協力したものでした。ミュンヘンの工作連盟の「住まいの相談所」では、ちょうどそれらのブラウン製品を、ノル社の家具や北欧のテーブルウェアなどとコーディネートした住まい方の環境的配慮の指針を示すモデル・ルームが公開されていました。それもまた、実に新鮮な驚きでした。

*2

参考までに、今日なおデザインの規範となる一九四〇年代末から五〇年代の刊行物を少しだけあげておきたいと思います。一九四九年にスイス工作連盟の委嘱でマックス・ビルが組織した「良いフォルム」巡回展の素材を基礎に五二年に刊行されたビルの著作『フォルム(FORM)』(Max Bill, *FROM: Eine Bilanz über die Formentwicklung um die Mitte des XX. Jahrhunderts*, Karl Werner AG. Basel, 1952.)。これは二十世紀中葉における「良質なデザイン」を写真図版と論考とで展望したものです。選定された写真図版は二十世紀の科学や芸術が開示した新しい「形象」の世界を導入に、日常の器物や機器や家具などから自動車、航空機、橋梁、高圧線マスト、住宅、ジードルングなど広く環境形成の対象全体に及びます。やはりビルの著作で、すばらしい設計の多くの橋梁を残したロベール・マイヤール(一八七二―一九四〇年)の作品モノグラフィ(Max Bill, *Robert Maillart*, Verlag für Architektur, Zürich, 1949.)。リヒャルト・パウル・ローゼの著作『新しい展示デザイン』(Richard P. Lohse, *Neue Ausstellungsgestaltung*, Verlag für Architektur, Zürich, 1953.)。これは展示方法をシステムとして捉えた先駆的な展示デザインの範例集です。そのほか、五三年ベルンでデザイナーのマルセル・ヴィス、ディーター・ロートと詩人のオイゲン・ゴムリンガーによって発刊された『spirale(シュピラーレ)―新しい芸術のための国際誌』(八号以降の副題は「具体芸術と具体造形のための国際誌」。六四年の九号で終刊。*spirale Internationale Zeitschrift für Konkrete Kunst und Gestaltung*, Marcel Wyss, Dieter Roth and Eugen Gomringer eds., spiral press, Bern, 1953–1964.)。これは、ビルが推進してきた具体芸術(Konkrete Kunst)の展開や試みを多面的に特集した運動誌です。同五三年のシュピラーレ・プレスによるゴムリンガーの最初の具体詩(Konkrete Poesie)詩集『コンステラツィオーネン(星座)』(Eugen Gomringer, *konstellationen constellations constelaciones*, spiral press, Bern, 1953.)の刊行。スイスのニュー・グラフィックデザイン運動と呼ばれ世界に波及した、ローゼ、ヨーゼフ・ミューラー=ブロックマン、ハンス・ノイブルク、カルロ・L・ヴィヴァレリィの協同編集による『Neue Grafik』の刊行(一九五八年創刊、六五年の十七/十八号で終刊。*Neue Grafik New Graphic Design Graphisme actuel, International Review of graphic design and related subjects*, Richard P. Lohse, J. Müller-Brockmann, Hans Neuburg and Carlo L. Vivarelli eds., Verlag Otto Walter AG, Olten, 1958–1965.)などです。

なかでも、冒頭の三冊の著書はウルム造形大学の推薦図書で、教科書でした。また、カール・ゲルストナーの『Kalte Kunst?(冷たい芸術?)』(Karl Gerstner, *Kalte Kunst?: zum Standort der heutigen Malerei*, Verlag Arthur Niggli, Teufen, 1957.)や『デザイニング・プログラム』(Karl Gerstner, *Programme entwerfen*, Verlag Arthur Niggli AG, Teufen, 1964. 英語版 Designing Programmes の邦訳:カール・ゲルストナー『デザイニング・プログラム』朝倉直巳訳、美術出版社、一九六六年)も今日なお興味深い著作です。

*3 宇沢弘文『社会的共通資本』岩波書店(岩波新書)二〇〇〇年、二十二頁

*4 暉峻淑子『豊かさとは何か』岩波書店(岩波新書)一九八九年、五十四—五十七頁

*5 Theodor Heuss, *Was ist Qualität?: zur Geschichte und zur Aufgabe des Deutschen Werkbundes*, Rainer Wunderlich Verlag Hermann Leins, Tübingen und Stuttgart, 1951, pp. 5–6.

*6 前掲書、*Was ist Qualität?*, pp. 9–10.

*7 柳澤治「戦前日本の統制経済論とドイツの経済思想—資本主義の転化・修正をめぐって」、『思想』九二一号所収、岩波書店、二〇〇一年二月、一二〇—一四四頁

*8 「生活世界(Lebenswelt)」は、フッサールの最後期の思想の中心概念で、二十世紀の哲学・社会理論に大きな影響を与えました。それは、フッサールの著作『ヨーロッパ諸学の危機と超越論的現象学』(細谷恒夫・木田元訳、中央公論社、一九七四年。中央文庫、一九九五年。原著一九三六年)に代表されます。「生」に対する意味を見失ったヨーロッパ近代科学の客観主義を批判し、いっさいの学に先立つ「生活世界」への帰還を思索の出発点としました。

*9 ヤーコプ・フォン・ユクスキュル、ゲオルク・クリサート『生物から見た世界』日高敏隆・野田保之訳、岩波書店(岩波文庫)二〇〇五年

W

ヴォルフ Wolf, K.L.

真・真理 Wahrheit

ヴァイマール Weimar

ヴァイツゼッカー Weizsäcker, R. v.

叡智 Weisheit/wisdom

富 wealth

学・科学 Wissenschaft

ヴェルクブント・工作連盟 Werkbund

知覚 Wahrnehmung

ウィーナー Wiener, N.

生成・なる Werden

相互作用 Wechselwirkung

和辻哲郎 Watsuji T.

ワーズワース Wordsworth, W.

道・心・方途・方向・方法・過程 Weg/way

ヴァイル Weyl, H.

constellation[w] **Weg/way**

二十一世紀のあるべき生活世界の道

中欧の復活とデザインの思想

この章ではヴェルクブント（Werkbund 工作連盟）との関連で、なお「w」の語群にとどまって、二十一世紀のあるべき生活世界の道や心や方途、ヴェーク、ウェイ（Weg/way）について考えたいと思います。二十世紀最後の十年の始まりにさいして、一九九〇年と九一年に、私は、二十一世紀の生活世界の在り方を考えるうえで、貴重な二つの経験をしました。しかし、その二つは、なにか特別に新奇な話題ではなくて、先の工作連盟の歴史とつながった現代の課題の新たな体験です。

その一つは、一九九〇年十月三日の東西ドイツの統一に合わせ、その十一日から十四日にかけてオーストリアのウィーンで開催された初の「中欧デザイン会議」の体験でした。その一年前、一九八九年十一月九日に、世界にとって予想を超えた劇的な出来事が起こりました。東西冷戦の象徴であったベルリンの壁の崩壊です。歓喜とともに肩を組み、抱擁し合う東西ドイツ市民の姿がテレビで全世界に伝えられました。この出来事の契機となった東欧諸国の自由化への運動の加速化とともに、早くもその一年後に東西ドイツの統一が実現したのでした。この出来事はただ東西ドイツの統一という意味だけではなくて、欧州が東西対決から統合への新しい時代に開かれたことを意味しました。言いかえれば、それは一九三〇年代以降、ナチズムとスターリニズムとによって東西に分断されていた中欧——ドイツ語でいうミッテルオイローパ(Mitteleuropa)——の復活でもありました。この「中欧デザイン会議」はその「中欧復活」に、その新たなヨーロッパ統合の時代にいち早く呼応した、オーストリア工作連盟を主な推進母体とした社会的・文化的運動のアクションでした。この会議の目的は、中欧が文化として共有する十九世紀末から二十世紀にかけての芸術・デザイン運動の精神を再検討し、中欧の精神や文化のアイデンティティをあらためて再確認しようとするものでした。そのうえで、中欧における生活世界の新しいヨーロッパ像に向けて、デザイン推進の共通の理念と共同のネットワークとを再形成しようという壮大な試みでした。

中欧——ミッテルオイローパ——とは地域的には、東西はロシアとフランスとの間、南北は北海・バルト海とアドリア海との間を指しますが、しかし、この「中欧」とは、単に地域的な概念ではなく、むしろこの地域のゲルマン、スラブ、マジャール、ユダヤ、ラテンなど、それら多民族の長い交わりのなかで育まれた、いわば万華鏡のような多様性に満ちた文化とその魂のアイデンティティを指す概念なのです。ですから、ヨーロッパ大陸の人びとにとっては、この「ミッテルオイローパ」という言葉は聞いただけでも胸の熱くなるような表象性をもつものなのです。

したがって、会議の参加国は、オランダ、ベルギー、フランス、イタリア、スイス、ルクセンブルク、オーストリア、旧東西ドイツ、ハンガリー、チェコスロヴァキア、ポーランド、ユーゴスラビア、ルーマニアにおよび、まだソ連と緊張関係にあったバルト三国からはラトビアが代表としてようやく開会に間に合って、万雷の拍手で迎え入れられるという感動的な場面もあり、かつまた近代デザイン運動において中欧と共通の知的教養の基盤をもつ北欧四国がオブザーバーとしてまるで応援団のように参集して、会場は熱い空気で充たされていました。私は極東よりただ一人オブザーバーとして参加していたのですが、その会議の思いを自分も共有するかのように熱くなっていました。

そして、会議ははじめに、互いに中欧文化のアイデンティティを検証するために、北欧四国を除く参加国すべてがそれぞれ近代のプロジェクトとしてユートピアをめざして芸術・デザイン運動をどのように展開してきたかというスライド投影も含めたプレゼンテーションを行いました。それぞれの展開は国や民族によって特色があり、独自の芸術・デザイン運動の特質が提示されました。その文化の差異や特質を確認しながら、同時にすべての国の運動が、根底には、イギリスのジョン・ラスキンやウィリアム・モリス以来の芸術・デザイン運動の理念を継承してドイツで興り、オーストリア、スイスから東欧や北欧の諸国に及んだ工作連盟運動とその生活世界における社会資本の質的形成にも寄与したデザインの規範精神を互いに共有しているのだ、ということが中欧文化のアイデンティティであると再確認されたのでした。最終の会議総括におけるその確認と採択のプロセスは実に感動的でした。ここヨーロッパにおいては、まさに西欧近代デザインの歴史はこうして現実に生きているのです。

そしてこの会議は、その前後から堰を切ったようにドイツを中心に開かれていた中欧諸国の近代芸術・デザイン運動の各種の展覧会とともに、ヨーロッパ東西が共有していた十九世紀末から二十世紀初頭のユートピアに向けた壮大な実験の鉱脈を再び現前化させたといえます。先述のように、この試みは中欧の復活とともに新しいヨーロッパ統合の時代にいち早く呼応した新たなデザイン運動で、現在のヨーロッパ連合（EU）の社会的・文化的課題とも深くつながっています。ヨーロッパ連合発足の意味については、日本では一般的に経済的・市場的な面からのみ理解されていますけれども、しかしそれはきわめて一面的で、実際は二十一世紀への、ヨーロッパの新しいユートピア像に向けた壮大な社会変革の歩みにほかなりません。中欧デザイン会議は、互いに確認された中欧文化の歴史的・精神的アイデンティティのうえに立って、再び広く開かれた十九世紀末から二十世紀初頭におけるヨーロッパ像形成の鉱脈を二十一世紀の新しいヨーロッパ像の形成に向けて再編しようとする動きなのだといえます。

こうした歴史的な背景として、先に述べたドイツ工作連盟の創設者の一人、フリードリッヒ・ナウマンのミッテルオイローパ統合案(一九一五年)やオーストリアの政治学者クーデンホーフェ＝カレルギの汎ヨーロッパ連盟案(一九二三年)、その後のドナウ連邦案(一九三二年)などで描かれてきた新しいヨーロッパ・ユートピア像の夢が併せて想い起こされます。

中欧デザイン会議でアジアと日本の歌人を思う

この会議を通して深く考えさせられたことの一つは、アジアのなかの日本という問題でした。アジアのアイデンティティとはなにか、東アジアのそれとはなにか、とりわけ、日本、中国、韓国など東北アジアのそれとはなにか、果たしてアジアの統合は可能か、なにを共有のものとしてアジアの統合がありうるのか、といった自らを問わなければならないたいへん困難な問題でした。しかし、世界的な視野のなかで、少なくとも、東アジアの文化が共有する歴史的・精神的アイデンティティへの問いと、相互の連帯の絆を深めていく努力の営みは、私たちにとって今や欠かすことのできない課題ではないでしょうか。

この会議において、一方で私はウィーンを流れるドナウ河を眺め、上流にウルムを、下流にブダペストを思いながら、シュワイガー＝レルヒエンフェルトの『ドナウ河』という本を愛してドナウの源流を遡り、ドナウ河に多民族の融和を見た日本の歌人のことを想い起こしていました。一九二〇年代前半のウィーンとミュンヘンに医学者として留学していた斎藤茂吉のことです。茂吉はこの経験を紀行文の名作といわれる「ドナウ源流行」という随筆にまとめています。[*1] 茂吉が愛読したその本には、ドナウ河を中心とした地理学・水路学・船舶学・人類学・考古学・博物学・歴史などの記述があって、しかも同じ大河でもヴォルガとドナウとでは趣きの違いがあるといった内容に彼は引き込まれていった様子です。

茂吉はドナウの源流を実地に見たいと思い、一九二四年のある日、ミュンヘンからアウグスブルグ、ウルムを経てシュトゥットガルトの方へ行く急行列車に乗ります。途中、ウルムで下車して、ウルムのドナウ河畔を散策した後に、ヨーロッパで一番高いといわれる大聖堂（ミュンスター）の尖塔に登って遥か眼下に細く銀色に光って流れるドナウを眺めます。ここは私もしばしば登った塔頂です。茂吉は西方にドナウの源を探し、東方にオーストリア、ハンガリー、バルカンの諸国、ルーマニア、ブルガリアなどを経て黒海へと至るドナウの行方に視線を走らせ、『ドナウ河』に描かれたドナウを介した諸民族の興亡と融合の歴史に思いを馳せるのでした。そして、そのドナウ河に排他的な民族主義を超越した越境性と民族融和の媒介性を見いだしていたのです。茂吉はそこにアジア再生の思いを重ねていたのではないかともいわれています。

確かに、そのドナウを介した中欧には多様な民族を抱えて六四〇年存続したハプスブルク帝国の伝統があり、その文化を引き継ぎながら発達した近代都市のネットワークが地域や民族を超えて芸術や学問の交流を盛んなものとし、とりわけ世紀末ウィーンからヴァイマール時代の中欧において——ロシアとの交流も含めて——多様な近代の芸術・デザイン運動が同時的に大きく開花したのでした。中欧デザイン会議のいまひとつの目的はその越境的なネットワークと人的交流の新たな再興にあったといえます。

一九九四年にドイツ・エッセンでシュテファン・レンギエル、ヘルマン・シュトゥルム、ノルベルト・ボルツのデコード・ワーキンググループが企画開催した「ヨーロッパのデザイン—デザインと政治の使命」という最初のEUデザイン会議はその中欧デザイン会議を引き継ぐ新たなネットワーク形成と人的交流の主要な具体化のひとつで、そのさいEU諸国におけるデザイン教育機関相互の——学生の相互移動学習も含む——ネットワーク構築の端緒もできたのでした。[*2]その会議のテーマはEUにおけるデザインのアイデンティティをめぐる問題で、デザイン関係者と政治家との討議の場でもありました。私も「日本文化とデザイン」というテーマで講演に招かれ、ここでも、EUの政治を含む社会的・文化的活動の在り方を知るうえでたいへん貴重な経験をしました。

いま一度、中欧デザイン会議に戻って、会議総括において採択されたもうひとつの感銘深い宣言をとりあげておきたいと思います。それは中欧文化の歴史的・精神的アイデンティティに照らして「中欧におけるデザイン活動は、アメリカ型の消費社会のためのデザイン行為にはいっさい寄与しない」というものでした。これは、アメリカ型のグローバリゼーションや市場原理主義とは、ある一線を画するEU政治とも連接(リンク)した二十一世紀のあるべきデザイン姿勢の表明であるといえます。アメリカ型いかんを問わず消費社会を目的化した市場主義経済がいかに頽廃しているか、これは今や誰の目にも明らかだと思います。目的化した消費・市場主義経済に軸足を置かないデザインとはなにか、その意味と在り方を探ることは、今や広く世界のデザインに課せられています。

新たなデザインのモデルネ――文明の転換へ向けて

いまひとつの一九九一年の経験とは、ドイツ工作連盟が二十一世紀に向けて新しい生活世界の理念と問題を考え、それを次世紀へと提言していこうという近代デザインのまた新たなる挑戦の始動でした。一九九一年十一月一日と二日に、ドイツ・ヘッセン州の小都市ダルムシュタット芸術家村（キュンストラー・コロニー）で、二十一世紀の生活世界のために「文明の在り方を検討する国際的なラボ――文明研究所（仮）――を発足させよう」という構想討議の国際会議が開催されました。その構想討議の招待スピーカーは、ドイツ、オーストリア、イタリアなどヨーロッパ圏から二十三人と日本からの私とで、それぞれ人文・社会・自然科学、芸術、建築、デザインの専門家たち。さらに政治・行政、企業、市民団体、ジャーナリズムなどからオブザーバー四十人を加えて、この構想をめぐって二日間、たいへん活発な熱い討論（ディベート）が交わされました。

私にとってこの会議もまた新たな感動的な経験となりました。ひとつに、こうした国を超えた領域横断的で公開討議ともいえる社会に開かれたディベートの経験はまったくはじめてでした。このことから、社会形成のプロセスに関する情報公開の民主化やコミュニケーションの公共性の実現が市民社会における近代性（モデルネ）の重要な課題であったことが直ちに想い起こされました。実は、近代デザインの成立過程において、印刷媒体のデザインが、単に産業社会の商業的な目的だけでなく、むしろ民主的市民社会における人びとの情報の共有性・公共性の開かれたメディアとして、新たにコミュニケーションという概念で捉えられていくのも、こうした近代性の意識と深くつながっていたのだといえます。

本題の文明研究所設立の構想は工作連盟の委嘱で同会員のダルムシュタット工科大学教授のベルント・モイラー（私にとっては、ウルム造形大学でのクラスメイト）によって起草され、現代の新たな「モデルネ」の運動として提起されたものですが、まさに、この構想をめぐる討論では「近代化の在り方」があらためて議論の大きなテーマとなりました。その内容は全体を通してきわめて革新的なもので、このことはまた後で述べたいと思います。

ちょうど、この会議の年の初めに、モイラーからこの草案と十一月の構想討議への招聘状（共通の師、トーマス・マルドナード先生の希望でと書き添えられた）を受け取ったとき、私には、その草案からすぐさま一九七〇年代末から八〇年代初頭におけるポストモダン論争のさいに提起されたユルゲン・ハーバーマスの「近代（モデルネ）のプロジェクトはいまだ未完」とするアドルノ賞受賞記念講演（一九八〇年）の言説[*3]や、ウルム造形大学運動の未完の持続的動態が想い起こされました。モイラーの構想の背景には、明らかに近代社会における公共性、合理性、倫理性の実現といったモデルネや、ウルム造形大学の理念が継承されていたからです。まさにモデルネは未完、モデルネの運動は生きているのだと思いました。そのことをあらためて強く喚起させられたのが、その十一月のダルムシュタット会議の討論でした。

この会議の開催地、ダルムシュタット芸術家村は、十九世紀末のドイツ・ユーゲントシュテイル運動の一つの拠点であり、イギリスのジョン・ラスキン、ウィリアム・モリスから工作連盟、バウハウスへと至る近代デザイン運動のドイツへの歴史的な中継点でした。二十世紀の終わりにあたってこの記念すべき地で再び新しいモデルネの運動が始まろうとしていることに、私はすでにつよく心を動かされていました。

ダルムシュタット芸術家村で

おそらく、デザイン史でも近年では、この芸術家村について語られる機会はほとんどないかもしれませんので、会議の討議内容について述べる前に、少しだけこの地の履歴をたどってみたいと思います。この芸術家村が建設されたのは十九世紀最後の年から二十世紀初頭にかけてで、イギリスのヴィクトリア女王の孫にあたるヘッセン大公エルンスト・ルードヴィッヒの構想が実っ

52 （上） ヨーゼフ・マリア・オルブリッヒ設計「大公成婚記念塔」撮影：著者、一九九一年、ドイツ・ダルムシュタット

53 （下） ヨーゼフ・マリア・オルブリッヒ設計「エルンスト・ルードヴィッヒ館」芸術家のアトリエ、撮影：著者、一九九一年、ドイツ・ダルムシュタット

たものでした。ラスキンやモリスのアーツアンドクラフツ運動に啓発された大公は、ヘッセンの生活工芸の質を高めることで大公国の、ひいては統一間もないドイツの文化と経済に寄与しようと考え、世紀末ウィーン文化の担い手の一人ヨーゼフ・マリア・オルブリッヒやミュンヘンの——その頃まだ画家で工芸家であった——ペーター・ベーレンスをはじめ七人の芸術家を招いて、新しいアーツアンドクラフツ運動のセンターとしてこの芸術家村を建設したのでした。

マティルデの丘に建設されたこの芸術家村は、芸術家の共同アトリエのエルンスト・ルードヴィッヒ館と大公成婚記念塔を中心に、そのゆるやかな南斜面をぬって芸術家たちとその関係者たちの家々が配されています。（図52・53）それらの建物のほとんどがオルブリッヒによる設計なのですが、ベーレンスの自邸は、絵画や工芸の仕事から建築へと向かう自らの試金石としての処女作で、オルブリッヒの自作の自邸とそれぞれ異なる優雅さで対照をなして、そのいずれもが、私をいつも魅了する建築です。（図54）

このマティルデの丘は、現在ユーゲントシュテイル美術館として公開されているルードヴィッヒ館や芸術家の家々とともに心やすらぐ市民の散策や憩いの場所となっていますが、デザインを歩む私たちにとっては、近代デザインの歴程において多くのきわめて濃密な記憶を蔵した場所であるといえます。

たとえば、この半世紀を振り返るだけでも、一九七〇年代にベルリンへ移る前のバウハウス・アーカイヴとその活動もこのルードヴィッヒ館内で推進されてきたことや、現在ブラウン社のデザイン博物館になっている建物には、一九五三年に設立されたドイツデザイン評議会(ジャーマン・デザイン・カウンシル)の――一九八七年のフランクフルト移転までの――事務局とアーカイヴの長い活動の記憶が刻まれていることなどが想い起こされます。そうした場所の歴史の記憶と

54 ペーター・ベーレンス設計の自邸、撮影:著者、一九九一年、ドイツ・ダルムシュタット

は、単にそこに存在する建物や器物やドキュメントだけではなくて、その背後の有名・無名を問わずそれらの記録や研究に情熱をもって着実に献身した人びとの活動の足跡でもあり、私にとっては、そうした人びととの記憶がマティルデの丘の大気をいっそう濃密なものにしています。

自己再生的文明の形成と近代(モデルネ)の再確認

本題の会議はすべて討論の形で進められるという前提でしたので、討論が自国語ではないこともあって、私はあらかじめモイラー草案に対する自分の見解を「自己再生的文明の形成について」[*4]というドイツ語テキストで用意していました。会議の前夜、モイラーがそのテキストに目を通すや否や、会議は冒頭の提言として私のそのスピーチで始めることになってしまいました。

私のテキストの内容は、その大半はこれまで武蔵野美術大学基礎デザイン学科の一年生のデザイン論の講義で話してきた内容とも重なるもので、「現代文明の構造についての考察」と「新たな文明形成のための試論」という二つの問題を述べたものでした。ここでは、この内容のごく概略だけを述べておきますと、「文明の構造」については、文明の現状認識のための考察で、現代の生活世界を覆う技術連関（テクノロジーの進化史的なレイヤー）としての環境を人間の身体の拡張という観点から捉えて文明的身体（第二の自然）とし、その構造を道具や機械やメディアの発展段階や社会の発展段階などと重ね合わせて、私たちは今日いったいどのような文明世界に生活しているのかを多層的に読み込んでみたものです。そして、表題の「自己再生的文明の形成」というのは、その多層的な文明構造の根底にある原初的な自然の大地に根ざす生活世界の循環リズムと同期して自己再生を果たしていくような技術文明（第二の自然）の新たな可能性の姿というものを試論として描いてみたものです。

この私の文明形成の試論は幸いポジティヴに受け止められ、厳しい文明批判をはじめ文明形成のための活発な討論の口火となりました。そのために文明認識の多様な視点も提起されて、近代文明、すなわち技術や産業や市場経済による近代化を社会的・文化的観点からあるべき生活世界の「近代性」へと向けて豊かに再編していくための近代のプロジェクトであった、そのデザイン運動の歴史についても、あらためて再点検するという問題の討論に至りました。

ここでは興味深いことに、トーマス・マルドナードによって、「近代化（Modernisierung）」と「近代性（Modernität）」という概念の相違について、あらためて概念規定がなされ、生活世界にとって重要なのは「近代化」そのものではなくて、「近代性」であるということが再確認される場面もありました。ちなみに、これまで、私は度々「近代性」に「モデルネ」を当てて話をしてきましたが、より正確にはこの「近代性（Modernität）」を形成するプロジェクトや姿勢や運動そのものが「モデルネ（Moderne）」なのです。

デザイン運動史の再点検という議論との関連で注目すべきことは、この機会を一九一四年のドイツ工作連盟ケルン総会におけるような時代の大きな転換点としたいという見解が集約されたことでした。このケルン総会では、当初から工作連盟に内在した二つの考え方「規格化を推進すべきだとする考え方」と「個性主義を維持しようとする考え方」が、明らかな対立として表面化しました。それは工作連盟の目標として「規格化」の推進を主張したヘルマン・ムテジウスと、それに対する創造的な芸術家的「個性主義」を支持したアンリ・ヴァン・ド・ヴェルドとの意見の対立という出来事としてよく知られています。そしてこの機会が工作連盟の運動において「規格化」の推進というプロジェクトに取り組む大きな転換点となっていきます。

「規格化」というと、訳語の意味作用の問題もあって、日本では、今日の生活環境の画一化や均一化という問題の元凶のように理解されることもありますけれども、しかし、「規格化」の原義は「タイプ化」することで、いわゆる「規格化」もその一部に含む質的な評価基準の範例化がその根本の精神なのです。こうした精神が先に述べた住宅や住環境の規範にもつながっているのです。

文明ラボラトリウム――自省的文明の形成をめざして

では、現代にあっては、いったいなにがそのような先覚的なテーマとなりうるか。そして、そのために、この文明研究所という場がいったいどのような役割を演じるべきなのか。

この「文明の在り方を検討する国際的なラボ」の設立という構想の前提には、いうまでもなく一九一四年というほぼ一世紀近くも前の二十世紀初頭の課題とは大きく異なる世界の近代化過程に対する新たな多くの課題が横たわっています。

その主な課題のいくつかをあげてみますと、ひとつは、科学技術と機械化産業とによって近代が求めてきた豊かさへの指向性が等しく人類全体の幸福に必ずしもむすびつかず、先進工業国の物の過剰と発展途上国の窮乏といった深刻な南北格差の拡大――さらには南南格差――の問題、またひとつは、人類が共有する天然資源の枯渇や地球温暖化による自然環境の激変など、すでに一九七二年にローマ・クラブによって提起された「成長の限界――人類の危機」[*5]という警鐘に対するその予兆の急速な現実化の問題、またひとつは、東西冷戦構造の解体による資本主義対社会主義という解釈枠組みの崩壊や市場のグローバリゼーションなどの問題、またひとつは、IT革命ともいわれるような文明のインターネット社会への大きな変容の問題、いまひとつは、達成された近代社会が機能的に分化したシステム群の構成によって高度な複雑性をもち、ハーバーマスが「無視界性」と呼ぶ未来への視界が開けないという不確実性や不予測性など文明社会自体の複雑性に起因する諸問題などです。

こうした世界の現実や時代状況にあっては、デザインという行為が単に様式や在来の造形原理や概念や制度によっては、もはや新たな生活世界のための社会的・倫理的な規範を示しえないのはいうまでもありません。デザインという行為そのものが自己変革されなければなりません。そして、これまでのモデルネの運動を超えた生活世界形成のための新たな挑戦が必要です。こうした問題意識がこの「文明のラボ」という大きな課題設定へとつながっていました。

これまで仮に「文明研究所」という訳語を与えてきた「ラボ」というのは、ドイツ語の呼称では「Laboratorium der Zivilisation（ラボラトリウム・デア・ツィヴィリザツィオーン）」といい、「文明のラボラトリウム」「文明のラボ」ということです。周知のことかもしれませんが、「ラボラトリウム」という語は「研究所」や「研究室」に対応するもので、なかでも自然科学的な実験や試験を行う施設や機関を指すのが一般的でした。この命名はデザインの自己変革と文明形成のためのそのような「実験のラボ」という志向性を表わしています。しかも、このラボは文明形成に向けたデザインと諸科学・諸分野との相互変革のための思考実験の場として、かつ――単に各専門知のパッチワークではない——新たな学際的、横断的な総合知の生成装置として構想されたのでした。私がこの「ラボ」を別の機会に「文明実験センター」という呼称で紹介してきたのも、こうした構想の経緯を表象したいと思ったからです。

討議の過程では、この「ラボラトリウム」は文明の「オブザヴァトリウム（天文台・観測所）」でもあるべきだという見解も提起されました。こうした議論でも明らかなように、このラボの機能や役割は、何らかのデザイン対象物に対して具体的なデザインの解を出していくのではなくて、文明過程の観測から、絶えずなすべき新しいテーマや課題を創造し、それらの思考実験の呈示（プレゼンテーション）によって不断の自己変革をしていくという活動を目的としたものなのです。

討議されたテーマや課題は、現代の加速的に進展・変容する文明環境との連関で、変化のための設計、理解のための設計といった新しいデザイン方法論の問題から、社会構造、産業構造、労働形態、生活形態などの変化の問題、新たなデジタル・メディア環境とコミュニケーションの問題等々ときわめて多岐にわたり、ここでそれらの全体を語ることはできませんが、一九九四年の第三回国際会議のテーマとなった「使用の再点検」という問題は一緒に考えていただきたいテーマとしてあげておきたいと思います。このテーマは専門や学習の段階などを問わず、それぞれの立場の経験から容易に考察していくことが可能なたいへん重要な問題であると思うからです。近代デザインは「役に立つ・有用な（ユースフル）」といった「使用（ユース）」の問題と深くむすびついて展開されてきました。私はこの会議での講演のさいには、問題を遡って「civilization（文明）」の語源である「civilize」に内在する「自然を人為化する」といった原義から、自然を使用の対象として発展を遂げてきた文明の問題を出発点に、日常生活における「使用」の問題を再考してみました。結局のところ現代にあっては、「規格化」といったただ一つの規範システムの概念で世界や時代の転換を促すことは、まったく困難です。全体を通して合意されたことは、この思考実験・問題提起型の「文明のラボ」というデザインの自己変革と諸領域との相互変革のプロジェクトこそが、まさに現代の推進すべき先覚的なテーマであるという認識の一致でした。会議では、「近代化」をあらためて「不断の反省にもとづく自己回帰的形成のプロセス」と捉えて「自省的文明（レフレクシーヴェ・ツィヴィリザツィオーン）(Reflexive Zivilisation)」の形成という新たな概念の適用がこのプロジェクトの羅針盤となりました。

文明のラボ——理念とプロジェクトの動態

この「自省的文明」の「自省的」という語は、ニクラス・ルーマンのオートポイエーシス概念を取り入れた社会システム理論の「自己言及」概念とも連関する鍵概念のひとつ「Reflexion（レフレクシオン 反射・反省・省察）」の適用で、その形容詞の「reflexiv（レフレクシーヴ）」です。この語は社会システム理論においては、だいたい「自省的」、「再帰的」、「自己再帰的」、「自己回帰的」などの訳語で用いられています。また、この名詞に「自照」という訳を当てている場合もあります。

ルーマンといえば、ハーバーマスとの論争が有名です。ルーマンが「理性の啓蒙の終焉」、すなわち「近代の終焉」を謳うのに対して、ハーバーマスは先にも少しふれましたように「啓蒙的理性」の自己実現という近代のプロジェクトはいまだ未完であり、さらに貫徹されなければならないとして、ルーマンを批判し啓蒙的理性の復権を唱えました。ちなみに、近年、いくつもの訳書によって日本でも知られるようになったノルベルト・ボルツのデザイン論はルーマンの社会システム理論を根底に措いています。

右のハーバーマスとルーマンとの関係は、社会思想史的な文脈では、モダン対ポストモダンといった対立図式の観点から捉えられることが一般的かもしれません。けれども、この「文明のラボ」の討議では、一方で「啓蒙的理性」の立脚点から「近代（モデルネ）を未完」として、このラボの活動をまた新たなモデルネへの挑戦としながらも、他方では、「規範」をハーバーマスのようには重視しないルーマンのオートポイエーシス理論にもとづく社会システム理論のモデルがこの文明形成の展開プロセスへと適用されていきました。こうした事態の経験のなかで、私はこの「近代化」の問題については、単に、モダンか、ポストモダンか、といった二項の対立図式には還元しえない――整序された学術的な記述とは異なる――問題の弾力的・複合的な動態把握の必要性を強く感じました。

この「自省的文明」の形成という社会システム理論のモデルとは、ここには、自己言及的・自己回帰的に絶えず自己を変革（メタモルフォーゼ）していく自己創出的（オートポエティック）な生命システムの形成モデルが重ねられています。しかし、ここでの自省的文明の形成という概念の解釈については、（この会議での私の冒頭の発言に含まれていたことなのですが）私は、むしろ現代へと拡張してこれらの理論モデルに重ねることが可能なゲーテの「原像とメタモルフォーゼ」という形態学的（モルフォロギッシュ）な形成運動による生動的な把握の方が望ましいと思っています。なぜなら、デザインという行為がその根本においては生活世界の広義の美の意を求める形成活動であるからで、この形成モデルには、すべてをメタモルフォーゼという変革の遠心的な力動性の運動にのみ委ねてしまうだけではなく、求心的な自己を省みるさいの「原像」という呼応概念も含まれているからです。

「k」章のゲーテがイタリア旅行において「原植物」という直観を確信し、植物の全形成過程（メタモルフォーゼ）を包含する「原葉」という概念を発見したときの光景や「u」章の「原像とメタモルフォーゼ」の章をいまいちど想い起こしていただきたいと思います。

この「文明のラボ」の活動は、あらかじめ規範や目標を定めず、思考実験による自己変革のなかから新たな規範や方向を創出していく行き方ですが、しかし同時にモデルネの運動の継承という「原像」を反射鏡にしています。未来がいかに不予測、不確実であっても、あるべき生活世界とは、真の豊かさとは、生きがいのある社会とは、といった「問いとしての原像」は絶えず変革者自らの念頭にあるべきでしょう。あまりにアナーキーになりすぎたポストモダンの言説からの脱出も必要です。

この「文明のラボ」のプロジェクトは、ほかに「空間の未来」、ダルムシュタット市をモデルとしたケーススタディ「生成するプロセスとしての都市」といった国際会議を通して種々の問題提起を行いました。しかし、このプロジェクトは一九九六年に、この運動の継続のためにはデザインと諸科学との国際的な共同研究によるイノベーションのための新たな人材の育成機関が必要であるとして「ダルムシュタット・イノヴァティオーン・コレーク」という大学院大学のような機構の設立構想を最終の問題提起として終了しました。この「文明のラボ」という国際的な学際・業際的共同討議の方法自体も、まさに工作連盟の活動を世界的な知のコラボレーションへと拡張した自己変革の実験であったといえます。

この「文明のラボ」の国際討議の参加者は、全体を通して、文化史家で当時のドイツ工作連盟会長であったヘルマン・グラーザーをはじめベルリン・バウハウス・アーカイヴ館長のペーター・ハーン、デッサウ・バウハウス館長のロルフ・クーン、元ウルム造形大学学長のマルドナード、元同大講師で『ulm』誌の共同編集者であったグイ・ボンジーぺといったドイツの近代デザイン運動の文脈に連関する人びとだけにとどまらず、専門や思想においても、きわめて多様な構成でした。たとえば、日本でも知られている脱構築主義の建築思想家でベルリンのユダヤ博物館の設計者、ダニエル・リベスキンド（米）、ミラノ・サローネの会場やトリノ・ペリモンテ州庁舎などの設計者、マッシミリアーノ・フクサス（伊）、グローバリゼーションに対抗する枠組みを提起した『グローバリゼーションの時代─国家主権のゆくえ』（一九九九年、平凡社）の著者で『現代思想』（二〇〇三年五月号）でも特集された社会学・経済学者のサスキア・サッセン（米）、『ドラキュラの遺言』（産業図書、一九九八年）や『グラモフォン・フィルム・タイプライター』（筑摩書房、一九九九年）の著者でラカンやフーコーの思想に大きな影響を受けた文芸・メディア評論家のフリードリッヒ・キットラー（独）といった顔ぶれも、この共同討議者でした。

この「ラボ」の実質的な活動期間はわずか五年でしたが、この活動の意義はドイツの進歩的なメディアのひとつ『DER SPIEGEL』誌の一九九五年の「デザインの世紀」特集号においてその二十世紀デザイン年表の最後を記すものとなりました。年表には、「文明ラボラトリウム」が、その起案者であるベルント・モイラー教授と、共同起案者で当時のドイツ工作連盟事務局長であったレギネ・ハルター博士の写真とともに紹介されています。（図55）

[CHRONIK]

Großraumlimousine Renault Espace

Türdrücker von Alessandro Mendini 1987 für FSB Brakel

Kronleuchter „Weaner Blut" von Volker Albus 1987

Tische „Tom Tom & Tam Tam" von Konstantin Grcic 1992

1984
Mit dem Renault Espace beginnt die Van-Ära in Europa.
Philippe Starck richtet das Café Costes in Paris ein.

1987
Für die Documenta 8 stellt Michael Erlhoff die Design-Tendenzen der achtziger Jahre zusammen.

1990
Das Design hat Türgriffe und Zahnbürsten erreicht.

1992
Der Theoretiker des neuen deutschen Design, Christian Borngräber, stirbt.

1995
Design zwischen neuer Bescheidenheit und alter Gemütlichkeit

Frogdesign

1969 gründete Hartmut Esslinger (*1944) noch während des Studiums sein Design-Büro, das seit 1982 unter dem Namen Frogdesign firmiert. Nach frühen Erfolgen mit Hifi-Geräten für Wega und Armaturen für Grohe wurde das mittlerweile in Silicon Valley angesiedelte Büro in den achtziger Jahren vor allem durch Computergehäuse für Apple und NeXT bekannt. Wie Dieter Rams ist Hartmut Esslinger Porsche-Fahrer, seine Arbeiten hat er im Verhältnis zum Braun-Chef-Designer einmal so charakterisiert: „Die Entwürfe von Dieter Rams sind cool wie das Modern Jazz Quartet, unsere sind heiß wie die Rolling Stones."

Hartmut Esslinger

Philippe Starck

Der französische Designer (*1949) entwarf für Staatspräsident Mitterrand ebenso wie für jeden anderen Zähneputzer. Starcks Stühle, Lampen und Tische mit ihrer Mischung aus organischen Formen, dünnen Stäben und polierten Oberflächen machten Design in den achtziger Jahren populär und – erschwinglich. Vor Starck war Design etwas für Technikbegeisterte – mit ihm wurde es zum Begriff für Wohngegenstände.

Zahnbürste von Philippe Starck 1990

Neue Trends

Das Design der neunziger Jahre schwankt zwischen neuer Einfachheit und alter Behaglichkeit. Neobarocke Gläser und minimalistischer Plattenverbund gehören ebenso zu den aktuellen Tendenzen wie naturbelassene Oberflächen für den Öko-Fan. Protagonist der Reduktion auf das Notwendige ist der Brite Jasper Morrison. Für die Wiederkehr des Dekorativen, das so schön zur Lebensform des „Cocooning" (sich einspinnen) paßt, stehen Borek Sipek und Matteo Thun. Neu in den Neunzigern: Die Verbindung vergangener Stilelemente mit gegenwärtiger Technik in hochwertigen Retro-Look-Produkten. Und über allem: Der Tausendsassa Philippe Starck.

Jasper Morrison: Regalsystem „Alpha" 1994

Laboratorium der Zivilisation

Regine Halter und Bernd Meurer

1991 begann in Darmstadt das mit dem Werkbund verbundene, von Regine Halter und Bernd Meurer geleitete „Laboratorium der Zivilisation" seine Arbeit: eine Akademie ohne feste Mitglieder für die Untersuchung der Zusammenhänge von Design und Nutzern, an der unter Design freilich anderes verstanden wird als exquisite Oberflächengestaltung. Der Theorie-Workshop mit praktischen Konsequenzen beschäftigt sich mit „Entwürfen des Verstehens" und dem Zusammenhang von technischen und psychosozialen Neuerungen ebenso wie mit der Verknüpfung von virtuellen und realen Räumen.

„Wohnen von Sinnen"
Ausstellungstitel von Volker Albus 1987

SPIEGEL special 6/1995 97

55
『DER SPIEGEL』誌の「デザインの世紀」特集号における二十世紀デザイン年表。左下が「文明ラボラトリウム」の紹介。眼鏡の人物がモイラー教授、その左がハルター博士（*DER SPIEGEL*, special No.6, SPIEGEL-Verlag Rudolf Augstein GmbH & Co. KG, Hamburg, 1995, p. 97.）

日本の近代化の問題を省みる——漱石の言葉から

話の経緯が輻輳(ふくそう)して少し長くなりましたが、この「ラボ」の活動を通じて絶えず私の念頭にあって深く考えさせられたことは、日本の近代化の問題でした。日本は確かに近代化を成し遂げましたが、しかしあるべき近代性の形成を果たして実現できたのだろうか、という問題です。しかも、明治以降の近代化のなかで、風土や歴史に根ざした日本固有の暮らしや住まいの文化を継承して、近代市民社会にふさわしい生活様式の規範原型ともいうべき暮らしや住まいの新しいかたちが果たして形成されてきたのだろうか、そして、そのための日本固有の——後述の「内発的」な——近代性形成のための持続的なデザインの運動があったのだろうか、という問題です。これは、これまで述べてきたような文脈において、否といわざるをえません。

しかし、これらは私が西欧デザインのモデルネに眼を開かされて以来の疑問で、そのことが私自身の今日にいたる教育を介したデザインの運動にもつながっていることなのですが、この「文明のラボ」の経験によって、あらためてこの日本の近代化の過程と、自らも生きた戦後半世紀とを反省しなければなりませんでした。

このことで絶えず想い起こされるのは、一九一一(明治四四)年、和歌山市で行われた夏目漱石の「現代日本の開化」と題する講演のなかの有名な言葉です。[*6] 日本の近代化を考えるうえで、多くの人に参照されている言葉ですが、「西洋の開化は内発的であって、日本の開化は外発的である」という見解です。それはどういうことかというと、内発的とは内から自然に出て発展するという意味でちょうど花が開くようにおのずから蕾(つぼみ)がやぶれて花弁が外に向かうのをいい、また外発的とは外からおっかぶさったほかの力でやむをえず一種の形式をとるのを指したつもりなのである、と漱石はいいます。そして、日本の開化はそのような外発的なものゆえに、「皮相上滑りの開化」であると呼んだのでした。

日本の明治の開国は外圧によるものでしたし、日本の近代化、文明開化は、まさに外発的な西欧化の過程であり、しかもこの戦後六十年にしてもアメリカを手本としその外圧のもとの外発的な発展の過程であったといえます。漱石はここではその「皮相上滑りの開化」を超える具体的な処方を示してはいませんが、「開化への推移はどうしても内発的でなければ嘘だ」といっているのが、きわめて重要な問題提起であり、今日なお私たちに課せられた切実な問題であるといえます。

私は、この漱石の「内発的」という言葉を想い起こすたびに、ゲーテの「原像とメタモルフォーゼ」の形成運動をイメージしてしまいます。その内発的とは「内から自然に出て発展するという意味でちょうど花が開くように……」という比喩からも、いっそうこの形成運動と重ねて捉えてしまいます。「内から自然に出て発展する」とは、固有の「自然、風土、歴史、文化」に根ざす「原像」とその生成発展としての「メタモルフォーゼ」の運動にほかならず、そこに、固有の内発的な形成運動の創造性が鋭く捉えられているからです。

先に、工作連盟のデザイン運動との連関で述べたスイスやスウェーデンやドイツにおける住宅や家具や日常の製品など、その生活環境の質の形成プロセスについて、もう一度想い起こしていただきたいと思います。それは、近代化の過程において、各国が相互の影響をもちながらも、自然・風土・歴史に根ざしたそれぞれの国や民族固有の暮らしや住まいの文化を継承して、近代市民社会にふさわしい生活様式の規範原型ともいうべき暮らしや住まいの新しいそれぞれのかたちを創出していくプロセスの光景でした。

これは、ひとつ一つの国や民族固有の内側から自律的にあるべき近代性のかたちを形成していく、まさに「内発的」な運動の発展のプロセスであったといえます。中欧諸国が共有するアイデンティティを確認する中欧デザイン会議のプロセスや「文明のラボ」の思考実験による自己変革のプロセスにしても、まさにそのような内発的な形成運動にほかなりませんでした。近代化における日本のデザインの発展もこうした内発性の観点から新たに検証され、自らの変革が急務の課題であると考えます。

このことと連関して、日本のなかでも、戦後の反省期でもあった一九七〇年代から八〇年代にかけて社会学、経済学、思想史などの立場で日本の近代化や世界の近代化そのものを日本の経験にもとづいて捉え直す固有の理論的な創出の試みがなされてきて、そのことが、私にとっては日本の近代化とデザインの問題を考えるうえで啓発的でした。

そのひとつは社会学者、鶴見和子氏の「内発的発展論」という独自な近代化理論の展開でした。鶴見氏がアメリカで学んだ社会学者、タルコット・パーソンズの近代化理論における鍵概念が「endogenous（内発的）」と「exogenous（外発的）」という表現によるものでした。この場合、内発的とは、イギリスをはじめ西欧諸国の近代化・発展過程を指すのに対して、外発的とは、非西欧社会、アジアの日本、韓国、中国、そして中近東そのほかのアジア諸国、ラテン・アメリカ、アフリカなど、これらの近代化後発国としての非西欧社会の発展過程を指す概念でした。後から遅れて近代化に入る国は、学ぶべき先発国の近代化モデル、手本がすでにあるから有利で早くに近代化が可能であるという考えに立脚して、後発の非西欧社会の近代化を「外発的な発展」としたのだといいます。

しかし、鶴見氏はその発展の型を二つのいずれかに分ける二元論に疑問をもち、後発国でも内発的な発展は、外発的な発展と同時にひとつの社会で起こりうると考え、「内発的発展論」という独自な近代化論のテーマを掲げます。ところが、劇作家の木下順二の「日本人」というテーマのシンポジウムでの話を読んで、はじめて漱石がパーソンズよりも五十年前に「外発的」と「内発的」という概念で近代化を捉えていたことを知って驚きます。しかも、その二つの概念での発展過程の捉え方が漱石とパーソンズとではまったく正反対であったことです。漱石は外発的な発展を有利とするのではなくて、外発的であっても、内発的であるのが本当だとしているからです。このことで、鶴見氏が自らの「内発的発展論」という提題に確信を強めたことはいうまでもありませんが、私は、鶴見氏がその自らの理論展開と行動とによって漱石の苦悩をわがものとして克服しようとしている姿勢にたいへん強く共感しました。少し長くなりますが、そのことがよく表われている一節をつぎにあげておきたいと思います。

漱石は、日本の近代化が外発的であることを批判的にとらえることによって、後発国日本もまた、内発的に発展すべきだということを、言外に示唆した。もしわたくしたちが時間をかけ、その気になって、外来のものと、在来のものとを、たたかいあわせ、あるいはむすびあわせることをとおして、双方を創りかえてゆくことができれば、その時に、後発国においても、内発的開化が可能となるであろう。そのような判断を前提としなければ、漱石の批判は、その意味を失う。漱石は、外来と在来との関係の構造に着目した点で、両者を二者択一として類別したパースンズよりも、今日の後発国先発国をふくめた発展のプロセスにおける、内発性、創造性の問題を、鋭くとらえた、ということができる。[*7]

この文章につなげて、鶴見氏はメキシコのインド哲学の専門家から、最近、「メキシコをふくむラテン・アメリカ諸国で「auto-generativo」な（自律的に生成される）文化、または発展を求める声があがっている」という話を聞いたとして、この「自律的に生成される」という概念の方がパーソンズの「endogenous」という語よりも発展における「内発性」の意味をより的確に言い当てている、といっています。

このひと言がまた私にはたいへん興味深く、この「自己生成的」な概念は、ルーマンの話ですでにふれたチリの生物学者、マトゥラーナとバレーラが一九七〇年代初めに提起した「オートポイエーシス理論」の影響ではないかと想像されるからです。補足すれば、これは、エネルギーや物質を環境から受け入れはするものの外部システムの作動には関与せず、自己は自身をもとに自らを創出していくという生命システムの自己形成理論であり、先にも述べましたように「原像とメタモルフォーゼ」という形成運動と重ねて捉えていくことが可能であるからです。

ラテン・アメリカでの、その文化形成や発展への自己生成的な要請は、当然のことながら、文化も、文明も、その根底において、その地域固有の生命性と深くつながっていることを表わしています。

内発性の源泉——地域文化の固有性と生命

いま、私は「文化も、文明も、その根底において、その地域固有の生命性と深くつながっている」といいましたけれども、この「地域固有の生命性」こそが、あるべき近代化や発展の内発性の源であると考えています。これまでことばの表現は異なっても再三述べてきましたように、それは、その地域の自然・風土・歴史にもとづいた固有の生活文化であり、その地域文化の「個性」とも「いのち」ともいえるもので、根本において、その地域固有の「大地に根ざすもの、大地に発するもの」だといえます。この「大地」とは、そこに特有の自然環境において人と動植物とが織りなす文化としての固有の共生活圏のことなのです。ここでいう「大地」とは、一方では固有の「土地」の問題で、これをどう認識するかという問題がありますが、このことについては、後で少し述べたいと思います。

しかし、私がこうした認識に至った契機には、とくに二つのことが強く作用しています。ひとつは、デザインを学ぶために一時期学生生活を送った西洋での生活経験です。言いかえれば、その自然、風土、歴史、言語、暮らし方、住まい、食事、道具等々の、それらの大きな文化的差異の体験によるものです。その経験からあらためて自国の文化への問い――自国といっても、とくに国家という近代の枠組みを超えた――日本という列島の地域固有の文化への思いが自覚的に強められました。

私が生活したウルムという地域は西南ドイツの、かつてのヴュルテンベルク大公国のなかの自由主義として知られるシュワーベン州の小都市です。その日常言語は日本で習う標準語といわれる高地ドイツ語の素養では、ほとんど聞き取れないシュウエービシュとよばれる方言でこの地域の人びとの誇りのひとつです。その言葉は、スカンジナヴィアへ続く北ドイツよりもはるかに冬のきびしいこの南のシュワーベンの大地と、そこに生成する動植物や衣食住や道具のいのちとも深くつながっています。また、そうした大地とむすびついた地域固有の諸制度が近代国家になっても――改革されつつ――地域文化の「いのち」として生きつづけているのです。[*8]

こうした地域固有の生活・言語などの相違や特色は単にウルムだけではなく、地方分権的なドイツ全体にも、またヨーロッパ全体にもいえることで、それは、日本が近代化のために、その富国強兵のために手本としてきた一元的なドイツ像とは、あるいは西洋像とは、まったく異なるきわめて多様性に富んだ、たいへん豊かなものでした。こうした地域の多様性には、ほんとうに眼を開かされる思いでした。この経験からは、同時に、東京育ちの私にとって戦時中の学童疎開と戦災で焼け出された後の縁故疎開とではじめて体験した山村や農村のその地域固有の大地から得た自然の豊かな恵みと生の驚きや喜びが――まったく同じ経験の地平として――想い起こされたのでした。日本も、実に多様で豊かであった、いや、ほんとうはいまなお多様で豊かであるのです。

しかしながら、周知のように、日本は、徳川幕藩体制から生じた中央集権化を明治維新以降の近代化とりわけ廃藩置県の断行によって強化し、実際は手本とした西欧先進国の近代国家の形とは逆の、一点中心型の統治構造の展開によって地域の自律性の基盤を奪い、いまや画一日本のなかで、多様で豊かなかけがえのない地域の価値の命脈が危機に及んでいます。これは、今日、現実に目の当たりにする通りで、まさに内発性の命脈の危機であるともいえます。

自然科学による新たな生命観――生命と情報

もうひとつの契機は、一九五〇年代から六〇年代に自然科学によってもたらされた新たな「生命観」とそれにもとづく重要な概念との出会いです。その主なものは、第一にサイバネティックス、第二に負エントロピー、第三に「情報」という概念を含む分子生物学や分子遺伝学の新たな知見です。いまここで、これらについてもひとつ一つお話しする余裕はありませんけれども、私が眼を開かされた問題に少しだけふれておきたいと思います。

なかでも、負エントロピーについては、前に一度、マックス・ベンゼの情報美学との連関で、分子生物学的な生命像の先駆けとなったエルヴィン・シュレーディンガーの著作『生命とは何か——物理的にみた生細胞』における「生物体は負エントロピーを食べて生きている」という言葉にふれました。私はこの言葉から、いつもベルグソンの『創造的進化』（一九〇七年）のなかで出会った「生命には物質のくだる坂をのぼろうとする努力がある」という感動的なことばを想い起こします。ベルグソンはそのような生命の力、生の躍動を「生命のはずみ（エラン・ヴィタール）」と呼んだのでした。「物質のくだる坂」とは、すでに熱力学のエントロピー増大則——無秩序・混沌・一様化（死）へと向かう自然の非可逆性——の時間の流れを表象するものでした。私は、それに抗う生命の可逆運動が、物質の内部にありながらも、自由をわけもつ「生命の創造行為」であるというベルグソンの生命の捉え方に強く共感してきました。

その生命の可逆運動を表わす新たな「負エントロピー」という概念やノーバート・ウィーナーによって創始された「サイバネティックス」という生命システム論や分子生物学・分子遺伝学な

どにおける情報概念などとの出会いは、私にとっては、まさに閃光のように、その宇宙内存在としての生命を、その創造行為を、その全体性において直覚する契機となりました。生命、物質、情報、環境など、これらはそれぞれ個別の存在としてあるのではなくて、まさにひとつのことなのだ、と。しかも、ちょうど同時代に発生した水俣病をはじめとする公害や環境汚染といった生活世界のきわめて具体的かつ衝撃的な経験とによって、私たち人間も自然の一部であるということの自覚と、その生命の全体的連関性に対する認識とが、まさに現実のものとして一段と強く覚醒させられたのでした。

もうひとつの重要な経験は、ウィーナーの生命観から、私たちの「知る」ことと「伝える」ことの基底にあるのは「生きる」こと、すなわち「生命の原活動である」という認識に、あらためて眼を開かされたことでした。そして、日本語では「情報」と訳されている「information」という語の原義には、まさに、この「知る」と「伝える」という二つの意味が含まれているのでした。このことが契機となって、私はこの「information」という語義を調べてみましたが、一般の英和辞典でも確かめられますように、この動詞の「inform」という語はラテン語の「形を与える」という語義に由来し、「……［の本質・生命など］を特徴(性格)づける」「……に魂を入れる、生命を吹き込む」などといった根原的な意味があり、本質的に生命の「自己創出」と「世界創出」という両義的な「生命の創造行為」そのものを意味の源としているのでした。

こうした生命についての新たな知見から、私は生命とデザインという行為との根原的なつながりを直観させられました。そして、「information」とは、「inform」する「action」（行為）のことですが、これはまさに「デザイン」という行為そのものではないかと思いました。コミュニケーションのデザインにしても、道具や機械などプロダクトのデザインにしても、住まいや都市など住環境のデザインにしても、それらのデザイン行為は、すべて「inform」や「information」の原義とも深くつながっています。それらは、すべて物質に新たな生命を与え私たちの「生きる」基盤を形成して、私たちの新たな「生きる（生命の）」力を創造する行為であるからです。デザインという行為の発生は、根原的には、先の「知る」ことと「伝える」ことの基底にある「生きる」という生命の原活動としての創造行為に遡行するものではないでしょうか。

こうした観点から、私は、デザインという行為の意味については、ただ単に「近代デザイン」という近代化固有の現象としてのみ捉えるのではなくて、同時に人類史をさかのぼり、人間の表象行為や道具製作などの創造の始源に想像を及ぼす必要性があると考えました。このことは近代化や発展の内発性のいまひとつの源であり、地域文化の問題性とも、「生命」の働きということを介して、まさに重なっているからです。

ここには、地域文化の固有性・特殊性こそ、その生命的な価値によって普遍であるといったテーマが内在しています。ちょうど「身振り」の章で述べましたように、文化の多元性、多様性こそ生命原理を介して普遍的であるという認識とまさに重なるテーマです。ちなみに、この「身振り」という現象や概念への――先に述べることのできなかった――着目のもうひとつの視点は、デザイン行為を人間の表象行為や道具製作などの始源や地域文化などから探査・考察するさいと新たなプロジェクトを構想するさいの方法概念としての役割です。なぜなら身振りは人間の表象行為や道具製作の原像あるいは源であり、同時に新たな想像力の源であるからです。

デザイン行為とあるべき生活（生）世界の形成

私は、抽象的な表現ですが、デザインとは、「あるべき生活世界の形成である」という見解を繰り返してきました。この「生活世界」の「生活」とはいったいなにか、あらためて「生活」とは、まさに世界を「生かし」そして「生きる」という「生命の原活動」なのだという認識を一段と深めて、その「生活世界の形成」という概念や問題提起に確信を強めたのも、先の地域文化固有の経験や生命観との出会いが強く働いています。この「生活」とは、「生」の全体性、言いかえれば「生」という語義の全体を包含するものです。ですから、「生活世界」とは「生世界」といってもよいのです。しばしば「生の全体性としての生活世界の形成」という言い方をしてきましたのも、そのためです。

ここで、「生」といっているのは、一方では、英語の「life」やドイツ語の「Leben」やフランス語「vie」などの意味に対応するもので、生命、生存、生活、生計、暮らし方、生き方、活動、生涯、人生、人びとの関係、生気、生命あるもの、生物などといったそれらの語義やそれらの動詞にも及ぶすべての意味を含んでいます。それに対して、日本語における漢字の「生」は欧米語の同義を含みながらも、より「生」の根原性としての「生成」や「生命(いのち)の誕生」を意味する「なる」や「うまれる」という語義を源泉としていて、より強い「生命(いのち)」との意味の連関性を基底に措いています。(図56) 白川静氏の『字通』によれば、そのことは「生」という漢字の象形性にもいえることで、その形は「草の生え出る形、発芽生成の象を示す文字で、すべて新しい生命のおこること」を意味するものであるといいます。植物の生成とは、まさに生命の原初形態です。(図57)

こうしてみると、私たちが日々行っている「生活」とは、いかに文明が進展しようとも、その語義を振り返るだけで、自然を生命として生きているのだということが分かります。「生活世界」といいますと、少し抽象的に聞こえますが、「生活」ということばや行為から、日常、私たち人間も自然の一部であり、生きものであるという世界の感覚をもつことが重要なのだと思います。

うまれる　うむ
はえる　あらわれる
なる　成　ある　存
いきる　活　いかす
人　いきかた　計　くらす
共　生　生　いき　息
いのち　命　産　なりわい　業
一　そだつ　育　おいる　涯
気　いきもの　物
死　回　うまれかわる
態
圏

生

56（上）著者による「生」のコンステレーション、二〇〇三年
57（下）「生」の字形（白川静『字通』平凡社、一九九六年、八九五頁）

このように、life, Leben, vie などの欧米語を含む「生」という語の意味の広がりに示されていますように、デザインという行為は、まさに、人の生命や生存の基盤と安全、日々の暮らし方・生き方や生きる方法、人びとの生きるあらゆる社会的な営みやコミュニケーションなどに及ぶ、人の誕生から死までの生のプロセス全体と、生命の源泉としての自然や生あるものとの共生関係などを包容する「あるべき生活（生）世界の形成」に広く深くかかわるものだといえます。

繰り返しになりますが、デザインという創造行為は、まさに全体としての「生」の基盤の充実、「生命」の生成や存在の意義と深くつながっているのです。ですから、デザインとは、その本質において、一般的な理解のされ方のような単に産業や経済や市場のための行為ではないのです。機械による近代産業社会に対して、あるべき生活世界や物を作る心の在り方を問うラスキンやモリスの近代デザインの初源的な姿勢も、その根本において「生」の充実、「生命」の意義と深くつながっていたのです。

*1　斎藤茂吉『斎藤茂吉随筆集』阿川弘之・北杜夫編、岩波書店（岩波文庫）、二〇〇三年、五十六―九十一頁（初出『中央公論』一九二六年六月号）

＊2　このデザイン教育機関相互のネットワークは、青空に浮かぶ美しい積雲になぞらえた「CUMULUS」という名称で国際的な活動を展開しています。

＊3　ユルゲン・ハーバーマス「近代　未完のプロジェクト」、ハーバーマス『近代　未完のプロジェクト』所収、三島憲一編訳、岩波書店（岩波現代文庫）二〇〇〇年

＊4　このテキストは、ドイツ工作連盟の機関誌『werk und zeit』4/91号に収録されてます。(Shutaro Mukai, Reflexive Zivilisation, pp. 4–5.)

＊5　D・H・メドウズ、D・L・メドウズ、J・ランダース、W・W・ベアランズ三世『成長の限界　ローマ・クラブ「人類の危機」レポート』大来佐武郎監訳、ダイヤモンド社、一九七二年

＊6　夏目漱石『漱石全集第十四巻　評論　雑論』漱石全集刊行会、一九二九年、二六二―二八一頁

＊7　鶴見和子「内発的発展論へむけて」『現代国際関係論―新しい国際秩序を求めて』所収、川田侃・三輪公忠編、東京大学出版会、一九八〇年、一九〇頁。現在、本論考の主要な部分は、鶴見和子『内発的発展論の展開』（筑摩書房、一九九六年）に再録。

＊8　当時、一方で、こうした体験から、一九二七年にベルリンで「風土性」の問題を考えはじめ、最初にこの言葉を使って風土性の理論を打ちだした和辻哲郎の著作『風土　人間学的考察』（岩波書店、一九三五年。現在は岩波文庫）を読んだときの感動とともに想い起こしていました。その「風土」とは、その場所固有の自然環境を指すだけでなく、そこで営まれる人びとの生活や行動などがひとつに織りなされた、その記憶の総体を表わすものでした。オギュスタン・ベルクもいうように和辻が切り開いた風土論には「近代」を超える新たな知の形態が示されていると思います。本書は「内発性」の課題とつなげて――デザインの概念としても――省みる検討の必要性があると思います。

ヴィーコ
Vico, G.

ヴァリエーション・変化・変奏
variation

表象
Vorstellung

視力・想像力・理想像・ヴィジョン
vision

均衡のとれた関係
Verhältnis

価値
value

ヴィジュアル・コミュニケーション
visual communication

振動
vibration

生・生命・生活
vie

予備教育課程・予備教程
Vorkurs

変化
Veränderung

富
wealth

あるべき生活世界の形成——真の価値と富とはなにか

「生」の充実——あるべき社会科学・ラスキン経済論の再考

　この章では、あるべき生活世界のための真の価値、すなわちヴァリュー（value 価値）とウェルス（wealth 富）とはなにかを考えてみたいと思います。

　「生」の充実といえば、すぐにジョン・ラスキンが想い起こされますが、興味深いことに、近年一九九〇年代初めから二〇〇〇年代にかけて、日本で久しく絶えていたラスキンの経済論の見直しが始まっています。たとえば、その再評価の主なものに、ラスキンを文化経済学の先覚者として位置づけその経済論の現代社会への理論的な適用の展開を構成したもの（池上惇『文化経済学のすすめ』丸善、ほか）、富の定義についてマルクスとの比較でラスキンの現代的意義を考察し、かつラスキンの経済思想から日本の伝統のなかにある同様の倫理的経済観の現代性を照射したもの

(川勝平太『富国有徳論』中公文庫)、ラスキンを、現在ヨーロッパ連合(EU)が推進する社会的経済(エコノミー・ソシアル)理論の思想の先覚者として位置づけ、物の豊かさではなく人間性や精神的な豊かさを根底におく、マハトマ・ガンディーも深い影響を受けた経済思想として、その現代的な意義に言及したもの(西川潤『人間のための経済学―開発と貧困を考える』岩波書店)などの論考があります。このラスキン再考の流れは、日本や世界の近代化を見直す思潮とも重なるものなのです。

こうした潮流を受けて私もラスキンの政治経済学の主著『この最後の者にも』と『ムネラ・プルウェリス』を再読しました。その前者で、「われわれは讃美、希望、愛に支えられて生きている」というワーズワースの詩の一節と重ねられた有名な「生なくして富は存在しない。生というのは、そのなかに愛の力、歓喜の力、讃美の力のすべてを包含するものである」[*1]という、生産の真の前提の意味を問う力強い言葉に再会して感動を新たにしました。これは、まさに「生」の充実、そして「生命」の尊厳を根底に据えた経済思想であり、あるべき経済学の規範的理論の提起であると思います。

ラスキンは家や国の経済を動かす人間の資格として、人間相互の社会的な情愛と均衡のとれた正義とを前提要件に据えます。ともかく深い「情愛」とともに「正直」であることが絶対の前提です。その論拠を明らかにするために、経済を単に商利的な金儲けの手段と捉えて行う人間のさまざまな不当な行為をあげているのですが、食品の偽装のような事例の指摘もあって、まるで今日の社会を映しだしているようで、ほんとうに驚かされます。現代のように経済成長至上主義と効率至上主義のもと、金儲け主義と金融市場に振り回されて正直に働く者がたえず泣きをみるような社会状況にあっては、ほんとうに、こうした倫理(エチカ)にもとづいた自然と人間の生の尊厳を守る政治経済の思想が社会や人間活動の中心を貫いていてほしいと痛感します。

ラスキン経済学において、現代的な意義のひとつとして、とくに私が言及しておきたいことは、『ムネラ・プルウェリス』[*2]の「富」の定義の章における価値ある物の「土地」についてです。ラスキンは社会の富を「価値ある物」と定義しますが、先の言葉のように、富とは「生」以外にはなく、富はそのような「生」の充実を真に支える物の力や働きであるとしてその価値の定義を行います。そして、そのような「生」を支える価値ある物の項目の筆頭にまず「土地」をあげていることと、その土地のつぎのような価値の捉え方が、たいへん注目に値します。

すなわち、土地は二重の価値をもつという。土地にはそれに付随する空気・水・諸生物(オーガニズム)が含まれるとして、その土地に続く湖や海も含めて、食物や動力を生みだす風土に根ざした土地の表面や内質といった価値と、風土や地勢の変化に根ざした美しさの享受と思索の対象として知力の源泉となるといった価値とがあるといいます。これは、まさに自然と人間との根原的な連関を深く見つめた生命的な価値の捉え方です。こうした土地へのまなざしによって、ラスキンが社会の変革や人間性の再建の根底に、自然と人間との根原的な関係の回復と自然や風景の生命性の覚醒を据えたことの意味があらためて喚起されるのではないでしょうか。

このラスキンの土地へのまなざしには、ほぼ一世紀後の一九七〇年代に入って急速に経済学をはじめ社会諸科学が——先述の新たな自然科学的生命観や公害・環境・資源などをめぐる諸問題によって——学問上の根本的な問い直しを迫られた問題とも重なるラスキンの先見性を見ることができます。それは、自然・生命・人間の問題です。たとえば、商品経済や市場経済を対象としてきた経済学においては、「生命」すなわち「生きているもの」を考察の対象とする根本的な変革が求められたといえます。

「土地」とはなにか

そうした文脈において、当時注目された書物のひとつにエルンスト・F・シューマッハーの『スモール イズ ビューティフル——人間中心の経済学』[*3]があります。シューマッハーは、ここで、従来、経済学では単に「生産の要素」として捉えられてきた「土地」の意味を根本から見直す必要性を提起します。その「正しい土地利用」の考察の章における「私がここで〈土地〉という場合、その上に住む生物も含まれる」という言葉はよく知られています。そして、土地は経済を超えるもの、経済以前のもの、ある意味で「聖なるもの」といってもよく、人間の造ったものではない固有の価値をもつと、捉え直していきます。

ここには、土地は市場の対象ではないという認識も示されています。土地が市場の対象として商品化されてしまうと、土地はもはや自然環境としての生命的な固有性を失ってしまいます。こうした認識は、すでに第二次大戦中、「人類経済学」の提起者であるカール・ポラニーによっても示されていて、土地の「経済的機能は、土地のもつ多くの生活機能のうちのただひとつにすぎない。それは、人間生活に安定性を与えるものである。すなわち、居住の場であり、肉体的安全のための一条件であり、風景であり、四季である。土地なしで生活していくと考えるのは、手足なしで生まれたことを想像するようなものである」[*4]という、その熱っぽい言葉も想い起こされます。

こうした「土地」の新たな認識のもとで、さらに、シューマッハーが近代工業社会の成立以降、工業生産の経済原理で捉えられてきた「農業」を「生命過程」として見直し、工業生産との根本的な相違を明らかにしていく考察も、きわめて重要です。農業は人間が生命・生きているものの自らの生成に協力する生産過程であって、生産や市場の効率性には適応しない工業とはまったく正反対の特質をもつ生産過程であるからです。シューマッハーはガンディーの思想に共感していたといいますから、こうした思索の展開はラスキンの思想の地脈とも、どこかでつながっていたのかもしれません。

ちなみに、今日、だれの眼にも明らですが、日本の（畜産業、林業、水産業を含む）農業は、その形成以来、最大の危機を迎えています。その危機は、まさに農業を工業生産の原理で捉えて推進してきた日本の農業政策――とりわけその破壊的ともいわれる――農業基本法などの誤った制度の展開結果にほかならないといわれます。[*5] 農業、農の営みは、いうまでもなく、地域固有の富の問題であり、農業の危機は、同時に地域の固有性という価値の命脈の危機だといえます。これは、まさに地域固有の「土地」の価値の認識とも深くつながる問題です。しかも、それは、私たち自らの生の根本的な基盤の崩壊とつながっています。

先のシューマッハーの問題提起と同時代には、一方、日本においても、社会と自然、社会と生命との接点を見つめて、生命系を根底において経済学を見直し固有の理論を創出していく試みが生まれてきます。たとえば、人間と自然との物質代謝＝エコシステムの新たな知見から生命系を根底に据えて近代経済学を再構築していく玉野井芳郎氏の理論展開もその主要なひとつだと思います。同氏の『エコノミーとエコロジー　広義の経済学への道』（みすず書房、一九七八年）や『生命系のエコノミー』（新評論、一九八二年）などの著作は農業と工業との本質的差異を近代経済学の――本書で新たに照射された理論の――諸論考から見直すうえでも、地域と内発的発展の問題を考えるうえでも、たいへん啓発的です。

当時、前者の書物からとくに興味深く学んだことは、ドイツ経済学の伝統のなかに地理学の影響が広く浸透しているということ、そのことによって、「地域の固有性」や「生活空間」や「風景・景観」といった概念や主題が社会・人文科学の対象となって、経済学においても考察の対象になっていくというドイツ経済学の歴史的な発展の経緯でした。しかも、同書に重ねて、植物学者、宮脇昭氏の『植物と人間―生物社会のバランス』（NHKブックス、一九七〇年）という著作をはじめドイツの潜在自然植生理論という植生学に関する論述から、その独自な植生学の研究成果を地理学の立場から地表の特徴や景観との関連で総合的に捉える植生地理学が発達したのだということもはじめて知りました。

今日では、こうした潜在自然植生理論や植生地理学の展開によって、社会・人文科学の立場でも、土地や地域の固有性といった価値の問題が、その土地や地域の微生物から人間を含む生物の生命圏としての表層土壌または地表土や潜在自然植生といったエコロジカルな特質と、その土地や地域の風景あるいは景観の美しさといった価値として――ラスキンによっても直覚されていた――

それぞれかけがえのない固有性、生命性として認識できるようになったのだということです。

この経緯について、もうひとつ視線を向けておきたいのは、先のような諸科学の合流あるいは相互浸透が——あるべき学問という志向性において——あるべき生の充実の基盤、あるべき生活世界の質の根底を形成する大きな力となっていくという学問の統合的作用の固有の価値の風景です。こうした広く深い科学的な認識が商利的な市場経済を抑止し生活を守る力となって、その国の「地域の固有性」の保全や「土地を市場の法則外」とする規則や建設法における「地表土の保護」といった制度化を可能としているのです。こうした意味からも、デザインという行為は諸科学との横断や連携が不可欠ですし、かつ横断・連携可能な想像力と創造性に富んだデザインの知とその形成基盤がなによりも必要だと思います。

デザイン啓蒙の思想とラスキンの価値論

先の現代経済学の分野におけるラスキン再評価の観点のひとつは、ラスキンの独自な物の価値、その「富」の捉え方にあります。私はこの価値論にあらためてふれて、すでに自分のなかの「デザインのモデルネ」という「経験としての文化」を遡行するような思いをしました。先に「u」章における「デザインの原像としての「モデルネ」」という項で、私がウルム造形大学で学んださいに、「モデルネ」と呼ばれる近代のプロジェクトとしての脈々たるデザイン運動の流れに眼を開かされたということについては述べました。

このデザイン運動を推進してきた人びとが共有する――まるでその生活圏に横溢する大気のような――歴史や思想の経験を、私は「経験としての文化」と名づけてきました。その言葉をはじめに与えた体験がウルムで最初に出会った、あの「スイス工作連盟とドイツ工作連盟の合同大会」でした。その講演と討議の熱気のなかで人びとに歴史を介して共有されているデザインの精神風土、その当体を、私は「経験としての文化」と呼んだのでした。そして、その経験はいつしか私にとっても「文化の記憶」として身体化されているのです。

私の思いがそのように「経験としての文化」を遡行したのは、ラスキンの価値論が単に物それ自体の価値の問題ではなくて、物の生成過程を含む価値の形成論であるからです。こうした価値の生成観は、必ずしもラスキンを意識することなしに、近代デザイン啓蒙の背景をなすあるべき合意の思想となっていたのではないかと思います。それは、後で述べますように、とりわけ、運動としてのデザイン教育の思想の根底とつよく響き合うものです。

少しラスキンの価値論を振り返ってみます。ラスキンが社会の富を「生」の充実を真に支える

「価値ある物」と定義したことは、すでに先に述べましたが、さらに、その価値には二つの属性があるとして、「intrinsic value（固有価値）」と「effectual value（有効価値）」という概念をあげます。そして、その二つの関係をつぎのように述べています。

物のもつ〔固有〕価値が有効な〔価値ある〕ものとなるためには、それを受け取る人の側において一定の状態が必要である。——中略——有効価値の生産はつねに二つの要請をふくむ。まず、本質的に有用な〔固有価値のある〕物を生産するということ、つぎにそれを使用する能力を生産するということが、これである。固有価値と受容能力が相伴う場合には「有効」価値、つまり富が存する。固有価値、受容能力のどちらかが欠ける場合には有効価値は存せず、すなわち、富は存しない。[*6]（〔　〕内は著者の補筆）

すなわち、価値の生産は「本質的に有用な〔固有価値のある〕物を生産するということ、つぎにそれを使用する能力を生産すること」であるという。言いかえれば、物の固有価値の生産と、その使用者の受容能力の生産ということになります。まさに、「物の固有価値を創出する」ということと、使用者の「物の固有価値を受容する能力を創出する」というこの二つの価値の形成観が、近代デザイン啓蒙の思想の背景をなしています。

しかし、この「固有価値（intrinsic value）」とはなにか。「intrinsic」という語は、先の引用の原訳では「本有的」とされていたのですが、これはラテン語の「内部の意から」に由来する語で、「価値・性質など」本来備わっている、固有の、本質的な」という意味で、ここでは――引用部分も――一般的な「固有」という訳語に――なお原訳で「実効的」とされる「effectual」を「有効」という訳語に――置き換えています。ラスキンはこの固有価値を「任意の物のもつ、生を支える絶対的な力である」といいます。少し長くなりますが、これに続く言葉もあげてみたいと思います。

一定の品質・重量の一束の小麦は、そのなかに人体の実質を保持する計量可能な力を持ち、一立方フィートの清浄な空気は、人間の体温を保持するひとつの固定した力を、また一定の美しさの一群の草花は、五感および心情を鼓舞し活気づけるひとつの固定した力をもっている。人びとが小麦なり空気なり草花なりを拒もうと軽蔑しようと、それはこれらのものの固有価値にすこしも影響するものではない。使用されるかどうかにかかわりなく、それら自身の力がそのうちに存していて、この独自の力は他のどんなもののうちにも存しはしない。*7

右の事例は、小麦、空気、草花といった生命的な自然物を対象としています。したがって、それらは人が作るまったくの人工物とは異なり、おのずから生成される――かけがえのない――固有性をもっています。しかし、いうまでもなく、人が作る、人が生産する物も、その自然物の固有性と同様に――かけがえのないといえるような――本質的に有用な固有の価値をもった物の製作や生産が要請されています。

ラスキンにとって、この「本質的に有用な固有の価値をもった物」とは、人の幸福と健康を増進させ、真に生の充実を持続的に支えて、全的に生活の質を形成する物で、これが社会の「富」となるものです。ですから、それ以外の物は有害な物で、生を破壊するような軍備などに至っては、いうまでもなく、ラスキンのいう「富(wealth)」とは反対の「害物(illth)」なのです。

このような「生の充実、全的な生活の質の形成」という富の考え方は、先に述べてきた生活環境の全的な質の向上をめざして展開された工作連盟のデザイン運動の呼吸とまさに相即するものです。しかも、物の固有価値が、有効な価値として真に「富」となるためには、使用者の受容する能力や志向性に依存し、その受容能力の生産――すなわち、使用する個々人の価値の固有性に対する感受性、判断力、享受する力など広く潜在能力を解放していくための啓発的・創造的な教育――が必要であるとする価値の捉え方も、まさにデザイン運動とひとつにつながっている問題意識です。

なぜなら、デザイン運動が人びとに対する新たな物や生活環境の質についての啓蒙運動であり、同時に、そのような生活のために新たな固有の価値を創造しうる全的な人間形成のための美術工芸教育の改革運動でもあったからです。それは、イギリスの産業革命以降の科学技術文明によってもたらされた人間の心身の統合性の分裂や生の全体性の喪失といった西欧近代の一大危機に根ざす人間性回復の多様な教育運動の思潮とも合流する新たな芸術教育や工作教育による全的な人間の再建をめざすものでした。たとえば、バウハウスの運動も、その根底において、初期にはイッテンが、後にはモホリ＝ナギが絶えず繰り返し強調していましたように、こうした全人的な人間の育成という教育運動の思潮と流れをひとつにするものでした。

ラスキンの「富の価値が人間の受容能力に依存する」という考え方も、今日の経済学が注目してきた観点です。とくに、一九八〇年代に、インドの経済学者であるアマルティア・センによって、福祉厚生経済学の観点から提起されたケイパビリティ（capability 能力、潜在能力）論との関連においてです。[*8] これは、人の生き方、選択の自由を広げていく人間開発の理論ともつながるもので、デザイン教育の思想とも通底するものです。ここでその構想を述べるに至りませんが、私は「生」の全体性とむすびついたデザイン教育の初源的な思想が子どもの領域から広く生活世界に浸透してほしいと考えています。「人間は誰でも自然に備わった天与の才能をもっている」[*9]というイッテンのことば、「誰もがその本性に創造的エネルギーを発展させる大きな能力をもっている」[*10]というモホリ＝ナギのことば。これらの人間観のように、かけがえのないひとり一人の才能を発展させ固有の力に開花させていけるような学びの場の環境形成こそ必要だと考えます。今日、とくに注目されているスカンジナヴィア諸国の子どもたちの教育環境はそのような範例のひとつだと思います。また、欧州の主な国々が行ってきた大学教育までの無償化も重要な課題です。

再びラスキン、モリスから芸術家村そして工作連盟へ

先に、ダルムシュタット芸術家村がイギリスのラスキンやモリスから工作連盟、バウハウスへと至る近代デザイン運動のドイツへの歴史的な中継点であったと述べましたが、この芸術家村が開設される前夜の十九世紀末、おそらくこのダルムシュタット・マティルデの丘はラスキンやモリスの芸術運動と社会改革の思想の生新な大気ですっかり包まれていたのではないかと想像されます。

すでにふれましたように、芸術家村を建設したエルンスト・ルードヴィッヒ大公はヴィクトリ

ア女王の娘を母とし幼少よりイギリス文化の教養を身につけ、ラスキンやモリスの社会改革的なアーツアンドクラフツにも共感しその思想を深く吸収していました。当時、大公がラスキンやモリスの思想や運動の推進者であったチャールズ・ロバート・アシュビーとマッケイ・ヒュー・ベイリー・スコットに宮殿のインテリアと家具のデザインを委嘱していたのもその表われです。アシュビーは後に芸術家村の建設とその運動の展開のために招かれたヨーゼフ・マリア・オルブリッヒやペーター・ベーレンスなどこれらの芸術家の招聘や活動の問題についても大公のよき相談相手になっていたといわれています。[*11] ちなみに、この芸術家村運動の一環として、当時、共同のアトリエ・ルードヴィッヒ館における芸術家たちの創作活動とともに、新たな人材の育成のために一九〇七年に設立された工作芸術学校は、今日のダルムシュタット工科大学デザイン学部の前身です。

ラスキンとモリスの社会改革的な芸術理念はドイツにおいて大いに賞讃されました。この芸術家村運動に参加したベーレンスもその芸術理念の強い支持者の一人でした。これらの事柄は、この芸術家村がラスキン、モリスらのアーツアンドクラフツとドイツ工作連盟とをつなぐ重要な結合器官であったといわれる所以(ゆえん)です。

このこととの連関では、先に述べた二人の政治家、ナウマンとホイスのドイツ工作連盟の運動による社会改革の思想をいま一度想い起こしていただきたいと思います。ナウマンの「物を作る人びと」の「作る心」の喜びや創造性、その誇りや尊厳の再興による「生の全体性の回復」といった工作連盟設立の政治理念やホイスの工作連盟推進の活動や「質とはなにか」という講演です。ここでとくに想起したいのは、ホイスがその講演であるべき生の「質」を問題とした先覚者としてラスキンの意義を喚起したことです。重要なのは、ラスキンが人間の魂の回復やその生を支える物の生命性の回生のために「国民経済学」の確立というアイデアに挑戦したという意義への言及です。

この近代の芸術運動に発するデザイン運動が、あるいはデザインという行為が、近代化を内発的なあるべき近代性へ、あるべき生活世界へと向けて変革・再構築するための社会改革の思想であり手法であったとすれば、近代資本主義産業を支えたイギリスのアダム・スミスに発する「神の見えざる手」と呼ばれた「市場」に自然調和を委ねた経済原理にもとづく経済人を中心に措定した経済学とは違う、いまひとつのあるべき経済学の確立が要請されたといえます。

そのような経済学とは、人間の生活、生の全体性を中心に据えた経済学でなければならないでしょう。ラスキンが提起した政治経済学は、まさにそのような「生」を中心に措定した経済学です。ホイスがこの経済学を「民のための経済学」、すなわち「国民経済学」という概念で捉えたのは、近代化の後発国ドイツでは、ラスキンの経済学論考の著作刊行のほぼ二十年前の一八四一年に、すでにこうしたイギリスの市場経済にもとづくアダム・スミスの経済学（『国富論』）への批判的挑戦としてドイツ民衆のための内発的な「国民経済学」という概念と理論展開がドイツの経済学者であるフリードリッヒ・リストによって提起されていたからです。

ラスキンの経済学は自国のアダム・スミスやデヴィッド・リカードなど古典経済学の原理に対する痛烈な批判の上に立って提起されたわけですから、「ラスキンはいわば時代の反逆者であり、その行為は明らかにひとつの冒険であった」[*12]というホイスの賞讃の言葉がよく分かります。

もっぱら企業家たちの利潤追求と富の獲得競争に偏したヴィクトリア朝の繁栄のなかで提起されたラスキン経済学は、明らかに正義の冒険的な行為であり、経済人ではなく、まさに、民を中心に据えた、民衆生活の「質」の向上・充実のための経済学、ドイツでいう「国民経済学」と重なる経済思想である、とホイスは共感を深め賞讃したのであろうと思われます。

しかも、それが自然と人間との関係性や人の心や物を作る心や芸術の社会的機能などの回生、生の全体性の回復という課題とつながっていたからです。現代の政治経済学があらためてラスキンに注目するのも、提起された問題がこうした観点、あるべき二十一世紀文明の問題群と先駆けて連接（リンク）しているからです。

ちなみに、先のリストの国民経済学という概念は、大綱として、ドイツで一八七〇年代に市場原理だけに委ねないいまひとつの経済原理として誕生した財政学と、フランスの社会思想家、シャルル・フーリエの共同社会構想とから生まれたフランスやドイツの社会経済学の思想に継承されて、現在のヨーロッパ連合が政治・経済活動の規範とする社会的経済（エコノミー・ソシアル）理論の思想とつながっています。市場だけが唯一ではない、それよりも大切なのは人びとの安心・安全・平和と民主・自由だとして、福祉・保健や教育そして環境を優先するEUの社会政策もこの思想の表われです。

価値の転換――二つの自然の崩壊

とくに、ラスキンによって提起された芸術や政治経済の思想の今日性はなにかといえば、私は、二つの自然の崩壊という現代の切実な問題をすでに照らし出していることだと思います。人間の外なる自然と内なる自然の崩壊という問題です。地球環境の破壊と人の心の荒廃という生の危機の問題です。まさにこの危機の回避、この二つの自然の回復、再生の在り方が提起されているのです。

この二つの自然ということでは、私は「·1」の「インタラクション」の章で、アルベルスの絵画世界との連関でゲーテの「神と世界」のなかの「エピレマ」という詩をあげました。

「内にあるものと／外にあるものと／があるのではない／外にあるもの／内にあるのだから」

という詩です。

　このゲーテのことばのように、私たちの外にある世界は、同時に私たちの内なる世界であり、外と内とがあるのではない、この二つの自然とは「二つにして一つの世界、一つの宇宙」なのだと捉えられます。アルベルスの絵画世界では、このことを外と内とが互いに呼び求め合い、相互に響き合う色彩の残像体験という現象において考察しました。また「t」の「くもり」の章では、ラスキンの「風景の発見」を同時に「人間の内的自然の発見」として捉え、「生成する自然を生きる、自然の生命（いのち）をともに生きる」という体験として述べてきました。このように外と内とが一つになるということは、私たちが万象のいのちにふれ、森羅万象と響き合い、宇宙とひとつになることであり、それは、根原的な美とやすらぎの深い享受、私たちがまさにこの大宇宙に生かされているのだというかけがえのない至福の体験にほかなりません。自然の破壊、風景の崩壊は、同時に人の心の荒廃へとつながり、人の心の荒廃は自然、風景、すなわち生命の破壊へと向かっていきます。

　この生の破壊、生命の危機をもたらしているのはなにかといえば、科学技術の産業化と市場原理を絶対とする金融資本主義に支えられてあらゆる物の商品化と大量生産・大量消費を加速化してきた二十世紀文明の結果です。しかも、過度な利便性と利潤（金儲け主義）と消費喚起の追求によって欲望を満たすことを幸せと位置づけ、生産や労働の過度な効率化と競争原理を「自由」や「自己実現」という美名で置き換えた経済至上主義の価値観の蔓延の結果にほかならないといえます。今日のような生存の確かな基盤や生の安堵や心のやすらぎを欠いた日本社会にあっては、人は風が運ぶ隣家の花びらにさえ憎悪を示す殺伐とした近隣関係を生みだし、自然や人を愛おしむ感覚も失せて心の荒廃へと向かっています。

先に述べたように、ドイツ工作連盟が「文明のラボ」というプロジェクトを通して「自省的文明の形成」という方法概念を二十一世紀のあるべき生活世界の羅針盤としましたように、私たちは今や文明の在り方を省みる「価値の大転換」の必要性に迫られています。地球環境の問題一つとってみても、大量消費にもとづく生産や経済の仕組みを根本的に転換しなければならないのは、もはやだれの眼にも明らかです。しかしながら、その価値の転換とは決して難しい問題ではありません。二十世紀文明を主導した経済至上主義の価値観を今や優先するのではなくて、二つにして一つの自然、生、生命の価値を第一に据えた社会、真に「生活」世界を第一とする文明への転換を選択すればよいのです。これは、ラスキンによって照射された価値、社会の富としての「生の充実」、そのような「幸せ」の選択ともつながっています。

この選択は、自らを社会あるいは文明のなかに位置づける私たちひとり一人の選択の問題です。こうした価値の質の判断には、ラスキンによって提起された価値の「受容能力」の問題が深くかかわることはいうまでもありません。しかし、すでに述べましたように、近代そして同時代には、単に資本主義か社会主義かの選択ではなくて、資本主義経済にもとづきながら、「生」の基盤の根本にかかわる問題は決して市場原理には委ねないという強固な政策に貫かれた社会・生活思想の潮流が共存してきたということも、私たちの選択や思考の心強い羅針盤となるのではないかと思います。

社会デザイン——ミュンスター市の経験

こうした文脈でデザインの課題を考えますと、あらためてデザインの社会性の喚起が必要です。日本においても、一九九〇年代に入って、ソーシャル・デザインという概念で公共的、社会的デザインの課題の探索と展開とが始まっていますが、おそらく、一九七〇年代末から旧西ドイツのデザイン思想界を中心に主唱されはじめたゾチオデザイン（社会デザイン）という概念の提起とその展開が、そのような思潮を先駆けるもので、近代デザインの社会性の問題を新たな次元で再編しようとするものでした。とりわけ市場競争の差別化によるデザイン過剰に対する異議申し立てを一方に、近代デザイン初期の普遍主義が看過してきた風土や地域文化の差異の固有性や自然の生態系などの問題が重要視され、デザインの展開や決定には、諸科学をはじめほかの領域との横断的な広い視野に立つ共同のプロセスが形成されてきました。

こうした社会デザインの思潮のなかで、デザインの対象や課題には、先にも述べた社会的共通資本の形成が一段と重要視されてきました。土地、土壌、大気、水、河川、海洋などといった自然資源をはじめ、社会的なインフラストラクチュアから、人間の尊厳や生活権を守るために必要な制度資本にまで及ぶものです。こうした潮流を受けて、欧州の多くの都市や地域社会では、固有の社会資本に軸足を置いた新しいデザインの取り組みがはじまっていました。自然を取り戻し、自然を生かして、自然とともに暮らすといった自然と人間性の回復をめざした都市再生の大きな流れはそのひとつです。

土手のコンクリートをはがし、周囲には地域固有の樹木を植えて、多様な植物や小動物のすみかとしての昔の川を取り戻したドイツ・ルール工業地帯のIBAエムシャー・パーク計画のような自然のいのちと響き合う都市や生活環境の再生は欧州諸国の都市や地域に広がっています。そして、それらの都市や地域は森や河川のいのちの回生とともに、自動車を中心とした交通体系を見直し、路面電車など公共交通機関を復活させて、自然と人間の生のリズムとが相即するようなやすらぎのある豊かな共生環境としての再生へと向かっています。

二〇〇二年の夏、私が二カ月ほどを過ごしたドイツのミュンスター市もそのような都市で、とりわけ、温暖化防止都市の優れた範例ともなっているエコ・シティです。エコ・シティとは、エコロジカルであるだけでなく、同時にエコノミカル（経済的、節約的）で、二つの「エコ」が一つのシステム（系）に融合されている都市のことです。ちなみに、この二つの「エコ」とは、原初的にはその語源で、ギリシャ語の「家」や「生の営み全体」を表わす「オイコス（oikos）」という概念のうちに、本来切り離すことのできない一つのシステムとして統合されていたものです。

ミュンスターの人口は約二十八万で、人口のうえでは、青森市や福島市ぐらいの規模でしょうか。この地も、河川のうえでは、エムシャー川流域の計画ともつながっていて、森、樹木、水（川と湖）、小動物が実に豊かで、とてもやすらぎのある美しい都市です。しかも、ミュンスターは約三万九千人の学生を擁する大学都市で、大学の図書館、校舎、研究所、病院などの諸施設と大聖堂広場の市（いち）と市民の居住環境とが自然を介して融合し、先端の知の活動が自然と人びとの日常生活に包まれています。

私はアレクサンダー・フォン・フンボルト財団のフェローとして、この大学のコミュニケーション・サイエンス研究所の三十年来の友人、ジークフリート・J・シュミット教授のもとに研究滞在をしていたのですが、まず、その大学のゲスト・ハウスの素木（しらき）と白を基調とした簡素で過不足のない生活設備の整ったやすらぎのある清々しい住空間にすっかり魅了されてしまいました。簡素にして豊かな研究・生活環境としての、この大学施設の整備や在り方ひとつにも大きな驚きを感じました。日本において、私たちは海外の研究者たちを果たしてこのように受け入れることができるだろうかという自省の念が同時に喚起されたからです。

ここでの私の日常は自由に研究所や図書館を利用する生活で、それらの距離は住まいから徒歩二十分ほどでしたので、出かけるときには、そのつど道を変え、新鮮な大気のなかでこの都市固有の樹々や小鳥たちの声や家並みなどその自然と風景の豊かさを存分に享受していました。そのなんともいえないやすらぎ、その至福な日々、ほんとうにいつまでもここに留まっていたいと思いました。実は、この都市が温暖化防止都市で、低炭素社会としての循環型都市をつくりあげているということ、エコ・シティなのだということを知ったのは、滞在もだいぶ経ってからのことでした。周囲には、だれ一人、それを宣伝がましく口にする人はいませんでしたし、市街にもそれを呼びかける標語のようなものはまったく見かけませんでしたから。しかし、あまりにも快適なので、なぜかを周囲に聞きはじめてだんだん分かってきました。ミュンスターの人びとは、

「自然を取り戻し、自然を生かして、自然とともに暮らすということ、しかも無駄をせず物を大切にして暮らす」という生き方、これこそ真にやすらぎのある豊かな生活なのだというライフスタイルを、まさに自明のこととして自ら選択しているのでした。

いろいろと知るごとに驚いたことは、こうした生活環境の背景に、人の生活の基本がしっかり守られ、安全や心の平安も得て安心して生活のできる諸制度がしっかり設計されていることでした。決して「低炭素社会」という概念が政治的な意図で先行しているのではありませんでした。「自然とともに暮らす」ということに加えて、都市や地域社会にとって重要なことは、もう一つ、人びとがともに生きる共存の仕組みです。広義のコミュニティやコモンズの問題です。そのための新しい共同性の仕組みなどの制度設計にも目を見張るものがありました。

ここではそれらを紹介できませんが、一つだけ問題としてあげておきたいと思いますのは、人の終の眠りの地「墓地」を市場の対象とはせずに、だれもが安心して眠れる美しい市の共同墓地が用意され、そのための実に懇切な情報が公開されていることでした。これもたいへん大きな驚きでしたが、このようにひとり一人の尊厳が守られているのです。しかし、このミュンスターのようなライフスタイルの選択は、欧州では、必ずしも特殊な事例ではなく、北欧諸国もまたこうした暮らし方を先駆けています。

ミュンスターで日本文化を省みる

このミュンスターでの生活で散策しながらも、絶えず考えさせられたことは、日本文化の問題です。あるべき都市の構想なしに、その時々の市場経済原理だけでどんどん変貌を遂げてしまう日本の都市、そして、やたら無秩序な超高層化ビルの林立で醜悪になる一方の巨大都市・東京を思い浮かべながら、ミュンスターにおける「自然を生かし、自然とともに暮らす」という生き方は日本人の生活の根本・日本文化の原点そのものではなかったか、という問いを絶えず立てねばなりませんでした。また「無駄をせず、物を大切して暮らす」という生き方も、私たちの世代にとっては、なお日本人の美意識にも通ずるような生活の、文化の、ひとつの姿勢でもありました。

自然を畏れ、自然を崇め、自然を愛で、自然とともに暮らしてきた私たち日本人の心性はいったいどこへ行ったのでしょう。西欧においては、芸術を通して外なる自然と内なる自然を発見——ないしは再発見——するのが、産業革命によってもたらされた近代の出来事であったとすれば、私たちは、古来ずっと、外も内もなく自然のいのちと響き合い、自然とともに暮らしてきたのだと思います。そして、自然、森羅万象に神仏のこころさえ感受してきたのです。そして、日本列島の千変万化の美しい自然のなかで豊かな地域固有の社会や文化が育まれてきたのです。しかしながら、それらのかけがえのない固有の地域社会も文化も、いま各地で無残に崩壊していま す。いったいなぜなのでしょう。

話が長くなっていますので、問題を単純化して述べておきたいと思います。生活や暮らしの基本的な要件を言い表わす「衣食住」ということばの出典やいつからの使用かは分かりませんが、私はこの三つの語の意味やその営みに「生」の基盤を育む母性的なものを感じて、日本文化の特質が表象された慣用語のように思われてきました。三つの語順は音韻的な響きによるものでしょうが、それらは「生」を包容する三つの母性的心性のようで、いずれも、根原的に母なる大地としての自然に根ざしています。一見大地とは離れて見える「衣」にしても、原素材は大地に根ざし、日本文化においては、その意味は衣服だけでなく、「住」とも連接する広がりの「生」を守護する母性的な概念でした。

私見では、明治以降の日本の近代化政策においては、残念ながら、この大地に根ざす「生」の基盤、母胎のような「生」を包容するこの母性的なるものを少しも大切にしてきませんでした。その文化の形としても、有形、無形を含めて、多くの貴重な産物を廃棄してきました。それは「生」の基盤を大切にしてこなかったばかりか、日本文化の固有性「母性的なるもの」をも廃棄してきたのではないかと思われます。

したがって、現実において一番おろそかにされてきたのが、土地、農の営み、住まい、地域社会や都市の固有性など、生の基本を支え包容する母なる大地に根ざすものばかりです。これらは、近代化における社会・文化政策のもっとも基本的な課題であるべきものでした。第二次大戦後の日本は平和裡に経済的な繁栄を達成したとはいえ、「生」の根本を看過し、きわめて重要ななにかを欠落させてきたと、私などは強く感じています。戦後においては、工業大量生産の家庭電化製品の普及によって家事労働の軽減や暮らしの利便性が大きくもたらされたことは確かですが、しかし、産業主導による短期的な製品のモデル・チェンジと物の過剰によって、生の充実の基本として省みられなかった貧しい住居は物であふれ、その事態はいまだなにひとつ解決されていないのではないでしょうか。それらの問題は、繰り返しになりますけれど、私たちの生活・生存の基盤、「生」の充実のための基本的な容器（母胎）の欠落にほかならないといえます。こうした文脈において、デザインの課題であるべき住宅の在り方や規範の形成がまったくおろそかにされてきました。やはりこの問題は、近代日本の社会において、いったいなにに起因するのかという問いとともに、それをしっかり見つめて変革の方途を見つけていかなければならないと思います。

一方、自然のいのちとともに生成された日本文化の特質は本来母性的でやさしく繊細な感性や美意識を育んできました。西洋近代が芸術において自然という根原的な生の過程を発見したことは、そのような宇宙の母性原理、あるいは「母なる大地」の再発見でもあり、そのことが西洋近代の東洋への、あるいは日本へのまなざしともなっていたのだといえます。私たちがラスキンの外と内とが響き合う自然や風景の発見とその讃美に深く共感するのも、それが、私たちの文化の記憶と強く共振するからです。

そのような自然のいのちに根ざす日本文化の特質は、西欧の近代科学・技術にもとづく近代文明を生みだした合理の父権制的な強さとは、まさに逆の弱さ、やさしさ、繊細さ、もろさ、といった根原的な「生」の知（パトスとしての叡智）の源泉であり、二十一世紀のあるべき生活世界の在り方を考えるうえで、重要な世界性をもつ「感覚」であると考えます。地球に対するやさしさも、人に対するやさしさも、ともにこうした感覚の基層とつながっています。いま必要なグローバリゼーション（世界化・地球化）は市場経済原理のそれではなくて、宇宙から見た美しい水球としての敬虔な地球の視界なのではないでしょうか。私たちは自己変革のうえでも、新たな暮らし方・生き方の選択のうえでも、新たなあるべき生活世界を考えるうえでも、自然のなかで、自然とともに育まれたこの固有の文化の感覚（意味）と伝統の生命性に眼を開き、その世界の豊穣さをあらためて覚醒しなければならないと思います。

生成するデザイン固有の知の源泉――「生」のデザイン学へ

私は「あるべき生活世界」というように、絶えず「あるべき」ということばを繰り返し用いてきました。理想主義だといわれるかもしれませんが、しかし、私たちの生にとっては「希望」とともに、絶えず「理想」を照らして生を歩んでいくことが大切であり、また、それが「生」の根本的な価値に値するものではないでしょうか。しかも、近代のデザインという概念と行為は「希望の原理」とその「理想」の形成とむすびついて生まれてきました。何度も述べましたように、デザインという行為や手法は、近代文明を、近代化を、あるべき生活世界の近代性（モデルネ）へと向けて再編・再形成していくための――少なからず――ミッションとして誕生してきたからです。

「理想」とは、西洋の伝統的な考えでは「理性的」な思考や思想を指します。日本では、よく「デザインは感性の問題だ」というような議論がありますけれども、私は、デザインにとって「合理的な思考方法」も「理性的な省察」も必要だと考えています。「弱さ」や「もろさ」の救済には、理性的な思考や行為が不可欠の力となるからです。しかし、ほかの機会に述べていることですけれども、私たちは未来に向けて、自らのうちに他者を含んでいくような、また真や善や美の理想を一つに包越（umgreifen）していくような新たな人間の理性が求められていると思います。その「他者」を含み「真善美」を包越するような理性とは、大自然・森羅万象のいのちと響き合い、宇宙生命と一つになるような鋭い感覚に包容された、いわば感性と一つになった生の知、あるいは生命的な知ではないかと思います。そして、それこそ他者にも思いを及ぼす想像力と新たに世界を創出する創造力の源泉ではないかと思います。

こうした生の知、生命的な知とは、全体知、総合知とも言いかえられます。私は「デザインとは専門のない専門である」という見解を繰り返してきました。デザインとは、本来、ひとつの専門領域に特定しえない専門性であり、種々の専門の関係性、問題の関係性全体や問題の——はじめから完結までの——プロセス全体の総合性に、その専門的な特質があるのだと主張してきました。そのことは、同時に、デザインには領域はないという主張にもなります。

このことを、私たちは「生成するデザイン学」の水脈に見立てた「基礎デザイン学」という概念装置によって提唱してきました。

デザインのそのような特質は、私は一方で、哲学にも似た総合性だと思うのですが、しかし、一般的な哲学と違うのは、デザインがこれまで述べてきた生活世界という具体的な「生」の現実世界の形成を対象としていることです。しかも「生」の意義をあらためて考えるならば、「生」は分割しえない全体であり、総合であり、生成のプロセスであり、星座のような複数的関係性の世界であって、そこには境界はない、という「生命」の原理そのものとデザインが深くつながっているからだと思います。

また、一方では、「生」の全体性としての生活世界の形成ということを目標としたデザインの理念は、同時に、新しい「生の哲学」ともいうべき「生のデザイン学」の形成を必要としています。しかし、この「生のデザイン学」は、在来の観念にもとづく「芸術」や「技術」や「学問」あるいは「科学」といった捉え方の枠組みを超えた、科学も、芸術も、哲学もひとつに含みもつ、生成する想像力や創造力のデザイン固有の知の源泉として、生あるいは生命の根原的な叡智のような学でありたいと希っています。

*1 ジョン・ラスキン「この最後の者にも」、『世界の名著41』所収、飯塚一郎訳、中央公論社、一九七一年、一四四—一四五頁(原著一八六二年。現在、ラスキン『この最後の者にも ごまとゆり』飯塚一郎・木村正身訳、中公クラシックス、二〇〇八年)

*2 ジョン・ラスキン『ムネラ・プルウェリス 政治経済要義論』木村正身訳、関書院、一九五八年(原著での初出一八六二—六三年)

*3 エルンスト・F・シューマッハー『スモール イズ ビューティフル—人間中心の経済学』小

島慶三・酒井懋訳、講談社（講談社学術文庫）、一九八六年（原著一九七三年）

*4 カール・ポラニー『大転換　市場社会の形成と崩壊』吉沢英成ほか訳、東洋経済新報社、一九七五年、二四三—二四四頁（現在『新訳　大転換』野口健彦ほか訳、東洋経済新報社、二〇〇五年。原著一九四四年）

*5 宇沢弘文『社会的共通資本』岩波書店（岩波新書）、二〇〇〇年、四十五—九十二頁

*6 前掲書『ムネラ・プルウェリス』四十頁

*7 前掲書『ムネラ・プルウェリス』三十九—四十頁

*8 アマルティア・セン『福祉の経済学　財と潜在能力』鈴村興太郎訳、岩波書店、一九八八年（原著一九八五年）

*9 Johannes Itten, *Mein Vorkurs am Bauhaus Gestaltungs- und Formenlehre*, Otto Maier Verlag, Ravensburg, 1963, p. 8.（邦訳：ヨハネス・イッテン『造形芸術の基礎　バウハウスにおける美術教育』手塚又四郎訳、美術出版社、一九七〇年、八頁）

*10 ラスロー・モホリ＝ナギ『ザ ニュー ヴィジョン　ある芸術家の要約』大森忠行訳、ダヴィッド社、一九六七年、三十六頁（原著一九二八年、改訂版一九四九年、十七頁）

*11 *Von Morris zum Bauhaus. Eine Kunst gegründet auf Einfachheit*, Hg. von Gerhard Bott, Dr. Hans Peters Verlag, Hanau, 1977, pp. 25–39.

*12 Theodor Heuss, *Was ist Qualität?, zur Geschichte und zur Aufgabe des Deutschen Werkbundes*, Rainer Wunderlich Verlag Hermann Leins, Tübingen und Stuttgart, 1951, p. 10.

X軸
x-Achse/x-axis

Y軸
y-Achse/y-axis

文明
Zivilisation

兆し・徴候・しるし・記号
Zeichen

間・あいだ
Zwischen

12音音楽
Zwölftonmusik

未来
Zukunft

時間
Zeit

収縮―拡張
Zusammenziehung–Ausdehnung

循環
Zyklus

偶然性
Zufälligkeit

こわれやすさ
Zerbrechlichkeit

zyx

あとがきにかえて

「コンステレーション」へ――創発のトポス

おそらく
　コンステラシオン（UNE CONSTELLATION）
　　以外には
　　　なにひとつ生起しえないであろう　（マラルメ）

このフランス語のマラルメの語句に出会ったのは、「偶然」にも、一九五六年十月、私の二十四歳の誕生日のこと、ウルム造形大学においてでした。週二回朝食前に、刊行されたばかりのマックス・ベンゼの著作『美的情報　エステーティカⅡ』の講読の個人レッスンをお願いしていた詩人のオイゲン・ゴムリンガー先生から、そのプレゼントとして頂いた自作の詩集と詩論の、ちょうどその詩論の冒頭におよそ右のように――むろん横書きで――配されていた言葉でした。

その詩論は、「von vers zur konstellation」という原題で、よく「線から面へ」という訳で紹介されているものですが、「線行(フェルス)の詩から星座(コンステラツィオーン)のような配置へ」という、ゴムリンガーの一九五四年の――マラルメの「コンステラシオン」を継承する――詩法としてのコンステレーション宣言でした。詩集は一九五三年の『konstellationen constellations constelaciones』(spiral press 刊)、つまり『コンステレーションズ』という、その詩論に先立つ実作の呈示でした。これは、私にとって、コンクリート・ポエトリー(具体詩)とのはじめての出会いでもあり、その星座のように配された語空間に強く共感して、子どものころの自分の言語感覚や詩空間が呼び戻されました。

ここでの、いまひとつの強い衝撃的な経験は先のマラルメのことばと、コンステレーションという概念表象の啓示でした。忘れていたドイツ語の「コンステラツィオーン」という単語とのはじめての出会いが直ちに想い起こされました。高校二年のころ、クラスメイト数人で、東京・お茶の水にある文化学院内の一隅で開かれていた木原善之助先生の外語塾に通ったときのことです。

講読のテキストはゲーテの自叙伝『詩と真実(Dichtung und Wahrheit)』で、その第一章の冒頭に出てくる言葉でした。「私は一七四九年八月二十八日、正午を知らせる十二の鐘の音とともに、フランクフルト・アム・マインで、この生をうけた」という言葉に続く「星位(コンステラツィオーン)には恵まれていた(Die Konstellation war glücklich)」という、この短い一行においてでした。なぜこの言葉かといえば、ゲーテは月が満たず早産で死児として生まれたのですが、しかし、さまざまな手をつくして、幸運にも命をとりとめたからでした。

普段は、ほとんど出会うことのないこの単語が、それでも私の記憶に深く眠っていたのは、おそらく、私も未熟で死産のようであったこと、また就学前には医者にも見放された大病から奇跡的に助かったことなどを、よく親から聞かされていたからでしょう。それにしても、こうした占星術的な星座の意味合いをもった語に、西欧の線行韻文詩の伝統を解体したこの革新的な詩の方法において再び出会うなどとは、まったく想像もしていませんでした。しかし、この語とのウルムでの再会が、私にとっては、新たな世界認識への啓示となりました。

ひとつは、当時、ウルム造形大学におけるマックス・ビル学長の秘書でもあったゴムリンガーが、ビルのコンクリート・アート（具体芸術）の概念と構想を文学へと導入したコンクリート・ポエトリー（具体詩）発祥との偶然の遭遇という経験です。それは、ゴムリンガーがブラジルの新詩運動の文学集団ノイガンドレス・グループ（一九五二年発足）とともに、この新しい文学概念と詩の運動を世界に向かって共同提唱した翌年のことでした。この提唱はまたたくまに国際的な運動へと波及し、一九六〇年代の諸芸術の境界を超えたインターメディアへの思潮の導火線ともなっていきます。

しかし、私にとってこのコンステレーションと新詩運動との出会いは、私もこの運動に参加していく契機となる一方で、この新しい詩のひとつの領域（ジャンル）を超えて、元来ものを「作ること」を意味するギリシャ語の詩の語源である「ポイエーシス（poiēsis）」の原義に立ち返って、新たにデザインという行為の意味を考えていく契機となりました。そしてまた、その背景をなす西洋文明自らの反省から出発したいまひとつの西洋近代の思想に眼を開かされていく道標と、そこに古来の東洋思想や日本文化の思惟や表象の記憶を再発見するという自己再帰の契機ともなりました。

ここでは、あらためて、アブダクションの章で述べたデリダのロゴス中心主義という西洋形而上学の脱構築の言説とともに、マラルメの詩編『骰子一擲（とうしいってき）』とフェノロサの詩論『詩の媒体としての漢字』といった問題群を想い起こしていただきたいと思います。

先のゴムリンガーが自らの詩論の冒頭にあげたマラルメの語句は『骰子一擲』からの引用でした。しかし、『骰子一擲』からの引用といっても、それは一つの場所の一つながりの語句ではありません。その書物のページ空間のうえに、ローマン体、イタリック体、大文字、小文字など七種の活字でちりばめられた語の星座。その原典の天空にきらめく語の星座を凝視していくと、もっとも小さい語よりも、少し大きく輝く語に、十八、十九、二十、二十一（ページ）の天空で出会います。その語を取り出して再配置しますと、はじめて冒頭の引用句「おそらく／コンステラシオン／以外には／なにひとつ生起しえないであろう」という星座の輝きが生起します。

　そして一、三、九、十七の天空で、もっとも大きく輝いている語をひとつの星座へとつないでいくと、この詩の主題として語られる「骰子一擲（さいころの一振り）は／決して／偶然を／廃棄しないであろう」という星座の輝きが生成します。最後に、それと呼応するかのように「すべての思考が放つ骰子一擲」という一条の光。語の万象の出会い。出会いによってそのつど絶えず生成していく多義的・多次元的な語の宇宙です。

　その詩編に直接ふれないと想像しにくいかもしれませんが、マラルメがいまや唯一つの生成の源泉と見た「コンステレーション」という語句の解体あるいは散逸状態の表象からは、私には「星座」のほかに、主なイメージだけでも、「無」「余白」「断片の分布」「モザイク」「ランダム」「混沌（カオス）」「偶然」「出会い」「遭遇」「場所（トポス）」「関係性」「集まり」「群化」「連接（リンク）」「多焦点的」「回遊的」「プロセス」「再配置」「反転」「可逆性」「転換」「共振」「メタモルフォーゼ」「生起」などと、その状況を分節可能な意味の多様な情景が喚起されてきます。しかし、本来、この語の根原的な意味はどこにあるのでしょう。

　いくつかの語源辞典の記述を概括しますと、このコンステレーションという語は、ラテン語の「con（共同・連関）とstella（星）の結合」から成る「constllatio」に由来し、星の群、星々の連関という意味から「星座」を表わし、とくに十六世紀初頭以降、天文学や占星術の用語として用いられてきました。しかし、十八世紀以降は、「ある状態の偶然の出会いや多様な要因の集まりやある事態の同時発生などから生ずる新たな配置・形勢・局面・情況などへの転換」という意味へと広がって、しかもその意味が支配的なものになった、としています。

その意味の広がりは「星々」の現象を介して星の起源、宇宙生成の根原的なイメージへと遡及しているように思われます。私がマラルメのコンステレーションから喚起させられた分節的な意味の情景は、すべてこの語の根原的なイメージへの遡及のなかにすでに包括されているのではないかと思われます。

このコンステレーションの分節的な意味の情景には、近代技術文明を達成した西洋形而上学ないし哲学の物質的自然観を大きく転換・脱構築するための自省的思惟の問題群がすでに多岐にわたって表象されています。その主な観点を取り出してみるならば、ひとつは、存在概念の転換です。つまり「存在から生成へ」、「ある」から「なる」への転換であり、存在（する）者のすべてを固定的な（死せる）物質、世界を作る単なる「材料」として見るのではなくて、生きて生成するもの、生きた自然として捉え返すことへの大転換です。西洋哲学・思想史のうえでいえば、哲学の誕生に先立つ古代ギリシャの「生成を存在する万物（＝自然（ピュシス））の実相」と捉えていた根原的な世界認識への遡行・転換による「生成」概念の復権です。一方、こうして見ると、日本文化においては、古来、万物を「生成・なる」という原理で捉えてきていたことが想い起こされます。

また、一つは、必然的な因果関係の普遍性を前提とする西洋近代科学の対象からは排除されてきた「偶然性」やその「出会い・遭遇・邂逅」の問題です。現代では、自然科学の中心に自然現象全体のカオスやランダムや偶然性を含む非決定論の問題が台頭していますので、この問題群の重要性は、あらためて指摘するまでもないでしょう。しかし、「偶然性」はもともと東洋の伝統思想の本質をなすものとして、日本では、一九三〇年代に、哲学者の九鬼周造によって西洋近代の知のパラダイムの転換へ向けて『偶然性の問題』が主題化され、西洋近代哲学に欠落している分裂、多様、混沌、無や、他者との偶然的出会いの根原性の意味などが追求されました。これは現代において再検討に値する論考です。しかも、現代では、「偶然性」の問題が、創造あるいは創発(emergence)の契機として、また、創造の「他者からの恵み」の契機として認識されてきていることも、注目に値します。

しかし、なんといっても、西洋の脱近代を特徴づける思考方法ないし表象方法は、線形的な論理構成ではなく、マラルメの星座をアレゴリー(寓意)とした『骰子一擲』のような非線形的・多焦点的・回遊的・反転的関係の多様なネットワークから銀河星雲のような分布の形象やテクスチュアまでを喚起する、そのコンステレーションの構造(ストラクチュア)そのものにあると思います。

このマラルメの試みと並行して、こうした西洋近代の変革が眼に見える形で顕著に現われてくるのは、自然の模写を放棄し抽象へと向かった近代造形芸術の革命においてでした。その抽象への道が「解体から生成へ」という過程で「コンステレーション」という「星座的思考」を発見していきます。これは、私自身が「コンステレーションによるイメージ思考」と呼んでいるところのもので、この観点からの西洋近代の知の変革とその思潮の流れについては、「はじめに」であげた『円と四角』所収の拙稿を参照していただきたいと思います。

しかし、そのテクストの最後に、暗示的にしか言及しえなかったことですが、ベンヤミンによって「始源的な存在布置」のアレゴリーとして用いられた「コンステラツィオーン」の問題も連関させて、「イデオグラム（表意文字・漢字）」の始源の意(こころ)を解読する試みは、また別の機会に委ねられています。ただ、ひとこと書き添えておきたいことは、フェノロサが『詩の媒体としての漢字』の論考において、漢字から感受したという「意味の光輪」とは、大自然の生成に深く根ざした漢字の形成原理が放つ「コンステレーション（星座）」の光輝ではなかったかと思うことです。

本書では、はじめにも述べましたように、語(ことば)や他者をひとつひとつの星の光になぞらえて、それらと私との出会いから生成されるデザイン学思索の風景を描出したいと思いました。星との出会いに喩え、星々をつないでいくと起源の異なる時間軸の多様な往還も、満天に仰ぐ星々のように現在として顕現し、絶えざる生成のシネキズム(連続性)に開かれています。

本書の最終講義が武蔵野美術大学で行われたのは二〇〇三年三月二十二日、イラク開戦三日後のことで、なぜこの侵攻を回避しえなかったのかという思いのなかで行った講義でしたが、しかし、なによりも熱く甦ってくるのは、ともに出会い学んだ卒業生・在学生をはじめとする満天の星々に充たされた、その至福の経験です。本書はその出会いからの「恵み」にほかなりません。

しかし、本書の刊行はつぎの方々の熱意と持続的なお力添えがなければ実現しませんでした。私の個人的な事情が重なって講義記録の補筆などに思わぬ時間を要し、それを絶えず許容し支えてくださったからでした。

この講義の編集と刊行を企画・推進してくださった武蔵野美術大学出版局の木村公子さん、講義の記録の整理から索引制作などすべての編集作業と統括をしてくださった肴倉睦子さん、講義と本書のためのコンステレーションや本文組みなどデザイン制作に協力してくださったオフィスナイス主宰の清水恒平さん、響き合う美しい語(ことば)の天球図の装幀とともに全体のデザインをまとめてくださった同大基礎デザイン学科教授の板東孝明さん、なお、刊行にさいし、本書の帯にいまひとつ全体を包み、生成する美しい言葉の星座を寄せてくださったデザイン評論家の柏木博さん、そのほか本書のためにご教示・ご協力を賜った多くの方々に、ここに、こころからお礼申し上げます。そして、ここに記された経験の多くをともにした妻の弘子に本書を贈ります。

二〇〇九年終戦の日をまえに

向井周太郎

主な参考文献

凡例

＊和書については、『書名』著者名、発行所、発行年、という順序で記載した。

＊外国語の参考文献で邦訳書がある場合は、邦訳書を優先して掲載した。そのさい、必要な場合は邦訳書に続けて〔　〕内に原書名などを記載した。

＊邦訳書については、著者名に「著」、訳者名に「訳」を名前の後に付けた。

constellation[a]

『アメリカ哲学』鶴見俊輔　世界評論社　一九五〇年（現在『新装版　アメリカ哲学』鶴見俊輔　講談社学術文庫　二〇〇七年）

『パースの生涯』ジョゼフ・ブレント著　有馬道子訳　新書館　二〇〇四年

『骰子一擲』ステファヌ・マラルメ著　秋山澄夫訳　思潮社　一九八四年

『詩の媒体としての漢字考　アーネスト・フェノロサ＝エズラ・パウンド芸術詩論』アーネスト・フェノロサ、エズラ・パウンド著　高田美一訳著　東京美術　一九八二年〔Ernest Fenollosa, *Das chinesische Schriftzeichen als poetisches Medium*, Hg. von Ezra Pound, Vorwort und Übertragen von Eugen Gomringer, Josef Keller Verlag, Starnberg, 1972.〕

『詩学入門』エズラ・パウンド著　沢崎順之助訳　冨山房（冨山房百科文庫二十八）一九七九年

『エズラ・パウンド　二十世紀のオデュッセウス』マイケル・レック著　高田美一訳　角川書店　一九八七年

『生命記号論　宇宙の意味と表象』ジェスパー・ホフマイヤー著　松野孝一郎、高原美規訳　青土社　一九九九年

『根源の彼方に　グラマトロジーについて』（上下二巻）ジャック・デリダ著　足立和浩訳　現代思潮社　一九七二年

『弁証法の系譜　マルクス主義とプラグマティズム』上山春平　未來社　一九六三年

『パースの世界』R・J・バーンシュタイン編　岡田雅勝訳　木鐸社　一九七八年

『パース・ジェイムズ・デューイ』上山春平責任編集　中央公論社（中公バックス・世界の名著五十九）一九八〇年

『パースの記号学』米盛裕二　勁草書房　一九八一年

『一般記号学　パース理論の展開と応用』エリーザベト・ヴァルター著　向井周太郎、菊池武弘、脇阪豊訳　勁草書房　一九八七年〔Elisabeth Walther, *Allgemeine Zeichenlehre Einführung in die Grundlagen der Semiotik*, Deutsche Verlags-Anstalt, Stuttgart, 1974.〕

『パースの思想　記号論と認知言語学』有馬道子　岩波書店　二〇〇一年

『プラグマティズムと記号学』笠松幸一、江川晃　勁草書房　二〇〇二年

『アブダクション　仮説と発見の論理』米盛裕二　勁草書房　二〇〇七年

Roman Jakobson, "Verbal Communication", *Scientific American*, Sept. 1972.

Collected Papers of Charles Sanders Peirce, Volume I–VIII, The Belknap Press of Harvard University Press, Cambridge, Massachusetts, 1965–66.

『ソシュールの思想』丸山圭三郎　岩波書店　一九八一年

『動物行動学Ｉ・II』（上下二巻）コンラート・ローレンツ著　日高敏隆、丘直通訳　思索社　一九八〇年

『暗黙知の次元　言語から非言語へ』マイケル・ポラニー著　佐藤敬三訳　伊東俊太郎序　紀伊國屋書店　一九八〇年（現在、ちくま学芸文庫　二〇〇三年。原著一九六六年）

『哲学の脱構築―プラグマティズムの帰結』リチャード・ローティ著　室井尚、加藤哲弘、庁茂、浜日出夫訳　お茶の水書院　一九九四年

constellation[b][c]

『造形思考』（上下二巻）パウル・クレー著　土方定一、菊盛英夫、坂崎乙郎訳　新潮社　一九七三年〔Paul Klee, *Das bildnerische Denken: Form- und Gestaltungslehre Bd. 1*, Hg. von Jürg Spiller,

Schwabe & Co. Verlag, Basel/Stuttgart, 1971.〕
『バウハウス—芸術教育の革命と実験』展図録　深川雅文（同展構成・編集）　川崎市市民ミュージアム　一九九四年
『バウハウス』バウハウス翻訳委員会　宮内嘉久編　造型社　一九六九年（英訳版の別冊の邦訳）〔Hans M. Wingler, *The Bauhaus*, The MIT Press, Cambridge, Massachusetts and London, England, 1969.〕
『ヨハネス・イッテン　造形芸術への道』展図録　山野英嗣（同展構成・編集）　京都国立近代美術館　二〇〇三年
「ヨハネス・イッテンの造形教育とその身体性」向井周太郎（『ヨハネス・イッテン　造形芸術への道　論文集』所収　岡本康明企画・編集）宇都宮美術館　二〇〇五年
Walter Gropius, *Idee und Aufbau des Staatlichen Bauhauses*, Bauhausverlag, München, 1923.
Hans M. Wingler, Das Bauhaus, Verlag Gebr. Rasch & Co. und M. DuMont Schauberg, 1962.

constellation[d]

『生命とは何か—物理的にみた生細胞』エルヴィン・シュレーディンガー著　岡小天、鎮目恭夫訳　岩波新書　一九五一年（原著一九四四年）
『美のはかなさと芸術家の冒険性』オスカー・ベッカー著　久野昭訳　理想社　一九六四年（原著一九二九年）
『ザ ニュー ヴィジョン ある芸術家の要約』ラスロー・モホリ＝ナギ著　大森忠行訳　ダヴィッド社　一九六七年〔László Moholy-Nagy, *The New Vision, 1928 4th rev. ed. 1947 and, Abstract of an*

artist, George Wittenborn, Inc., New York, 1947.〕

『材料から建築へ』（バウハウス叢書十四）ラスロー・モホリ＝ナギ著　宮島久雄訳　中央公論美術出版社　一九九二年（原著一九二九年）

Lázló Moholy-Nagy, *Vision in Motion*, Paul Theobald, Chicago, 1947.

「マックス・ベンゼ」向井周太郎（『講座・記号論3　記号としての芸術』川本茂雄ほか編　所収）勁草書房　一九八二年

『空間・時間・建築1』ジークフリート・ギーディオン著　太田實訳　丸善　一九六九年

Winfried Nerdinger, *Walter Gropius. Ausstellungskatalog*, Bauhaus-Archiv, Gebr. Mann Verlag, Berlin, 1985.

Angelika Thiekötter u. a., *Kristallisationen, Splitterungen Bruno Tauts Glashaus*, Birkhäuser Verlag, Basel Berlin Boston, 1993.

「永遠なるもの」ブルーノ・タウト（『日本の家屋と生活』ブルーノ・タウト著　篠田英雄訳　所収）岩波書店　一九六六年

『日本　タウトの日記』（一九三三年、一九三四年、一九三五―三六年、全三冊）ブルーノ・タウト著　篠田英雄訳　岩波書店　一九七五年

Max Bense, *Aesthetica Metaphisysche Beobachtungen am Schönen*, Deutsche Verlags-Anstalt, Stuttgart, 1954.

MaxBense, *Aesthetische Information Aesthetica II*, Agis-Verlag Krefeld und Baden-Baden, 1956.

『情報美学入門　基礎と応用』マックス・ベンゼ著　草深幸司訳　勁草書房　一九九七年〔Max Bense, *Einführung in die informationstheoretische Ästhetik*, Rowohlt Taschenbuch Verlag, 1969.〕

『現代美学』（講演記録集）マックス・ベンゼ著　向井周太郎訳　東京ドイツ文化研究所　一九六七

年〔Max Bense, *Moderne Ästhetik*, Goethe-Institut Tokyo, 1967.〕
「言語の脱構築／コンクレーテ・ポエジー」向井周太郎（『タイポグラフィックス・ティー』一九八五年六月　六十一号　所収）日本タイポグラフィ協会
Hansjörg Mayer, *publication by edition hansjörg mayer*, Germany, 1968.
『造形芸術の基礎　バウハウスにおける美術教育』ヨハネス・イッテン著　手塚又四郎訳　美術出版社　一九七〇年〔Johannes Itten, *Mein Vorkurs am Bauhaus Gestaltungs- und Formenlehre*, Otto Maier Verlag, Ravensburg, 1963.〕
Max Bill, *retrospektive skulpturen gemälde graphik 1928–1987*, Schirn Kunsthalle Frankfurt, abc verlag, Zürich, 1987.
Lázló Moholy-Nagy, Richard Kostelanetz ed., Allen Lane The Penguin Press, London, 1971.
『アルプス建築　タウト全集　第六巻』ブルーノ・タウト著　水原徳言訳　育生社弘道閣　一九四四年

constellation[f][g]

『身ぶりと言葉』アンドレ・ルロワ＝グーラン著　荒木亨訳　新潮社　一九七三年（原著一九六四年）
『字訓』白川静　平凡社　一九八七年
Vilém Flusser, *Gesten: Versuch einer Phänomenologie*, Bollmann Verlag, Bensheim und Düsseldorf, 1991.
Gesten: ein Buchprojekt von Fotografie-Studenten der Hochschule für Grafik und Buchkunst Leipzig, Idee: Jürgen W. Braun und Timm Rautert, Hg. von FSB, Verlag der Buchhandlung

Walther König, Köln, 1996.
『写真の哲学のために』ヴィレム・フルッサー著　深川雅文訳　勁草書房　一九九九年〔Vilém Flusser, *Für eine Philosophie der Fotografie*, European Photography, Göttingen, 1983.〕
『中世の身ぶり』ジャン＝クロード・シュミット著　松村剛訳　みすず書房　一九九六年（原著一九九〇年）
『リズムの本質』ルードヴィッヒ・クラーゲス著　杉浦実訳　みすず書房　一九七一年（原著一九二三年）
Geste & Gewissen im Design, Hg. von Hermann Sturm, DuMont Buchverlag, Köln, 1998.
Heute ist Morgen　Über die Zukunft von Erfahrung und Konstruktion, Katalogkonzept: Michael Erlhoff, Hans Ulrich Reck, Kunst-und Ausstellungshalle der Bundesrepublik Deutschland GmbH, Bonn, 2000.
『ミツバチの不思議』カール・フォン・フリッシュ著　内田亨訳　法政大学出版局　一九七八年
『擬態　自然も嘘をつく』ヴォルフガング・ヴィックラー著　羽田節子訳　平凡社　一九八三年
『ヴィーコ　新しい学』責任編集清水幾太郎　中央公論社（中公バックス）　一九七九年（原著一七二五年）
『アリストテレース　詩学・ホラーティウス　詩論』アリストテレース、ホラーティウス著　松本仁助、岡道男訳　岩波書店（岩波文庫）　一九九七年
『アリストテレス全集3　自然学』アリストテレス著　出隆、岩崎允胤訳　岩波書店　一九六八年

constellation[i]

『我と汝・対話』マルティン・ブーバー著　田口義弘訳　みすず書房　一九七八年（原著一九二三年）

『我と汝・対話』マルティン・ブーバー著　植田重雄訳　岩波書店（岩波文庫）一九七九年
『造形思考』（上下二巻）パウル・クレー著　土方定一、菊盛英夫、坂崎乙郎訳　新潮社　一九七三年〔*Paul Klee, Das bildnerische Denken: Form- und Gestaltungslehre Bd. 1*, Hg. von Jürg Spiller, Schwabe & Co. Verlag, Basel/Stuttgart, 1971.〕
Josef Albers, *Interaction of Color Revised and Expanded Edition*, Yale University Press, 2006.
「アルベルスの世界―アルベルスの作品」向井周太郎、一万田幸司、神田昭夫（『グラフィックデザイン』一九六三年　十一号　所収）ダイヤモンド社
Johannes Itten, Tagebücher 1913–1916 Stuttgart, 1916–1919 Wien, Abbildung und Transkription, Hg. von Eva Badura-Triska, Löcker Verlag, Wien, 1990.
Josef Albers, *Poems and Drawings*, Readymade Press, New Haven, 1958.
Josef Albers, Hg. von Eugen Gomringer, Josef Keller Verlag, Starnberg, 1968.
J. Wolfgang von Goethe, "Epirrhema", in: J. Wolfgang von Goethe, *Goethe Werke, Bd. 1*, Christian Wegner Verlag, Hamburg, 1948.
『知恵の樹　生きている世界はどのようにして生まれるのか』ウンベルト・マトゥラーナ、フランシスコ・バレーラ著　管啓次郎訳　筑摩書房（筑摩学芸文庫）一九九七年（原著一九八四年）

constellation[k]

Karl Lothar Wolf, Robert Wolff, *SYMMETRIE Tafelband u. Textband*, Böhlau-Verlag, Münster/Köln, 1956.
Studium Generale, Vol.2, 1949, Springer-Verlag, Berlin.

DIE GESTALT, Heft 1, Goethes Morphologischer Auftrag-Versuch einer naturwissenschaftlichen Morphologie, von K. Lothar Wolf und Wilhelm Troll, Max Niemeyer Verlag/Halle Saale, 1942.
「植物変態論」ヨハン・ヴォルフガング・フォン・ゲーテ（『ゲーテ全集 十四』ゲーテ著　野村一郎訳　所収）潮出版　一九八〇年
「イタリア紀行」「第二次ローマ滞在」ヨハン・ヴォルフガング・フォン・ゲーテ（『ゲーテ全集 十一』ゲーテ著　高木久雄訳　所収）潮出版　一九七九年
『イタリア紀行』（上下二巻）ヨハン・ヴォルフガング・フォン・ゲーテ著　相良守峯訳　岩波書店（岩波文庫）　一九六〇年
『造形思考』（上下二巻）パウル・クレー著　土方定一、菊盛英夫、坂崎乙郎訳　新潮社　一九七三年〔Paul Klee, *Das bildnerische Denken: Form- und Gestaltungslehre Bd. 1*, Hg. von Jürg Spiller, Schwabe & Co. Verlag, Basel/Stuttgart, 1971.〕
『反対称　右と左の弁証法』ロジェ・カイヨワ著　塚崎幹夫訳　思索社　一九七六年（原著一九七三年）
『シンメトリー・美と生命の文法』ヘルマン・ヴァイル著　遠山啓訳　紀伊國屋書店　一九五七年〔Hermann Weyl, *SYMMETRY*, Princeton University Press, New Jersey, 1952.〕

constellation[r]

Bertus Mulder, "The Restoration of the Rietveld Schröder House", in P. Overy, L. Büller, F. d. Oudsten, B. Mulder, *The Rietveld Schröder House*, De Haan/Unieboek B. V., 1988.
『現代建築の発展』ジークフリート・ギーディオン著　生田勉、樋口清訳　みすず書房　一九六一年（原著一九五八年）

『新しい造形（新造形主義）』（バウハウス叢書五）ピート・モンドリアン著　宮島久雄訳　中央公論美術出版　一九九一年（原著一九二五年）〔Piet Mondrian, *Neue Gestaltung*, Neue Bauhausbücher, Hg. von Hans M. Wingler, bei Florian Kupferberg Verlag, Mainz, 1974.〕
『新しい造形芸術の基礎概念』（バウハウス叢書六）テオ・ファン・ドゥースブルフ著　宮島久雄訳　中央公論美術出版　一九九三年（原書一九二五年）〔Theo van Doesburg, *Grundbegriffe der neuen gestaltenden Kunst*, Neue Bauhausbücher, Hg. von Hans M. Wingler, bei Florian Kupferberg Verlag, Mainz, 1966.〕
『オランダの建築』（バウハウス叢書十）J・J・P・アウト著　貞包博幸訳　中央公論美術出版　一九九四年
Jan Tschichold, *DIE NEUE TYPOGRAPHIE: ein Handbuch für zeitgemäss Schaffende*, Verlag des Bildungsverbandes der Deutschen Buchdrucker, Berlin, 1928.
『キュービスム』（バウハウス叢書十三）アルベール・グレーズ著　貞包博幸訳　中央公論美術出版　一九九三年
『無対象の世界』（バウハウス叢書十一）カジミール・マレーヴィチ著　五十殿利治訳　中央公論美術出版　一九九二年

constellation[r][s]

Max Bill, "Die mathematische Denkweise in der Kunst unserer Zeit", in Tomás Maldonado ed., *Max Bill*, ENV editorial nueva visión, Buenos Aires, Argentina, 1955.
『生物と無生物のあいだ』福岡伸一　講談社（講談社現代新書）二〇〇七年

Paul Klee, *Das bildnerische Denken: Form-und Gestaltungslehre, Bd. 1*, Hg. von Jürg Spiller, Schwabe & Co. Verlag, Basel/Stuttgart, 1971.
「マックス・ビル〈紹介〉」ワシリー・カンディンスキー（『抽象芸術論―芸術における精神的なもの―』カンディンスキー 所収）美術出版社 一九五八年〔Wassily Kandinsky, "Einführung von Max Bill", in Wassily Kandinsky, *Über das Geistige in der Kunst*, Benteli Verlag, Bern, 1952.〕
『ピュタゴラスの現代性 数学とパラ実存』オスカー・ベッカー著 中村清訳 工作舎 一九九三年（原著一九六三年）

constellation[t]

『思想（特集 ゲーテ 自然の現象学）』一九九九年十二月 九〇六号 岩波書店
John Ruskin, *Modern Painters*, Smith Elder, London, 1843–1860, 5v.
『風景の思想とモラル 近代画家論・風景編』ジョン・ラスキン著 内藤史朗訳 法藏館 二〇〇二年
『色彩論』ヨハン・ヴォルフガング・フォン・ゲーテ著 高橋義人、前田富士男、南大路振一、嶋田洋一郎、中島芳郎訳 工作舎 一九九九年（原著一八一〇年）
『ゲーテの画と科学』鷹部屋福平 彰國社 一九四八年
『陰翳禮讚』谷崎潤一郎 創元社 一九三九年（現在『陰翳礼讃』谷崎潤一郎 中央公論新社〔中公文庫〕 一九九五年）
『自然と象徴―自然科学論集―』ヨハン・ヴォルフガング・フォン・ゲーテ著 高橋義人編訳 前田富士男訳 冨山房（冨山房百科文庫） 一九八二年
「等伯試論」鈴木廣之（『新編名宝日本の美術20 永徳・等伯』太田博太郎ほか監修 所収）小学館

一九九一年
『観察者の系譜　視覚空間の変容とモダニティ』ジョナサン・クレーリー著　遠藤知巳訳　十月社　一九九七年（二〇〇五年に以文社から復刊　原著一九九二年）
David Katz, *Die Erscheinungsweisen der Farben und ihre Beeinflussung durch die individuelle Erfahrung*, Verlag von Johann Ambrosius, Barth, 1911.

constellation[u]

「ヒトのからだ―生物史的考察」三木成夫（『原色現代科学大事典6　人間』小川鼎三編　所収）学習研究社　一九六八年
『胎児の世界　人類の生命記憶』三木成夫　中央公論新社（中公新書六九一）　一九八三年
『生命形態の自然誌　第一巻　解剖学論集』三木成夫　うぶすな書院　一九八九年
Katharina Adler, Otl Aicher, *das Allgäu (bei Isny)*, Stadt Isny/Allgäu Isny, Isny im Allgäu 1981.
『荒れ野の40年 ヴァイツゼッカー大統領演説全文一九八五年五月八日』リヒャルト・フォン・ヴァイツゼッカー著　永井清彦訳・解説　村上伸解説　岩波書店（岩波ブックレットNO.55）一九八六年
Otl Aicher, *Die Küche zum Kochen Das Ende einer Architekturdoktrin*, Callwey, München, 1982.
Otl Aicher, *kritik am auto*, Callwey, München, 1984.
Otl Aicher, Gabriele Greindl and Wilhelm Vossenkuhl, *Wilhelm von Ockham Das Risiko modern zu denken*, Callwey, München, Paris, London, 1986.
Josef Albers, *Photographien 1928–1955*, Hg. von Marianne Stockebrand, Kölnischer

Kunstverein und Schirmer/Mosel, München, Paris, London, 1992.
『白バラは散らず』(改訳版) インゲ・アイヒャー＝ショル著　内垣啓一訳　未來社　一九六四年
〔Inge Scholl, *Die weiße Rose*, Fischer Bücherei, Frankfurt a. M./Hamburg, 1955.〕
Richtlinien und Normen für die visuelle Gestaltung, Organisationskomitee für die Spiele der XX. Olympiade München 1972, Juni 1969.

constellation[q][w]

Gregor Paulsson, *Die soziale Dimension der Kunst*, Franke Verlag, Bern, 1955.
『生活とデザイン—物の形と効用』グレゴール・パウルソン著　鈴木正明訳　美術出版社　一九六一年(原著一九五六年)
Max Bill, *FORM: Eine Bilanz über die Formentwicklung um die Mitte des XX. Jahrhunderts*, Verlag Werner, Basel, 1952.
Max Bill, *Robert Maillart*, Verlag für Architektur, Zürich, 1949.
『社会的共通資本』宇沢弘文　岩波書店(岩波新書)二〇〇〇年
『クッションから都市計画まで　ヘルマン・ムテジウスとドイツ工作連盟：ドイツ近代デザインの諸相』展図録　池田祐子監修・編集　京都国立近代美術館　二〇〇二年
Bernd Meurer, Hartmut Vinçon, *Industrielle Ästhetik: Zur Geschichte und Theorie der Gestaltung, Werkbund-Archiv Bd. 9*, Anabas-Verlag, Gießen, 1983.
Theodor Heuss, *Was ist Qualität?: Zur Geschiche und zur Aufgabe des Deutschen Werkbundes*, Rainer Wunderlich Verlag Hermann Leins, Tübingen und Stuttgart, 1951.

Theodor Heuss, *Friedrich Naumann, der Mann, das Werk, die Zeit*, Wunderlich Verlag Hermann Leins, Tübingen und Stuttgart, 1949.
『現代ドイツの政治思想家　ウェーバーからルーマンまで』クリス・ソーンヒル著　安世舟、永井健晴、安章浩訳　岩波書店　二〇〇四年（原著二〇〇〇年）
『豊かさとは何か』暉峻淑子　岩波書店（岩波新書）　一九八九年
Walther Rathenau, *Schriften und Reden*, Auswahl und Nachwort von Hans Werner Richter, S. Fischer Verlag, Frankfurt Main, 1964.
「戦前日本の統制経済論とドイツの経済思想—資本主義の転化・修正をめぐって」柳澤治（『思想』二〇〇一年二月　九二一号　所収）岩波書店
『ヨーロッパ諸学の危機と超越論的現象学』エドムント・フッサール著　細谷恒夫、木田元訳　中央公論社　一九七四年（中公文庫　一九九五年。原著一九三六年）
『フッサール〈危機〉書の研究』エルンスト・W・オルト著　川島秀一、工藤和男、森田安洋、林克樹訳　晃洋書房　二〇〇〇年（原著一九九九年）
『生物から見た世界』ヤーコプ・フォン・ユクスキュル、ゲオルク・クリサート著　日高敏隆、野田保之訳　岩波書店（岩波文庫）　二〇〇五年（原著の初出　一九三四年、一九四〇年）

constellation[w]

「ドナウ源流行」斎藤茂吉（『斎藤茂吉随筆集』阿川弘之・北杜夫編　所収）岩波書店（岩波文庫）二〇〇三年（初出『中央公論』一九二六年六月号）
「近代　未完のプロジェクト」ユルゲン・ハーバーマス（『近代　未完のプロジェクト』ハーバーマ

ス著　三島憲一編訳　所収）岩波書店（岩波現代文庫）　二〇〇〇年
『成長の限界　ローマ・クラブ「人類の危機レポート」』D・H・メドウズ、D・L・メドウズ、J・ランダース、W・W・ベアランズ三世著　大来佐武郎監訳　ダイヤモンド社　一九七二年
『生きるための選択　限界を超えて』D・H・メドウズ、D・L・メドウズ、J・ランダース著　茅陽一監訳　松橋隆治、村井昌子訳　ダイヤモンド社　一九九二年
『成長の限界　人類の選択』D・H・メドウズ、D・L・メドウズ、J・ランダース著　枝廣淳子訳　ダイヤモンド社　二〇〇五年
『グローバリゼーションの時代—国家主権のゆくえ』サスキア・サッセン著　伊豫谷登士翁訳　平凡社　一九九九年
『現代思想（特集　サスキア・サッセン）』二〇〇三年五月号　青土社
『ドラキュラの遺言　ソフトウエアなど存在しない』フリードリッヒ・キットラー著　原克、前田良三ほか訳　産業図書　一九九八年
『グラモフォン・フィルム・タイプライター』フリードリッヒ・キットラー著　石光泰夫、石光輝子訳　筑摩書房（ちくま学芸文庫）　二〇〇六年
Tomás Maldonado, *Digitale Welt und Gestaltung*: Ausgewählte Schriften, Herausgegeben und übersetzt von Gui Bonsiepe, Zürcher Hochschule der Künste, Birkhäuser Verlag, Basel, Boston, Berlin, 2007.
DER SPIEGEL, special No.6, 1995, SPIEGEL-Verlag Rudolf Augstein GmbH & Co. KG, Hamburg.
『漱石全集第十四巻　評論　雑論』夏目漱石　漱石全集刊行会　一九二九年
「内発的発展論へむけて」鶴見和子（『現代国際関係論—新しい国際秩序を求めて』川田侃・三輪公忠編　所収）東京大学出版会　一九八〇年（現在『内発的発展論の展開』鶴見和子　筑摩書房

一九九六年　所収）
『風土　人間学的考察』和辻哲郎　岩波書店　一九三五年（現在『風土　人間学的考察』和辻哲郎　岩波書店［岩波文庫］　一九七九年）
『生命とは何か―物理的にみた生細胞』エルヴィン・シュレーディンガー著　岡小天、鎮目恭夫訳　岩波書店（岩波新書）　一九五一年（原著一九四四年）
『ベルグソン全集四　創造的進化』アンリ・ベルグソン著　松浪信三郎、高橋允昭訳　白水社　二〇〇一年（原著一九〇七年）
『字通』白川静　平凡社　一九九六年
『グーテンベルク銀河系の終焉　新しいコミュニケーションのすがた』ノルベルト・ボルツ著　識名章喜、足立典子訳　法政大学出版局（叢書ウニベルシタス六五七）　一九九九年
『世界コミュニケーション』ノルベルト・ボルツ著　村上淳一訳　東京大学出版会　二〇〇二年
『コミュニケイション的行為の理論』（上中下三巻）ユルゲン・ハーバーマス著　河上倫逸ほか訳　未來社　一九八五―一九八七年
『批判理論と社会システム理論―ハーバーマス＝ルーマン論争』（上下二巻）ユルゲン・ハーバーマス、ニクラス・ルーマン著　佐藤嘉一ほか訳　木鐸社　一九八四年（上）　一九八七年（下）
『社会の教育システム』ニクラス・ルーマン著　村上淳一訳　東京大学出版会　二〇〇四年
『オートポイエーシス　生命システムとはなにか』ウンベルト・マトゥラーナ、フランシスコ・ヴァレラ著　河本英夫訳　国文社　一九九一年（原著一九八〇年）
『オートポイエーシス２００１　日々新たに目覚めるために』河本英夫　新曜社　二〇〇〇年
『サイバネティックス（第二版）動物と機械における制御と通信』ノーバート・ウィーナー著　池原止戈夫ほか訳　岩波書店　一九六二年

『サイバネティックスはいかに生まれたか』ノーバート・ウィーナー著　鎮目恭夫訳　みすず書房（現代科学叢書三十三）一九五六年

constellation[v][w]

『文化経済学のすすめ』池上惇　丸善　一九九一年
『文化と固有価値の経済学』池上惇　岩波書店　二〇〇三年
『富国有徳論』川勝平太　中央公論新社（中公文庫）二〇〇〇年
『人間のための経済学―開発と貧困を考える』西川潤　岩波書店　二〇〇〇年
「この最後の者にも」ジョン・ラスキン（『世界の名著41』ラスキン著　飯塚一郎訳　所収）中央公論社　一九七一年（原著一八六二年。現在『この最後の者にも　ごまとゆり』ジョン・ラスキン著　飯塚一郎、木村正身訳　中央公論新社［中公クラシックス］二〇〇八年）
『ムネラ・プルウェリス　政治経済要義論』ジョン・ラスキン著　木村正身訳　関書院　一九五八年（原著の初出　一八六二―六三年）
『スモール イズ ビューティフル―人間中心の経済学』エルンスト・F・シューマッハー著　小島慶三、酒井懋訳　講談社（講談社学術文庫）一九八六年（原著一九七三年）
『大転換』カール・ポラニー著　吉沢英成ほか訳　東洋経済新報社　一九七五年（現在『新訳　大転換』カール・ポラニー著　野口健彦ほか訳、東洋経済新報社、二〇〇五年。原著一九四四年）
『スモール イズ ビューティフル再論』エルンスト・F・シューマッハー著　酒井懋訳　講談社（講談社学術文庫）二〇〇〇年（原著一九七七年）
『社会的共通資本』宇沢弘文　岩波書店（岩波新書）二〇〇〇年

『エコノミーとエコロジー　広義の経済学への道』玉野井芳郎　みすず書房　一九七八年
『生命系のエコノミー　経済学・物理学・哲学への問いかけ』玉野井芳郎　新評論　一九八二年
『植物と人間—生物社会のバランス』宮脇昭　NHK出版（NHKブックス）一九七〇年
『緑環境と植生学　鎮守の森を地球の森に』宮脇昭　NTT出版　一九九七年
『福祉の経済学　財と潜在能力』アマルティア・セン著　鈴村興太郎訳　岩波書店　一九八八年（原著一九八五年）
『経済学の再生　道徳哲学への回帰』アマルティア・セン著　徳永澄憲、松本保美、青山治城訳　麗澤大学出版会　二〇〇二年（原著一九八七年）
『造形芸術の基礎　バウハウスにおける美術教育』ヨハネス・イッテン著　手塚又四郎訳　美術出版社　一九七〇年〔Johannes Itten, *Mein Vorkurs am Bauhaus: Gestaltungs- und Formenlehre*, Otto Maier Verlag, Ravensburg, 1963.〕
『ザ ニュー ヴィジョン　ある芸術家の要約』ラスロー・モホリ＝ナギ著　大森忠行訳　ダヴィッド社　一九六七年（原著一九二八年、改訂版一九四九年）
Von Morris zum Bauhaus. Eine Kunst gegründet auf Einfachheit, Hg. von Gerhard Bott, Dr. Hans Peters Verlag, Hanau, 1977.
Theodor Heuss, *Was ist Qualität?*, zur Geschichte und zur Aufgabe des Deutschen Werkbundes, Rainer Wunderlich Verlag Hermann Leins, Tübingen und Stuttgart, 1951.
『国富論』（全三巻）アダム・スミス著　大河内一男監訳　玉野井芳郎ほか訳　中央公論新社（中公文庫）一九七八年（原著一七八九年）

あとがきにかえて

Eugen Gomringer, *konstellationen constellations constelaciones*, spiral press, Bern, 1953.

『ゲーテ全集　九巻・詩と真実―わが生涯より―第一部・第二部』ヨハン・ヴォルフガング・フォン・ゲーテ著　山崎章甫、河原忠彦訳　潮出版社　一九七九年〔Johann Wolfgang von Goethe, *Dichtung und Wahrheit*, Eine Auswahl, Hg. von Walter Schafarschik, Philipp Reclam jun, Stuttgart, 1993.〕

『偶然性の問題』九鬼周造　岩波書店　一九四八年（原著一九三五年）

主な著書・共著

『現代デザイン理論のエッセンス　歴史的展望と今日の課題』勝見勝監修　ぺりかん社　一九六六年

『デザインの原点―ブラウン社における造形の思想とその背景』向井周太郎、羽原肅郎　日本能率協会　一九七八年

『かたちのセミオシス』向井周太郎　思潮社　一九八六年

『円と四角』松田行正、向井周太郎　牛若丸　一九九八年

『モダン・タイポグラフィの流れ　ヨーロッパ・アメリカ 1950s–'60s』田中一光、向井周太郎監修　トランスアート　二〇〇二年

『かたちの詩学　morphopoiēsis I・II』向井周太郎　美術出版社　二〇〇三年

『ふすま　文化のランドスケープ』向井一太郎、向井周太郎　中央公論新社（中公文庫）二〇〇七年

『生とデザイン　かたちの詩学Ⅰ』向井周太郎　中央公論新社（中公文庫）二〇〇八年

『デザインの原像　かたちの詩学Ⅱ』向井周太郎　中央公論新社（中公文庫）二〇〇九年

索引

凡例

*本索引は用語事項と人名事項を五十音順に並べた。

*人名事項の文頭で「イギリスの工芸家・詩人・思想家」と表記した場合、国名「イギリス」は、その人物の出生国を指す。例外的に「イギリス生まれの工芸家」などの表記をとったが、これは特に出生国を特定したい場合である。

*書籍名には、主題名のみを記載し、副題は省略した。

*書籍名は原則として邦訳書を記載した。邦訳書がない場合は原題を記載し、必要な場合は、原題に続け（ ）内にその和訳を記載した。

*文末の［ ］で括った数字は、その用語・人名事項が出てくる本文のページを表わしている。

［作成協力　肴倉睦子］

アーツアンドクラフツ
[Arts and Crafts Movement]十九世紀末から二十世紀初頭にかけて、ラスキンとモリスによって主導され、イギリスに興ったデザイン運動。その思想やデザインは、ヨーロッパ全体に影響を与えた。この運動は中世の手工芸に芸術本来の姿を求め、手仕事とギルド的組織による生産を尊重するものだった。[**214, 305, 328, 374**]

アイヒャー、オトル
[Aicher, Otl　1922–1991]ドイツのグラフィックデザイナー。夫人のインゲ、マックス・ビルとともに一九五三年、ウルム造形大学を設立。同校にヴィジュアル・コミュニケーション学科を設け、後に学長を務めた。ブラウン社、ルフトハンザ航空、フランクフルト空港などのCIや製品コンセプトを手がける。なかでも二十世紀デザインの記念碑的プロジェクトとなったのがミュンヘン・オリンピックで手がけたロゴタイプ、色彩、ピクトグラムなど総合的デザイン・ディレクション。七二年以降は南ドイツのローティスに活動拠点を移し、デザイン研究所を運営。労働と自給自足を統合した生活を実践した。[**254–260–278–279**]

アイヒャー＝ショル、インゲ
[Aicher-Scholl, Inge　1917–1998]ドイツ生まれ。オトル・アイヒャー夫人。ウルム造形大学の創設者。アイヒャー＝ショルの弟妹であり白バラ運動の一員であったハンス・ショル(Scholl, Hans 1918–1943)とゾフィー・ショル(Scholl, Sophie 1921–1943)はナチスに逮捕され、わずか数日で処刑された。ウルム造形大学創設はナチスに抵抗する白バラ運動の追悼記念から起こり、同大学の建設には、権力に左右されない平和で自由な精神が込められている。[**260–261, 272–273**]

アシュビー、チャールズ・ロバート
[Ashbee, Charles Robert　1863–1942]イギリスの建築家・工芸運動家。モリスの影響を受け、アーツアンドクラフツ運動を推進し、一八八八年、ロンドンにギルド・オブ・ハンディクラフトや工芸学校を設立した。その後、ダルムシュタットの芸術家村建設に参画。建築家として多くの住宅も手がけた。[374]

アデナウアー、コンラート
[Adenauer, Konrad　1876–1967]ドイツの政治家。一九四九―六三年、西ドイツの初代首相を務め、五一―五五年には外相も兼務した。欧州経済共同体やNATOへの加盟を実現、西ドイツの経済復興を推進し福祉国家としての基礎を築いた。フランスとの和解に力を注いだことも、よく知られている。ドイツ工作連盟会員。[302]

アブダクション(abduction)　→パース、チャールズ・サンダース[**20–23–30, 32–35, 41–42, 45, 65, 68–69, 115, 145, 182, 399**]

アリストテレス
[Aristotelēs　B.C.384–322]古代ギリシアの哲学者。ソクラテス、プラトンにならぶ哲学者に数えられる。哲学のみならず神学、自然科学、生物学、心理学、論理学、倫理学、政治学、芸術論など、広汎な分野にわたり

研究を行ったことから「万学の祖」と呼ばれる。[80, 117, 233]

アルプ、ハンス

[Arp, Hans　1887–1966] ストラスブール生まれの彫刻家・画家・詩人。表現主義、構成主義、ダダ、シュルレアリスムなど多くの芸術運動に迎えられ、才能を開花させた。有機的な曲線を生かした独特な彫刻でよく知られる。抽象という名称を好まず、自作を「具体芸術」と呼んだ。[158]

アルベルス、アニ　→アルベルス、ヨーゼフ [128]

アルベルス、ヨーゼフ

[Albers, Josef　1888–1976] ドイツの画家・教育者。バウハウスにてイッテンらに学んだ後、一九二三年にグロピウスに招かれ基礎教育課程を受け持つ。二五年、デッサウへ移ったバウハウスにおいてマイスターとなる。バウハウス閉鎖後アメリカへ渡り、夫人のアニ(Albers, Anni 1899–1994)とともに四九年までブラック・マウンテン・カレッジで教鞭をとった後、エール大学デザイン学部長として広く世界のデザイン教育に貢献した。[43, 59–61, 64, 125–131, 133–135, 158, 220, 224–225, 242–246, 377–378]

イーストレイク、チャールズ・ロック

[Eastlake, Sir Charles Lock　1793–1865] イギリスの画家・美術史家。画家としての経歴とともに、特筆すべきは美術史家、公務員としての業績だとされる。ナショナル・ギャラリー学芸員、万国博覧会事務局長、ロイヤル・アカデミー院長、ナショナル・ギャラリー館長などを務めた。[209]

イッテン、ヨハネス

[Itten, Johannes　1888–1967] スイスの画家・教育者。一九一九年からバウハウスのマイスターとして、予備課程という造形の独自な基礎教育を導入し、全学生必修とした。なかでも色彩論を発展させ、色彩の知覚に伴う心理的側面の研究に独創性をみせた。一方で精神主義的傾向の強い教育理念によってグロピウスと決裂、二三年に離校し、二六年にベルリン近代芸術学校(後のイッテン・シューレ)を開校し、独自の造形教育を行った。[53, 57, 59–60, 62, 64, 76–77, 79–80, 126–128, 174, 188, 198, 225, 372–373, 392]

印象派

[impressionnism] 十九世紀後半にフランスに起きた絵画の流れ。印象主義とも呼ばれる。一八七四年に官設展覧会に対抗し、モネ、ピサロ、シスレー、ドガ、ルノワール、セザンヌらを中心とした画家のグループが開いた展覧会が発端とされる。印象派は空間の奥行きや量感を必ずしも強調せず、光の変化に応じた色調の変化や空気を動的に描くことを目指し、筆触を小さく分解する、色調を原色に還元する、色彩の視覚混合を導入するといった手法を用いた。[138, 225–226]

インスティテュート・オブ・デザイン

[Institute of Design] インスティテュート・オブ・デザインの前身であるシカゴ・スクール・オブ・デザインは、シカゴ芸術

産業協会に招聘されたモホリ＝ナギによって一九三七年に開設され、当時はニュー・バウハウス(New Bauhaus)と呼ばれた。協会の援助打ち切りによって翌年に閉鎖されるが、三九年に再開。四四年には拡大され、インスティテュート・オブ・デザイン(Institute of Design)に改称した。四九年にはイリノイ工科大学に併合され、現在も一学部として継承されている。[**268**]

インターフェイス

[interface] インターフェイスとは、異なる領域の境界面、共有領域、接触面を意味する。機器や道具の使いやすさは、使い手との間に表われるインターフェイスのデザインに頼るところが大きい。特に電子テクノロジーの発達に伴い、操作方法の複雑化、機能の多様化が激しくなる状況下で重要性が増している。一般的に、マン・マシン・インターフェイス、ヒューマン・インターフェイスとは、機械と人間のあいだに表われるインターフェイスを指す。[**109, 122**]

ヴァイツゼッカー、リヒャルト・フォン

[Weizsäcker, Richard von 1920–2015] ドイツの政治家。西ベルリン市長を経て、ドイツ連邦共和国の第六代大統領となる。一九八四年から十年にわたる大統領在任中に東西ドイツの統一を迎えた。八五年のドイツ降伏四十周年の際の演説は『荒れ野の40年』として日本でも出版され、格調高い演説はドイツ内外に感銘を与えた。[**264, 279**]

ヴァイル、ヘルマン

[Weyl, Hermann 1885–1955] ドイツの数学者。数学基礎論を直観主義の立場から開拓し、函数論、群論、整数論、相対性理論、量子力学、数理哲学にまで影響を与えた。著書に『シンメトリー』がある。[**144**]

ヴァン・ド・ヴェルド、アンリ

[van de Velde, Henry Clemens 1863–1957] ベルギーの建築家・インダストリアルデザイナー。アール・ヌーヴォーの先駆者であり、この様式の建築空間に合わせた家具のデザインも手がけた。一九〇七年に開校したヴァイマールの大公立工芸学校では翌年に校長就任、校舎を設計した。ドイツ工作連盟の発起人の一員であり、規格化をめぐる論争においては、作家の個性・芸術性を尊重する立場をとった。[**251, 253, 332**]

ヴィーコ、ジャンバッティスタ

[Vico, Giambattista 1668–1744] イタリアの哲学者。ほとんど独学で哲学、文学、歴史、法学、自然学などを修め、一六九九年から一七四一年まで王立ナポリ大学で修辞学(レトリック／雄弁術)の教授を務めた。ヴィーコは、数学的知識を「真」とするデカルトの認識論に対して、その真理の対象から排除された蓋然性とレトリックの意味を救出し、社会的・歴史的事象を数学とならぶ明確に認識可能な学問として位置づけた。数学も歴史も、自然とは異なり人間が作ったものであるから認識が可能であるという観点から「真なるものは、作られたものである」という命題を提起し、真なるものの認識の前提を制作的な行為(ポイエーシス)とみなした。豊かな感受性や直観力にもとづく詩的叡知によって把握された世界の

構造(さまざまな要素の有意味な関係の全体)を重要視し、その観点から『新しい学』を提唱した。レトリックが含みもつ共通感覚に沿った人間の知の回路、その場所(トピカ・トポス)の認識論的意義も再興された。[117]

ウィーナー、ノーバート
[Wienre, Norbert 1894–1964]アメリカの数学者、サイバネティックスの創始者。十四歳でハーバード大学大学院に入学し数理哲学および動物学を研究、十八歳で博士の学位を得た。一九一九年以降はマサチューセッツ工科大学に在職。伝統的な数学では捉え難い不規則な現象を扱うことのできる新しい統計的手法の開発や、コンピュータ設計の基本的原理の提言などに取り組んだ一方、機械と生物を含むシステムの制御・通信などを扱う総合科学を目指し、これをサイバネティックスと命名した。[351–352]

ヴィングラー、ハンス・M
[Wingler, Hans Maria 1920–1984]ドイツの美術史家。バウハウスやオスカー・ココシュカなどの研究に従事した。一九六〇年にはバウハウス・アーカイヴを設立し、ディレクターを務め、初のバウハウスのドキュメント『Das Bauhaus(バウハウス)』を編纂刊行した。[175]

ウェーバー、マックス
[Weber, Max 1864–1920]ドイツの社会学者・経済学者・思想家。二十世紀初頭、歴史社会の法則的発展説に異義を唱え、マルクスと並んで社会科学の分野に多大な影響を与えた。著作『都市の類型学』『社会学の基礎概念』などにもとづく構想力としての都市の観点や、現代倫理学としての風景哲学などの視点も注目に値する。[300]

ヴェーベルン、アントン・フォン →シェーンベルク、アルノルト[199]

ヴォルフ、カール・ローター
[Wolf, Karl Lothar 1901–1969]ドイツの物理化学者。一九四二年にヴィルヘルム・トゥロル(Troll, Wilhelm 1897–1978)とともに形態学研究誌『DIE GESTALT(形態)』を刊行。四五年、論文「シンメトリーと分極性」を発表し、新しいシンメトリー理論を展開する。五六年には共同研究者のローベルト・ヴォルフ(Wolff, Robert)と『SYMMETRIE』全二巻を刊行。伝統的なシンメトリーの概念を捉え直し、万象に適応可能な原理へと拡大した。[142–146, 151–154, 157–158, 193, 200]

宇沢弘文
[うざわ ひろふみ 1928–2014]鳥取県生まれの経済学者。東京大学理学部数学科を卒業するが、社会の病を治すことを目的に経済学の道に進み、戦後の数理経済学を牽引した。後に公害などの社会問題に注目し、公共経済学など実社会の経済研究を行っている。[293, 313, 392]

ウルム造形大学
[Hochschule für Gestaltung Ulm 1953–1968]ドイツ・ウルムの地に設立され、一九五三—六八年までの十五年間活動したデザインの大学。インゲ・アイヒャー

＝ショル、オトル・アイヒャー、マックス・ビルによって設立が推進された。バウハウスの意思を継承しながら、新たな次元での教育・文化的展開を目指し、制作プロセスにおける理性的なものを重視した先鋭的な教育プログラムが展開された。教員と学生の半数は外国人が占め、閉校後、その理念や画期的カリキュラムは多くの国々のデザイン教育に反映された。また、シンプルで合理的・理性的なデザインはウルム・スタイルと呼ばれ世界に知られることとなった。[21, 38, 52, 65, 70, 82, 126, 216, 260–263, 268–269, 284, 286, 289, 303, 311, 313, 325–326, 340, 368, 396, 398]

エールホフ、ミヒャエル
[Erlhoff, Michael　1946–2021] ドイツの芸術・デザイン史家、デザイン・コンテキスト研究者。芸術誌編集長、ドイツ・デザイン評議会事務局長を経てケルン工科大学にデザイン学部を創設。レイモンド・ローウィ・ファウンデーション会長として同デザイン賞を推進した。また、ジェンダー・デザインの理論家でデザイン研究者の夫人ウタ・ブランデス(Brandes, Uta 1949–)とサンモリッツ・デザイン・サミットを主宰する一方、先覚的な展覧会の企画開催や近年刊行した『Wörterbuch Design(デザイン事典)』をはじめとする今日のデザイン研究書の活発な編集・執筆・刊行活動で知られた。[118–119]

エルゴノミックス
[ergonomics] エルゴノミックスとは、物と人間との関係を身体の特性・生理・心理などから研究し、デザインに活用するという工学の分野である。この分野を日本では「人間工学」と呼ぶが、アメリカではヒューマン・ファクターズ(human factors)、欧州ではエルゴノミックスとするのが一般的である。[109]

オートポイエーシス
[autopoiēsis] 自己制作理論ともいわれる第三世代のシステム論。チリの生物学者、ウンベルト・マトゥラーナ(Maturana, Humberto R. 1928–)とフランシスコ・バレーラ(Varela, Francisco Javier Gracia 1946–2001)によって一九七〇年代初めに提起された。生物の組織化の神経システムをもとに解明された、外部環境のシステムには関係せず、自己が自身を源泉として自らを創出していくという生命システムの理論。[136, 138, 336–337, 347]

オッカム、ウィルヘルム・フォン
[Occam (Ockham), Wilhelm von　1300頃–1349頃] イギリスのスコラ哲学者。その哲学は論理的思考を特徴とする。現代における再評価の観点は、具体的なものの世界、つまり個別的な一回限りの出来事の方が普遍概念より重要だとしたことである。これはスコラ哲学、神に背を向ける考えでもあった。[277]

オップ・アート
[op-art] オップ・アートとはオプティカル・アート(optical art)の略で、オプ・アートともいう。幾何学的図形や波形などを規則的に配列し、動きや立体感を知覚させる錯視のメカニズムや、色彩の同時対比などの効果を用いた抽象絵画を指す。例えばヴィク

トル・ヴァザルリやブリジット・ライリーなどの作品が挙げられる。一九六五年にニューヨーク近代美術館が開催した「The Responsive Eye」展によってオップ・アートの認識が飛躍的に高まった。[**134,224**]

オルブリッヒ、ヨーゼフ・マリア
[Olbrich, Joseph Maria　1867–1908]トロッパウ(現在チェコ東北部)生まれの建築家・デザイナー。オットー・ワーグナーに学び、ウィーンで展覧会用にゼツェッション館を建てた。大公エルンスト・ルードヴィッヒによってダルムシュタット芸術家村のディレクターに招聘され、エルンスト・ルードヴィッヒ館、大公成婚記念塔、芸術家たちの住宅などを手がけた。[**327–328, 374**]

カイヨワ、ロジェ
[Caillois, Roger　1913–1978]フランスの文芸批評家・社会学者・哲学者。シュルレアリスム運動に関わり、後にジョルジュ・バタイユらと「聖なる社会学」の探求を目指した。「聖なるもの」の研究を端緒に、神話、想像力、夢、本能、遊び、戦争、祭りなど、人間における非合理で神秘的な現象を解明した。『石が書く』『反対称』『蛸』『メドゥーサと仲間たち』など、多くの著作が邦訳されている。[**154,159**]

カッツ、ダーヴィット
[Katz, David　1884–1953]ドイツの心理学者。ナチス政権下、イギリスに亡命。実験現象学の手法で色の現われ方について考察し、表面色、平面色などの概念で区別を設けた。動物心理、児童・教育に関する研究に業績を残し、ゲシュタルト心理学の確立に寄与した一人に数えられる。[**220, 229–231**]

勝見勝
[かつみ まさる　1909–1983]東京生まれのデザイン評論家。商工省工芸指導所などを経て、一九五九年より『グラフィックデザイン』誌編集長、六四年には東京オリンピックのデザイン専門委員会委員長を務めた。デザインがまだ広く一般に重視されていない時代にあって、デザイン理論書の翻訳や評論活動を精力的に行った。戦後のデザイン界を束ね、デザインの啓蒙に努めた。[**265,269**]

環境形成(Umweltgestaltung)　→ビル、マックス[**83,206,238–240,261,268–269, 282,284,288–289,292,312,373**]

ガンディー、マハトマ
[Gāndhī, Mōhandās Karamchand 1869–1948]インド生まれの思想家・指導者。イギリスに留学後、南アフリカで弁護士として活動。一九一五年に帰国し、インドの独立運動に参加、反帝国主義民族闘争(非暴力的抵抗運動)を主導した。一方、ラスキンの思想に共感をもち、人びとの真の豊かさとはなにかを問い、その実現に力を注いだ。[**361,365**]

カンディンスキー、ヴァシリー
[Kandinsky, Wassily　1866–1944]ロシアの画家。自然の外観に頼らず、共感覚的な精神活動を揺り起こす内在的な表現を求め、幾何学的形態と色彩による抽象的絵画を目

指した。第一次大戦期はロシアでインフク（芸術文化研究所）の綱領を起草。後にドイツでバウハウスのマイスターとして壁画、絵画クラスなどを担当した。抽象芸術の発展において、その作品と理論の両面に与えた影響は多大である。［64, 158, 175, 197, 199, 202, 225, 253］

カント、エマニュエル
［Kant, Immanuel　1724–1804］ドイツの哲学者。『純粋理性批判』『実践理性批判』『判断力批判』の書物を発表し、合理論と経験論を総合した批判哲学を確立した。伝統的認識観に対して、対象と認識の関係を真逆に置くような転回（いわゆるコペルニクス的転回）を提示し、形而上学や認識論に発想の革命を起こした。［26–27, 31, 74］

ギーディオン、ジークフリート
［Giedion, Sigfried　1893–1968］スイスの美術・建築史家。その活動範囲は、美術、デザイン、建築に及ぶ。CIAM（近代建築国際会議）の創設時には書記長を務めた。『空間・時間・建築』『機械化の文化史』などの著作によっても、近代建築運動に多くの影響を与えた。［87, 98, 180, 185］

記号学（sémiologie）　→ソシュール、フェルディナン・ド［22, 118］

記号論（semiotic）　→パース、チャールズ・サンダース［20–23, 27–28, 30–31, 35, 41, 43–45, 68–69, 72, 78, 98, 108, 182］

基礎デザイン学　→基礎デザイン学科［22–23, 65, 390］

基礎デザイン学科
［きそでざいんがっか　1967–］一九六七年に武蔵野美術大学造形学部に開設された学科。本書の著者である向井周太郎は設立起案を手がけ、二〇〇三年まで専任教員として同学科を牽引した。デザインと関連科学との横断的な知の観点からデザインの専門性を社会変革に即して柔軟に捉え直し、各専門領域に通底する問題の水脈を絶えず掘り起こしていく創造的な概念装置として「基礎デザイン学」を提唱し、その教育によって可能性に広く開かれた新しい型の人材を育成することを目指している。［3, 21–22, 71, 330］

キットラー、フリードリッヒ
［Kittler, Friedrich Adolf　1943–2011］ドイツ生まれの文芸・メディア評論家。ラカンやフーコーに影響を受け、文学、文化論、メディア論などにおいて独自の思想を提示した。『ドラキュラの遺言』『グラモフォン・フィルム・タイプライター』などの邦訳書がある。［340］

木下順二
［きのしたじゅんじ　1914–2006］東京生まれ、戦後日本を代表する劇作家。戦後、民話劇などの戯曲を発表し認められる。後に現代劇と歌舞伎・能・狂言などの伝統芸能の形式を融合させ、高い評価を得た。代表作に「夕鶴」がある。［346］

キュービズム
［cubism］二十世紀初め、ピカソとブラックによって始められ、多くの芸術家が参加

した芸術運動。「立体派」と訳される。遠近法による絵画空間を捨て去り、描こうとする対象の立体性と量感を表現しようとした。その結果、対象は幾何学的な面に分解され、それらが多様な同時的視点で再構成された。キュービズムは網膜的な写実主義ではなく、概念的な写実主義だともいわれる。［93–94, 97, 167］

ギュジョロ、ハンス

［Gugelot, Hans　1920–1965］オランダ家系の建築家・インダストリアルデザイナー。マックス・ビルのスタッフを経て、ウルム造形大学の校舎建築と工業デザイン専攻の教育に参加。アイヒャーとともに、同大への最初の委託プロジェクト、ブラウン社のデザイン・アイデンティティの基礎を築く。今なお新鮮なブラウン製品（一九五五—五八年）の名作をはじめ、ハンブルク市の地下鉄車両、システム家具、コダック社の「カローセル」など、先駆的なデザインの範例として世界的な評価を得て、工業デザインの世界に多大な足跡を残した。［311］

クーデンホーフェ＝カレルギ、リヒャルト・ニコラウス・栄次郎

［Coudenhove-Kalergi, Richard Nikolaus Eijiro　1894–1972］東京生まれ、オーストリアで活躍した政治学者。第一次大戦後のヨーロッパの復興と恒久平和確立のために汎ヨーロッパ主義を提唱。一九二四年に『Paneuropa』誌を発刊、そして汎ヨーロッパ連盟(Paneuropa-Union)を結成した。その活動は第二次大戦後も継続され、今日のEU創設の先駆けとなった。［320］

クーン、ロルフ

［Kuhn, Rolf　1946–］ドイツの都市・社会学者。一九八七年よりデッサウ・バウハウス館長を務めた。九四年にはクーンの指導によって「バウハウス・デッサウ財団」が設立された。［340］

九鬼周造

［くき しゅうぞう　1888–1941］東京生まれの哲学者。ドイツ、フランスに留学し、ベルグソンやハイデッガーに師事した。実存哲学の立場から時間論や偶然論を論じ、なかでも芸術や文芸に関する哲学的解明において優れた仕事を残した。「実存」という哲学用語の翻訳をはじめ、ハイデッガー哲学の受容において大きな役割を果たした。主著に『「いき」の構造』『偶然性の問題』がある。［402］

具体芸術

［Konkrete Kunst, concrete art］一九三〇年、ドゥースブルフは「具体芸術」と題した宣言を発表した。「具体芸術」は、自然の模写や感情表現としての芸術、または自然の形象から本質的なものをとりだしていく再現的な抽象とは異なり、それ自身が自律的に形成されている造形物である。自然と並ぶもうひとつの「具体的なもの」、色彩や形態によって純粋に構成される芸術だといえる。この概念はマックス・ビル、アルプによってスイスに継承され、ビルが訪れたブラジル、アルゼンチンにも広がった。具体芸術は英語でコンクリート・アート、ドイツ語ではコンクレーテ・クンストとなる。［184–185, 196–200, 312–313, 398］

クラーゲス、ルードヴィッヒ
［Klages, Ludwig　1872–1956］ドイツの哲学者・筆跡学者。ゲーテやニーチェの影響を受け、J・J・バッハオーフェンの『母権論』を再評価して独自の宇宙論を展開した。こうした観点からロゴス中心の西洋哲学に反旗を翻し、生の哲学を展開した代表者として知られる。［113, 119］

グラーザー、ヘルマン
［Glaser, Hermann　1928–2018］ドイツの文化史家。一九八五―九六年までドイツ工作連盟の会長を務めた。ベルリン工科大学名誉教授。著書『ドイツ第三帝国』が邦訳されている。［340］

クリック、フランシス
［Crick, Francis Harry Compton　1916–2004］イギリスの分子生物学者。ワトソン(Watson, James Dewey　1928–)とともにデオキシリボ核酸(DNA)の二重螺旋構造のモデルを提唱。この業績により、一九六二年にノーベル医学・生理学賞を受賞した。［72］

グレーズ、アルベール
［Gleizes, Albert　1881–1953］フランスの画家・芸術理論家。一九〇九年頃からキュービズムのメンバーたちと交流し、一二年にはこの運動について著した『キュービスム』を発表、二八年にはバウハウス叢書として刊行された。［176］

クレー、パウル
［Klee, Paul　1879–1940］スイスの画家。音楽の教師であった父ハンス(Klee, Hans 1849–1940)のもと、幼少期から音楽と芸術にふれて育つ。ミュンヘンで絵画を学んだ後、バウハウスのマイスターとしてステンドグラス工房、織物工房、絵画などを指導。芸術理論を下敷きに八千点余りの作品を残した。没後、バウハウス時代の講義録や草稿が『造形思考』として出版され、また、息子・フェリックス(Klee, Felix 1907–1990)の手で遺稿集や日記などが出版された。現在、美術史家W・F・ケルステンによって詳細に見直された『クレーの日記』も邦訳されている。［52–55–58, 64, 97, 123–125, 148–151, 155, 158, 175, 188, 192–199, 218, 225, 246, 253］

クレー、ハンス　→クレー、パウル［198］

クレー、フェリックス　→クレー、パウル［253］

クレーリー、ジョナサン
［Crary, Jonathan　生年不明］アメリカの美術史家。コロンビア大学教授。著書に『観察者の系譜』や『知覚の宙吊り』などがある。視覚に関する歴史的諸問題が表象的なものの歴史とは別のものであると主張し、むしろ視覚の問題は主観性をめぐる歴史的問題と切り離せないものであることを示した。［228, 235］

グロピウス、ヴァルター
［Gropius, Walter Adolf Georg　1883–1969］ドイツ生まれの建築家。ヴァイマールの大公立工芸学校の校長に招かれたことを契機に、バウハウスの初代校長に就任。先鋭的な芸術家を集め、画期的なデザイン運動の場を準備した。同校のデッサウ校舎の建築設計を手がけ、これは近

代建築の代表として世界的に知られることとなった。一九二八年に校長を辞し、ベルリンに事務所を開設。ナチス政権樹立後、ロンドンに亡命し同地で活躍後、渡米。ハーバード大学大学院建築科教授を務めた。［**48–51, 53–55, 57, 59–60, 65, 90–91, 158, 174–175, 288, 307**］

形而上学
［metaphysics］物理的に存在するものや、概念的に存在する対象について、それらが存在する理由や根拠を問い、議論する学門。自然全体の本性やその本質への問い、また私たちの感覚や知覚に捉えられる世界を超えた超越的存在への問いだといえる。［**40–41, 57, 124, 399, 401**］

芸術家村
［Künstlerkolonie］ドイツ・ダルムシュタットに芸術家村が建設されたのは、十九世紀末から二十世紀初頭のこと。ヘッセン大公国の大公エルンスト・ルードヴィッヒ（Ludwig, Karl Albecht Wihelm Ernst 1868–1937）が創案、オルブリッヒ、ベーレンスら七人の芸術家を招聘し、新しいアーツアンドクラフツ運動の拠点とすることを目的に建設された。マティルデの丘に建てられた共同アトリエであるエルンスト・ルードヴィッヒ館、大公成婚記念塔を中心に、その周辺に芸術家たちの家が配された。芸術家村は十九世紀末ドイツにおけるアール・ヌーヴォーの伝播拠点として機能した。［**305, 324, 326, 328, 373–374**］

形態学
［Morphologie］ゲーテが創始した学問。それまでの自然史は事象をつなぎあわせたものにすぎず、生命という概念が希薄だったのに対し、ゲーテは生物の生きた形態、変化生成する形態を捉えようとする考えから形態学を提唱した。「有機的自然の形成と変形」がゲーテによる形態学の定義である。［**80, 144–147, 200, 248, 284, 338**］

ゲーテ、ヨハン・ヴォルフガング・フォン
［Goethe, Johann Wolfgang von　1749–1832］ドイツの文学者・科学者・哲学者。『若きウェルテルの悩み』など、ヴァイマール古典主義を代表する作家として知られるが、官吏として働く一方で、解剖学、地質学、鉱物学、動植物学、色彩学などさまざまな研究を手がけた。その成果のひとつとして、色彩研究をまとめた『色彩論』などの書物がある。［**44, 80, 97, 124, 131–133, 135–136, 138, 144–146–149, 151, 153, 159, 191, 198, 200, 204, 206–209, 212, 215–216, 219–220, 224–225, 227–228, 230, 233–235, 240–241, 247–248, 251–253, 293, 338, 343, 378, 397–398**］

ゲシュタルト
［gestalt］ゲシュタルトとはドイツ語で「形態」の意味。また、ゲシュタルト心理学における「ゲシュタルトの群化の法則」、すなわち「全体性をもったまとまりのある構造、個別なものに還元できない全体の枠組み」という概念も指す。「ゲシュタルトの群化の法則」とは、まとまり方の法則ともいえ、人間が形を把握するさい、あるまとまりをもって認識しようとすることである。この群化（まとまり）の要因には「近接、類同、閉鎖、連続」などがある。［33, 36］

構成主義
[constructivism]キュービズムやシュプレマティズムの影響を受け、一九一〇年頃から二〇年代にかけて特にロシアで展開された芸術運動がロシア構成主義と呼ばれる。アレクサンドル・ロドチェンコ、リシツキーなど多くの賛同者を得て、ロシアからヨーロッパへと展開し、構成主義が広まった。絵画や彫刻をブルジョア美術として批判し、鉄、ガラスなどの素材を使用し社会的効用を訴えた。この動きは建築・デザインにも広がりをみせ、同時代のヨーロッパ諸国や日本にも広く影響を及ぼした。[**174, 176, 180, 196**]

ゴムリンガー、オイゲン
[Gomringer, Eugen　1925–]ボリビアに生まれ、現在ドイツで活躍する詩人。一九五〇年代よりコンクリート・ポエトリー(具体詩)という概念を提唱・実践している。五三年、スイスで『spirale』誌をマルセル・ヴィス、ディーター・ロートとともに刊行。五四―五七年にはウルム造形大学にてマックス・ビルの秘書および同大学講師を、後にデュッセルドルフ芸術大学教授を務めた。[**38, 45, 312–313, 396–399**]

コンクリート・アート　→具体芸術[**398**]

コンクレーテ・クンスト　→具体芸術[**197**]

斎藤茂吉
[さいとうもきち　1882–1953]大正・昭和期に活躍した山形生まれの歌人・精神科医。伊藤左千夫の門下で、アララギ派の中心的歌人。一九二一―二四年には医学の勉強のために欧州留学の経験をもつ。近代短歌を代表する歌人であるとともに、大著『柿本人麿』など研究・評論の業績も多い。[**321–322, 357**]

サイバネティックス
[Cybernetics]アメリカの数学者ウィーナーが提唱した学問。サイバネティックスとは「舵取り」を意味したギリシア語に由来する。通信・制御などの工学的問題から、統計力学・神経系統や脳の生理作用までの問題を統一的に処理する理論体系である。[**118, 350–351**]

サッセン、サスキア
[Sassen, Saskia　1949–]オランダに生まれ、各国で活躍する社会学者。サッセンの研究テーマは移民問題、多国籍企業論、世界都市論、ジェンダー研究など幅広いが、これらの視点の基層には、現代における貧困問題というテーマが一貫している。『労働と資本の国際移動』『グローバル空間の政治経済学』『グローバル・シティ』などの著書が邦訳されている。[**340**]

シービオク、トーマス・アルバート
[Sebeok, Thomas Albert　1920–2001]ハンガリーに生まれ、アメリカで活躍した記号学者、言語学者。インディアナ大学・言語・記号研究センター長として世界の記号学研究に大きな貢献をした。記号論の範囲を生物のコミュニケーションにまで広げて捉え「動物記号論」を提唱した。著書では『自然と文化の記号論』や『動物の記号論』などが邦訳されている。[**35**]

ジェームズ、ウィリアム →パース、チャールズ・サンダース[43]

シェーンベルク、アルノルト
[Schönberg, Arnold 1874–1951]オーストリアに生まれ、アメリカなどで活躍した作曲家。一九〇五年頃から無調作品を発表しはじめ、二一年頃、一オクターブの十二の音を平均に用いることを原則とした十二音音楽の技法を完成させた。弟子のふたりである、作曲家・音楽学者のヴェーベルン(Webern, Anton von 1883–1945)と作曲家ベルク(Berg, Alban Maria Johannes 1885–1935)とともに、新ウィーン楽派と呼ばれ、無調音楽および十二音音楽を切り開いた。[199]

シュヴィッタース、クルト
[Schwitters, Kurt 1887–1948]ドイツの美術家。一九一九年にダダ運動を開始、『Merz(メルツ)』誌の編集刊行を三二年まで行った。廃物を新しい素材として積極的に利用した「メルツ」と呼ぶコラージュ作品を制作し、芸術制作の伝統的技法や素材からの解放を試みた。同時代において「抽象」を志す美術家たちの理念を吸収し、相互に影響を及ぼした。[173]

シューマッハー、エルンスト・F
[Schumacher, Ernst Friedrich 1911–1977]ドイツの経済学者・経済人。第二次大戦後、イギリス政府機関や発展途上国の経済・政治顧問として活動。西欧近代化の中心にある「経済拡大主義」や「物質主義」を、人類社会をゆがめるものとして批判し、一九七三年『スモール イズ ビューティフル』(邦訳一九八六年)を著した。中央集権化や巨大都市化に警鐘を鳴らし、低エネルギー消費型経済システムと、小スケールのコミュニティによる郊外型中間サイズの発展モデルを提唱した。[363–365, 391]

シュヴルール、ミシェル=ウジェーヌ
[Chevreul, Michel Eugène 1786–1889]フランスの科学者。天然色素や動物脂肪を研究した。一八二四年にゴブラン織の染色工場で染色主任となり、ここでの実験から「補色は並置すると強め合うが、混ぜると損ない合う」などの結果を導きだし、染料・色彩対照法の理論を展開した。この理論は画家のスーラなどに利用され、印象派の絵画に影響を与えた。[227]

シュトゥルム、ヘルマン
[Sturm Hermann 1936–]ドイツの芸術史家・デザイン史家・デザイン理論家。一九九八年にエッセン大学に芸術学・デザイン学研究所を設立し、所長に就任。同大のインダストリアルデザイン講座(レンギエル教授)と連携してデザインの学際的研究の確立に寄与した。『Ästhetik und Umwelt(美学と環境)』『Verzeichnungen: vom Handgreiflichen zum Zeichen(事物目録・触知可能なものから記号へ)』など多くの著作とともに、芸術家としての個展活動も多数。[108, 114, 322]

シュミット、カール
[Schmidt, Karl Camillo 1873–1948]ドイツの家具職人・企業家。職人として修業中にアーツアンドクラフツ運動に影響を受ける。家具生産において、効率・芸術性・労

働の社会的側面の向上を重視し、一八九八年にドイツ工房を興した。芸術と産業の融合という理想の下、ドイツ工作連盟を創設者のひとりとして支援し、その成功例として名声を得ていたドイツ工房に当初のドイツ工作連盟事務所が設置された。〔303〕

シュミット、ジークフリート・J

〔Schmidt, Siegfried J.　1940–〕ドイツの哲学者・コミュニケーション科学者・詩人。経験的文芸学の創始者。オートポイエーシス理論を基礎にエルンスト・フォン・グラザースフェルトによって提起されたラディカル構成主義を社会文化的な課題に向けて推進する主導者。現代メディア社会の新しい統合的なメディア・モデルの提起者として、その先覚的な著作や講演活動によって、デザイン理論の領域にも絶えず啓発的な影響を与えている。視覚詩の理論家・実作者としても著名。ミュンスター大学コミュニケーション・サイエンス研究所長を務めた。〔383〕

シュレーディンガー、エルヴィン

〔Schrödinger, Erwin　1887–1961〕オーストリアの理論物理学者。一九三三年に「新形式の原子理論の発見」によりノーベル物理学賞を受賞。四四年に著した『生命とは何か』では、遺伝情報の安定性を量子力学に求め、これが分子生物学を予見するものとなった。〔72, 98, 351〕

シュレンマー、オスカー

〔Schlemmer, Oskar　1888–1943〕ドイツの画家・彫刻家・舞台芸術家。バウハウスのマイスターとして石材彫刻を担当。金属工房や舞台工房にも従事した。手がけた数多くの舞台美術には、構成主義的な「トリアディック・バレエ」などがある。キュービズムに影響を受け、自然形態を幾何学的形態に還元したうえで、それらに対照的性格を加えるという、独自の抽象様式を作り上げた。〔<u>50–51</u>, 55, 64, 158, 175, 225〕

シュワイガー＝レルヒエンフェルト

〔Schweiger-Lerchenfeld, Amand von　1846–1910〕ウィーンの作家。六年間、軍で働いた後、長期旅行に専念する。作家としてヨーロッパ各地を題材とした書籍を発表。そのうちの一冊である『ドナウ河』は一八九五年に刊行された。〔321〕

象徴環境(Symbolmilieu)　→パウルソン、グレゴール〔288, 291–292〕

ショル、ゾフィー　→アイヒャー＝ショル、インゲ〔260〕

ショル、ハンス　→アイヒャー＝ショル、インゲ〔260〕

白川静

〔しらかわ しずか　1910–2006〕福井県生まれの漢文学者。漢字研究の第一人者として知られる。漢字の成り立ちを明らかにした『字統』、古代の和語と漢字の関係を探った『字訓』、漢和辞典『字通』は、漢字学の三部作として、高く評価されている。〔106–107, 355–356〕

新造形主義　→モンドリアン、ピート［**172–174,178,185**］

スーラ、ジョルジュ

［Seurat, Georges Pierre　1859–1891］フランスの画家。シュヴルールなどの光学や色彩の理論を援用し、絵画制作を行った。点描によって並置した色を視覚の中で混合する方法を、自ら「視覚的絵画」と呼んだ。この技法の影響が新印象派を形成したとされる。［**226**］

スコット、マッケイ・ヒュー・ベイリー

［Scott, Mackay Hugh Baillie　1865–1945］イギリスの建築家。アーツアンドクラフツ運動の第二世代としてC・F・A・ヴォイジー、C・R・マッキントッシュらとともに活躍。ヘッセン大公エルンスト・ルードヴィッヒやルーマニア皇女のためにインテリアを手がけ国際的評価を得た。［**374**］

スミス、アダム

［Smith, Adam　1723–1790］イギリスの哲学者・経済学者。主著『国富論』は経済学の古典のひとつに数えられる。各人の利己心にもとづく自由な経済活動が、神の見えざる手に導かれ、社会全体の利益や調和をもたらす過程を解き明かした。近年、スミスの『道徳感情論』の観点から『国富論』を新たに見直す動きも生まれている。［**375–376**］

生命記号論　→ホフマイヤー、ジェスパー［**35,44**］

セン、アマルティア

［Sen, Amartya Kumar　1933–］インドの経済学者。功利主義を批判し、福祉経済に「ケイパビリティ」すなわち「潜在能力」という概念を置き、生き方の選択の幅、良い生活を選択できる可能性がどれくらい開かれているか、という尺度で福祉を評定することを提唱した。一九九八年にノーベル経済学賞を受賞。『経済学の再生』『自由と経済開発』『福祉と正義』ほか、多くの邦訳が刊行されている。［**372,392**］

ソシュール、フェルディナン・ド

［Saussure, Ferdinand de　1857–1913］スイスの言語学者。現代言語学の祖といわれ、「記号学（sémiologie）」を提唱した。ソシュールは記号表現と意味を「シニフィアン（記号表現）」と「シニフィエ（記号内容）」と名づけ、これらがひとつの記号として機能するのは、他の記号との「差異」によって構成されるからで、記号の意味作用は「差異の体系」という媒介があってはじめて成立すると考えた。一九一六年には弟子によってまとめられた講義が『一般言語学講義』として刊行された。同書は二〇年代以降盛んになる構造言語学の基盤を固め、後の構造主義など記号現象をめぐる学際的な研究領域を育んだ。［**22,28,199**］

ターナー、ジョセフ・マロード

［Turner, Joseph Mallord William　1775–1851］イギリスの画家。屋外の光を描くことに努め、多数の風景画を制作し、西洋絵画史上、はじめての本格的風景画家として位置づけられる。その作品は印象派などに影響を与えた。［**136,208–210,221,**

224–228］

タウト、ブルーノ
［Taut, Bruno　1880–1938］ドイツの建築家。一九一四年、ライプチヒ建築展で「鉄のモニュメント」を、ドイツ工作連盟展で「ガラスの家」を発表し、石やレンガによる建築にはなかった斬新なイメージを提示した。その後、建築図集『アルプス建築』で、アルプス山中に建つクリスタル建築というユートピア構想を発表した。三三—三六年には日本に滞在。建築を手がける一方、日本文化論を著した。**［91–92,98］**

鷹部屋福平
［たかべや ふくへい　1893–1975］工学者。九州帝国大学で教えた後、留学を経て、北海道大学、九州大学、防衛大学校の教授を歴任。構造力学研究の第一人者。アインシュタインとの出会いや、アイヌ文化研究など、多彩な側面をもつ。**［216,235］**

ダダ
［Dada］第一次大戦中、スイスやニューヨークからドイツ、フランスなどに広がった芸術運動。主導的立場の詩人、トリスタン・ツァラが言うように「ダダとはなにものも意味しない」が、このことが既に古い価値観に対する挑発的かつ革命的な意義をもっており、合理主義や社会体制を批判する反芸術を展開した。その造形傾向を統一して捉えるのは難しいが、新しい素材としての廃物の発見や、シュルレアリスムにつながる道を開示したとされる。**［173,180］**

脱構築　→デリダ、ジャック**［40–41,70,85,89,340,399,401］**

谷崎潤一郎
［たにざき じゅんいちろう　1886–1965］東京生まれの小説家。和辻哲郎らとともに第二次『新思潮』を創刊し、同誌に発表した「誕生」「刺青」などで文壇に登場。耽美派を代表する小説家として「痴人の愛」、「春琴抄」などを残す一方、「陰翳礼讃」などで自らの美意識を提示した。**［215,217–220,235］**

玉野井芳郎
［たまのい よしろう　1918–1985］山口県生まれの経済理論家、経済史家。『エコノミーとエコロジー』では、商品と市場を対象にした狭義の経済学を批判し、人間＝生態系という世界観での経済学を提唱した。**［365］**

チヒョルト、ヤン
［Tschichold, Jan　1902–1974］ドイツのタイポグラファー。一九二八年に『DIE NEUE TYPOGRAPHIE（ニュー・タイポグラフィ）』を発表。チヒョルトはバウハウスなどで試みられていた実験的なタイポグラフィを理論的にまとめ、伝達のための新しいタイポグラフィの必要性を提唱し、サンセリフ書体の使用、非対称のレイアウトなどによって伝統を超越したモダン・タイポグラフィの方向を示した。後年は伝統的タイポグラフィを許容する立場をとるようになり、晩年にはローマン体「Sabon（サボン）」を発表した。**［180–181］**

鶴見和子
［つるみ　かずこ　1918–2006］東京生まれの社会学者。比較社会学を専門とし、国際関係論なども手がけた。「内発的発展論」を提唱する一方、その理論構築の過程において南方熊楠や柳田國男の仕事に着目し、これらの研究でも知られている。［**345–347, 358**］

鶴見俊輔
［つるみ　しゅんすけ　1922–2015］東京生まれの哲学者・大衆文化研究者。アメリカのプラグマティズムを日本に紹介した。都留重人や丸山眞男らとともに一九四六年から九六年まで『思想の科学』を刊行し、戦後の言論界における中心的役割を担う。『期待と回想』などの著書多数。［**23, 26, 34, 45**］

デ・ステイル
［De Stijl　1917–］「デ・ステイル」とは「様式」という意味でありまた、『デ・ステイル』誌に関係した芸術家・建築家のグループ、その芸術運動を指す。同誌はドゥースブルフがモンドリアンの協力を得て一九一七年に創刊されたオランダの美術雑誌として、両大戦間のヨーロッパにおける芸術思想に大きな影響を与えた。この運動にはファントンフェロー、バート・ファン・デル・レック、リートフェルト、J・J・P・アウトなどが参加した。表現形式は、モンドリアンの「新造形主義」の原理に沿ったもので、色は赤・青・黄・白・黒・灰色を使用し、垂直・水平の直線と平面で構成された抽象形態であった。デ・ステイルからモンドリアンが去った後、この原理に対角線の使用を加え動的効果を求めた「要素主義（エレメンタリズム）」が表現面の支柱となった。［**158, 164–165, 167, 171–178, 181, 184, 196**］

デカルト、ルネ
［Descartes, René　1596–1650］フランスの哲学者。「我思う、ゆえに我あり」という命題を示し、考える主体である自己（精神）とその存在を明示した。この考えは、中世スコラ哲学が「信仰」によって真理の獲得を目指したのに対し、人間のもつ「理性」によって真理を探求しようとしたもので、近代哲学の出発点とされる。デカルトの実体二元論とは、この世界には物質や肉体などの物理的実体と別に、魂や自我や精神などと呼ばれる能動性を有した心的実体がある、という考え方を指す。［**31–32**］

デューイ、ジョン　→パース、チャールズ・サンダース［**43**］

デリダ、ジャック
［Derrida, Jacques　1930-2004］フランスの哲学者。プラトン以来の西欧哲学を貫くロゴス中心主義を批判した。「脱構築 déconstruction」という概念はハイデッガーの「解体（Destruktion）」に対応するフランス語として使用された用語で、デリダの思想を表わす言葉として一般化した。デリダは芸術、文学、科学、宗教などあらゆる分野をテクストとして、「差延」「追補」「散種」などの戦略的述語を用い脱構築を試み、形而上学的な概念の階層秩序を転倒させ、知の伝統的ヒエラルキーに揺さぶりをかけた。［**40–41, 44, 70, 399**］

ドイツ工作連盟

[Deutscher Werkbund]一九〇七年十月、ドイツ・ミュンヘンにてムテジウスが主唱者となって設立した建築家やデザイナーの団体。ヴァン・ド・ヴェルド、パウル・シュルツェ＝ナウムブルク、リヒャルト・リーマーシュミット、ブルーノ・パウル、ベーレンスなどの芸術家や建築家、ナウマンなどの政治家の他に、評論家、企業家などで組織された。連盟では産業と芸術の目的を一致させることが理想とされ、大量生産による製品の量的・質的な向上が目指された。ゆえに、ムテジウスが提唱した規格化によるデザインの質的向上は重要な課題だったが、ヴァン・ド・ヴェルドは芸術家の個性を尊重したため意見が対立した。なお、ドイツ工作連盟にならい、オーストリア、スイスで工作連盟が作られた。三三年、ナチスによって解散に追い込まれたが、四七年に再建され、二〇〇七年に連盟は百周年を迎えた。[**282–285, 295, 298–299, 301–308, 310, 320, 324, 332, 340–341, 358, 368, 374, 379**]

ドゥースブルフ、テオ・ファン

[Doesburg, Theo van　1883–1931]オランダの画家・建築家。一九一五年にモンドリアンと出会い、抽象への道を歩みはじめる。一七年に雑誌『デ・ステイル』を発行し、モンドリアンらと同名のグループを結成。以後、生涯にわたり幾何学的抽象図形や立体の美学を確立することに努めた。モンドリアンが唱える垂直・水平の構成による造形理論に対角線を加えた「要素主義（エレメンタリズム）」を提唱した。[**158, 165, 167–168, 173–175, 177, 181, 184–185, 196**]

トゥロル、ヴィルヘルム　→ヴォルフ、カール・ロータール[**145**]

トポロジー

[topology]「位相幾何学」と訳される。トポロジーにおいては「リング型のドーナツ」と「取っ手付きのコーヒーカップ」は、ひとつだけ穴が開いているつながった図形である、という解釈から同類に属する。また、よく知られている例として、表裏のない面としての「メビウスの帯」がある。今日において、トポロジーの概念は数学的構造を定義する際、代数的構造や順序構造などとならび重要な概念とされる。[**153**]

ドラクロワ、ウジェーヌ

[Delacroix, Ferdinand Victor Eugéne　1798–1863]フランスの画家。ロマン主義絵画の代表的画家とされ、強い色彩とドラマティックな構図を好んだ。シュヴルールの色彩論を研究し、印象派の先駆となった。[**225**]

ドローネ、ロベール

[Delaunay, Robert　1885–1941]フランスの画家。色彩の抽象的な特質を追求した。初期にはシュヴルールの色彩論や、スーラの点描技法などを研究。色と動きの相互的結びつきに関心を寄せ、キュービズムの理論に色彩の側面からアプローチを試みた。また、色彩現象への興味から、夫人のソニアとともに太陽や月の光の残像観察に熱中したこともよく知られる。[**229**]

ナウマン、フリードリッヒ

［Naumann, Friedrich　1860–1919］ドイツの政治家・神学者。中央ヨーロッパ統合案の主唱者。神学を学んだ後、社会主義への関心を高め、プロテスタント社会救済活動に従事。ウェーバーに影響を受け、工業化を基軸にした政治制度の民主化と世界政策の実現を主張。ドイツ工作連盟の共同創設者。一九一九年にドイツ民主党の党首に就任し、ヴァイマール憲法の作成に尽力した。［**298–304, 309, 320, 374–375**］

夏目漱石

［なつめ そうせき　1867–1916］明治、大正期の小説家。一九〇〇年にイギリスに留学。〇三年に帰国後、東京帝国大学などの教壇に立つ。後に『吾輩は猫である』を連載し、小説家としての活動を開始。小説とならび、研究評論や講演などで文化的問題を提起し、優れた思想家・文明批評家としての役割も果たした。［**218, 342–343, 346–347, 358**］

ニュー・タイポグラフィ　→チヒョルト、ヤン

［**181**］

ニュートン、アイザック

［Newton, Sir Isaac　1643–1727］イギリスの数学者、自然哲学者、天文学者。光学研究の分野では、白色光が屈折率の違いによって七つの色光に分解される光のスペクトル分析の発見と反射望遠鏡の製作を行う。また、数学者としては二項定理の研究から無限級数にすすみ、さらに微積分法を発見した。さらには、リンゴの落下を契機に発見した万有引力の法則を発見した天文学者としても有名である。物理学、数学、自然科学などの分野で活躍し、後の近代科学に影響を与える業績を数多く残した。［**81, 136**］

ニュー・バウハウス　→インスティテュート・オブ・デザイン［**43, 268**］

ノイエ・グラフィーク運動

［Neue Grafik］一九五〇年代にスイスを中心としたヨーロッパに興った数理的造形理論をベースにしたヴィジュアル・デザインの流れ。ウルム造形大学機関誌『ulm』、アイヒャーによるウルム市の市民講座のポスターシリーズ、『spirale』（全九号）などの実践がこの潮流を牽引した。なかでも有力な機関誌だったのが、R・P・ローゼ、J・ミュラー＝ブロックマンらによって刊行された『Neue Grafik』である。グリッド・システムと呼ばれる格子状のレイアウトガイドを用い、普遍的な造形の中に均整や調和が提示された。［**200**］

ノイラート、オットー

［Neurath, Otto　1882–1945］ウィーンの科学哲学者・社会学者。一九二〇年代、子どもや読み書きのできない人々、または非専門家であっても理解できることを意図した視覚教育を目的に、アイソタイプ（ISOTYPE: International System of Typographic Picture Education）を発明した。これは統計図表の定量情報を同一形態の数によって表示する視覚的な方法である。この手法は地図学やグラフィックデザインの分野に大きな影響を与えた。［**265, 269, 277**］

ノンネ＝シュミット、ヘレーネ

[Nonné-Schmidt, Helene　1891–1976]ドイツのデザイナー。バウハウスに学んだ後、一九二五年にヨースト・シュミットと結婚。ヨースト・シュミットはバウハウスで二五—三二年までマイスターとしてタイポグラフィや広告デザインを教えた。戦後、ノンネはジャーナリストとして働いた後、マックス・ビルの招きにより、五三—五八年にはウルム造形大学で基礎課程の色彩理論を教えた。[**216–218**]

パース、チャールズ・サンダース

[Peirce, Charles Sanders　1839–1914]アメリカの論理学者・哲学者。記号論(semiotic)はパースが構想した理論である。宇宙のあらゆる事象は記号の記号過程(semiosis)であるとして、記号を成立させる関係を「一次性、二次性、三次性」に区別し、いくつもの基準に従い記号分類を行った。なかでも記号と対象との関係における「イコン(図像)」「インデックス(指標)」「シンボル(象徴)」の三区分はよく知られている。このほか、推論や科学的探求の手段である「アブダクション(abduction)」という概念や、「プラグマティズム(pragmatism)」という思想はパースによって提唱されたものである。「プラグマティズム」は、現実世界における具体的な行為のなかで精神活動が果たす役割に重点を置き、そうした視点から科学論、道徳観、存在論を見直そうとする思想であるが、これは友人の哲学者ウィリアム・ジェームズ(James, William　1842–1910)、哲学者であり教育者でもあったジョン・デューイ(Dewey, John　1859–1952)らによって発展させられた。[**20–32, 34–36, 40–41, 43–45, 68–69, 72–73, 78**]

パーソンズ、タルコット

[Parsons, Talcott　1902–1979]アメリカの社会学者。ヨーロッパの社会理論をアメリカに導入するにあたり、理論と調査の総合化を図り、システム概念を導入した。社会理論を数理的・情報科学的手法を用いて現代化したため、機能主義の研究者に位置づけられる。[**345–347**]

ハード・エッジ

[hard edge]「刃のように鋭い縁」という意味で、抽象絵画の一傾向を表わす用語。一九六〇年代に一般化した。隣り合う色面同士が明確な縁で区切られているのが特徴とされる。代表的な作家にエルスワース・ケリーなどがあげられる。[**135, 224**]

ハーバーマス、ユルゲン

[Habermas, Jürgen　1929–]ドイツの哲学者・社会学者。フランクフルト学派戦後世代の代表的人物とされる。一九六二年の『公共性の構造転換』で広く知られるようになる。『コミュニケーション的行為の理論』では近代化による生活世界とシステムの乖離、生活世界の分化と合理化を扱い、主体中心の近代哲学の議論に対抗する立場を示した。公共性やコミュニケーション的合理性に関する研究の第一人者とされる。[**325, 334, 337, 358**]

ハーン、ペーター

[Hahn, Peter　1938–]ベルリン・バウハウス・アーカイヴの元館長。同館における展

覧会、研究、講演を運営したほか、バウハウスに関する多数の出版プロジェクトに参加している。[**340**]

ハイデッガー、マルティン

[Heidegger, Martin　1889–1976] ドイツの哲学者。フッサール、キルケゴールの影響を受けたハイデッガーの存在論は、現象学から出発し、西洋の伝統的な形而上学の解体を試み、存在論そのものの可能根拠まで遡る「基礎的存在論」の構築を目指した。その思想はデリダなどフランスのポスト構造主義的思想に大きな刺激を与えた。[**70**]

バウハウス

[Bauhaus　1919–1933] 一九一九年にドイツ・ヴァイマールに創設されたデザインのための総合造形学校。開校の宣言には「すべての造形活動の最終目標は建築である」とあるが、これは中世の大聖堂建設のようにすべての職人と芸術家が結集し、建築を現代の総合芸術に高める、という理念を意味していた。この実践のため、バウハウスではすべての芸術的創造を再統一するための新しい造形教育システムが作られた。二五年には政治的理由によってドイツ・デッサウに移転。その後、校長として二八年にハンネス・マイヤーが、三〇年にミース・ファン・デル・ローエが就任したが、三三年にはナチスの手によって閉鎖を余儀なくされた。[**43, 48–56, 58–59, 61–65, 76, 90–91, 118, 126, 138, 158, 174–175, 180, 218, 224–225, 251, 253, 260–262, 268, 284, 288, 307, 310, 326, 329, 340, 372–373, 392**]

バウハウス叢書

[Bauhausbücher] 一九二五―三〇年の間にバウハウスから刊行された十四冊の書物。二四年春からグロピウスとモホリ＝ナギによって出版が計画され、翌二五年に八点が刊行された。一巻、グロピウス『国際建築』。二巻、クレー『教育スケッチブック』。三巻、アドルフ・マイヤー『バウハウスの実験住宅』。四巻、シュレンマー他『バウハウスの舞台』。五巻、モンドリアン『新しい造形』。六巻、ドゥースブルフ『新しい造形芸術の基礎概念』。七巻、グロピウス『バウハウス工房の新製品』。八巻、モホリ＝ナギ『絵画・写真・映画』。続く二六年に九巻カンディンスキー『点と線から面へ』、十巻J・P・アウト『オランダの建築』。二七年には十一巻、マレーヴィッチ『無対象の世界』。二八年に十二巻、グレーズ『キュービスム』。二九年に十四巻、モホリ＝ナギ『材料から建築へ』。三〇年に十三巻、グロピウス『デッサウのバウハウス建築』が刊行された。バウハウスで培われた芸術理論にとどまらず、同時代の新しい芸術理論を集録した貴重な叢書シリーズとなっており、日本語訳も刊行されている。[**95, 174–177, 181, 185**]

パウルソン、グレゴール

[Paulsson, Gregor　1889–1977] スウェーデンのデザイン史・美術史家。一九二〇年よりスウェーデン工芸協会に関わり、同協会の機関誌、のちの『FORM』誌のチーフ・エディターおよび理事を務めた。デザインから都市社会学まで多角的に活躍し、近代デザインを包括的な視点で論じ、「スウェーディッシュ・モダン」の国際的地位

獲得に結びつく指導的役割を果たした。芸術の社会的機能を重視し、物の機能は実用的、社会的、技術的な側面によって存在するが、これらを超越したところに象徴的意味が存在するという「象徴環境（シンボル・ミリュー）」論を展開した。[288, 291–292]

パックストン、ジョセフ
[Paxton, Sir Joseph　1803–1865] イギリスの造園家・エンジニア・建築家。一八五一年にロンドンで開催された第一回万国博覧会会場のクリスタルパレス（水晶宮）を設計し国際的名声を得た。[90]

ハルター、レギネ
[Halter, Regine　1950–] ドイツのメディア学者。ケルン大学でメディア学、哲学、政治学を学び、博士号と後に教授号を取得。脚本家、大学講師として出発し、一九八八—九六年フランクフルト市文化プログラム編成局長及びドイツ工作連盟事務局長として多くの建築・デザイン展や国際会議を開催。またドイツ工作連盟・文明ラボラトリウムを共同起案者として推進。九七年以降はサラエボのEUプロジェクトやボスニア再生プロジェクトに取り組む。二〇〇八年からは北西スイス芸術大学大学院で構想デザイン学の教育研究に従事。[341]

バレーラ、フランシスコ　→オートポイエーシス
[136, 138–139, 347]

ピクトグラム
[pictogram] 一般に「絵文字」「絵ことば」などと訳される視覚的サイン。対象となる概念を単純化し、図化するので、抽象図形の組み合わせによるものが多く見られる。言語に頼らない視覚的な表現のため、都市や交通網などの公共空間で、誘導・指示・位置・案内などに使用される。国際的に統一されたものもある。[254, 256–259, 265–266, 269–270]

ピュタゴラス
[Pythagoras　B.C.570頃–?] 古代ギリシアの数学者・哲学者。万物の根原が「数」であると考えた。ピュタゴラス学派と呼ばれる門弟らとともにさまざまな定理を導き「ピュタゴラスの定理」を発見した。またピュタゴラスの発見といわれる一対二、二対三、三対四という整数比による協和音程（ハルモニア）のピュタゴラス律は笙演奏家の宮田まゆみ氏によれば日本の笙の調律法と共通するという。[198]

表現主義
[expressionism] 表現主義とは、自然模倣や印象派などへの反動として二十世紀初めからみられる芸術の動向。感動や精神的体験の直接表現が第一とされ、現実の再現的描写にとらわれない。ゴッホ、ゴーギャン、ムンクなどが先駆とされる。表現主義の理想に抽象的表現との融合を試みた方向には、カンディンスキー、クレーなどが位置づけられる。[59, 80, 174]

ビル、マックス
[Bill, Max　1908–1994] スイスの建築家・総合芸術家。バウハウスに学ぶ。その後、建築、絵画、彫刻、広告デザイン、インダストリアル・デザインなど多くの分野で活躍

し、コンクリート・アート(具体芸術)という概念にもとづく芸術運動を推進した。ビルの芸術に対する思想は「環境形成」という概念に特徴づけられるが、これはバウハウスでのあらゆる造形活動の最終目標が「建築」であったように、ビルにおいてはこれが「環境」へと転換、発展した考えだといえる。一九五三年に創設されたウルム造形大学の初代学長に就任。幅広い分野での活躍は、自身が提唱した「環境形成」という概念を表わすものである。[**82–84, 126, 131, 155–158, 184–185, 188–192, 194, 196–202, 246, 260, 284, <u>288–289</u>, 292, 312–313, 398**]

ファントンフェロー、ジョルジュ
[Vantongerloo, Georges　1886–1965] ベルギーの画家、彫刻家。ドゥースブルフと出会い、デ・ステイルの旗揚げに参加する。具象的スケッチから幾何学的形態へと抽象化させる方法論を立体作品へも応用し、抽象彫刻の第一人者となる。一九二四年頃には数式に基づいた最初の彫刻作品を制作している。[**158, 184–185**]

ブーバー、マルティン
[Buber, Martin　1878–1965] オーストリアの宗教哲学者。著書『我と汝』において、人間のもつ関係を「我」と「汝」に分け、「汝」の根原性を追求するとき「永遠の汝」と出会うと考えた。「我」と「汝」が語り合うことによって世界が拓けると提唱したことから、対話の哲学ともいわれる。神学や哲学を超えて、精神病理学や精神分析学などにも影響を与えた。[**123**]

フーリエ、シャルル
[Fourier, François-Marie-Charles　1772–1837] フランスの社会思想家。産業主義を批判し、共同社会を提唱、ユートピア的未来社会を構想した。この考えはフランスの社会主義・協同組合運動に大きな影響を与えた。[**377**]

フェノロサ、アーネスト
[Fenollosa, Ernest Francisco　1853–1908] アメリカの哲学者・日本美術研究家。一八七八年に東京帝国大学教授就任のために来日し、哲学などを担当。日本美術に興味をもち、古美術品を収集した。西洋文化を崇める風潮の中で、日本美術の真価を説き擁護した。九〇年に帰国後、ボストン美術館の東洋部長を務めた。[**32, 36, <u>38–39</u>–42, 44–45, 399, 403**]

フェヒナー、グスタフ・テオドール
[Fechner, Gustav Theodor　1801–1887] ドイツの哲学者・心理学者。自然科学と理想主義との調和を図り、心身関係の問題に取り組んだ。実験心理学の基礎となった精神物理学の創始者である。[**228**]

フクサス、マッシミリアーノ
[Fuksas, Massimiliano　1944–] イタリアの建築家。ヨーロッパを中心に国際的に活躍し、公共建築のプロジェクトを多数手がけている。新素材と新技術を背景に、それを誇示し過ぎることのない空間をつくりだすことで高く評価されている。[**340**]

プラグマティズム　↓パース、チャールズ・サンダース [**23, 31, 41, 43, 45**]

ブラック・マウンテン・カレッジ
[Black Mountain College 1933–1957]アメリカ・ノースカロライナ州アッシュビルに設立された大学。教員や学生によって構成されるコミュニティを核として運営され、芸術が教育の中心として据えられるなど、実験精神豊かな場であった。一九四〇年代以降、ジョン・ケージ、マース・カニングハム、バックミンスター・フラーなどが教鞭をとる。五七年に経済的理由などで閉鎖されたが、前衛芸術の多くの分野に影響を与えた。[**43, 126**]

フルッサー、ヴィレム
[Flusser, Vilém 1920–1991]チェコの哲学者。ナチスを逃れブラジルに亡命後、哲学者として活躍。一九七〇年代にヨーロッパに戻り、ドイツ語圏の国際会議などで独自の切り口からの文明論、コミュニケーション論を展開し、注目を集めるようになる。九〇年代に著書が邦訳され、日本の思想界・哲学界にも衝撃を与えた。[**110–111**]

ブルバキ派
[Bourbaki]一九三〇年代以降、著作活動を続けるフランスの数学者グループ。当初の目的は解析学教育の刷新にあったが、数学書全般の書き換えのみならず、現代の構造主義思潮を押し進める役割を果たした。[**200**]

ブロイヤー、マルセル
[Breuer, Marcel 1902–1981]ハンガリー生まれの建築家・家具デザイナー。バウハウスで学び、家具工房を修了した。一九二五—二八年、同校のマイスターとして家具工房を指導。二五年に最初の鋼管(スティール・パイプ)椅子を発表。これは標準寸法による家具であり、バウハウスの成果として親しまれている作品でもある。後年、アメリカへ渡り、グロピウスに協力しハーバード大学で教鞭をとる。住宅建築でも国際的に知られている。[**50**]

ベーツォルト、ヴィルヘルム・フォン
[Bezold, Johann Friedrich Wilhelm von 1837–1907]ドイツの物理学者・気象学者。大気や雷雨に関する物理学の研究を続け、気象熱力学の基礎を築いた。色彩現象についても、色彩対比の研究などに多くの貢献をした。[**230**]

ヘーリング、カール
[Hering, Karl Ewald Konstantin 1834–1918]ドイツの生理学者・心理学者。主に電気生理学、知覚生理学、生理光学の分野を研究。なかでも視覚に関しては、色彩感覚の理論発展に寄与した。[**230**]

ベーレンス、ペーター
[Behrens, Peter 1868–1940]ドイツの建築家。一八九九年にヘッセン大公エルンスト・ルードヴィッヒに招かれ、ダルムシュタット芸術家村の一員となる。一九〇三—〇七年にはデュッセルドルフの工芸学校校長を務め、〇七年のドイツ工作連盟の創立に参加した。同年、ベルリンのアルゲマイネ電気会社(AEG)の芸術顧問となり、建築設計から広告までの総合的デザインを手がけた。[**307–309, 328–329, 374**]

ヘス、ハインツ
[Hess, Heinz 1931–2017]スイスの建築家。ウルム造形大学に学び、建築設計の実務をフィンランドで研修。スイスに帰国後、古建築の修復・改造を手がけるとともに、主にチューリッヒおよび近郊の教会や住宅の設計によるコミュニティ形成に寄与した。写真家のドローテ夫人(Dorothee)とともに、ボランティアとして、東チベットの孤児施設の建設とその運営・教育の支援に力を注いだ。[**286–287**]

ベッカー、オスカー
[Becker, Oskar 1889–1964]ドイツの哲学者・数学史家。フッサールに学び、アシスタントも務めた。フライブルク大学、後にボン大学にて教鞭をとる。『美のはかなさと芸術家の冒険性』において「はかなさ」を美の根本的性格として照らしだした。[**84, 98**]

ヘラクレイトス
[Hērakleitos B.C. 500頃]ギリシャの哲学者。著作は失われており、引用によって言説の断片が伝わっている。プラトンが引用したヘラクレイトスの言葉「万物は流転する」はよく知られる一節である。[**80, 135**]

ベルク、アルバン・マリア・ヨハネス → シェーンベルク、アルノルト[**199**]

ベルグソン、アンリ
[Bergson, Henri 1859–1941]フランスの哲学者。新しく台頭してきた生物学や実証主義の成果をふまえ、より広い視野から論じ直した実在論を展開した。物体を、物体の内的生命といえる精神状態の直観的表現である絶対運動として把握しようとした。この考え方は、未来派の芸術に大きな影響を与えた。現実の直観的把握を目指す態度から「生の哲学」の潮流に位置づけられる。[**351**]

ベンゼ、マックス
[Bense, Max 1910–1990]シュトラースブルク生まれの哲学者。シュトゥットガルト大学で教鞭をとる一方、ウルム造形大学の初期の理論的基盤の確立とインフォメーション学科設立を推進し、一九五三—五八年には同学科主任を務めた。新たな情報科学の知見を、精神科学と自然科学との隔絶を乗り越えるものとして捉え、「情報美学」という概念と世界生成の理論を創始した。[**21, 45, 70–75, 81–84, 95, 98, 200, 284, 351, 396**]

ベンヤミン、ヴァルター
[Benjamin, Walter 1892–1940]ドイツの哲学者。歴史的社会的現実のなかに真理を探求する立場をとった。代表作に『複製技術時代の芸術』『パサージュ論』などがある。[**403**]

ポイエーシス
[poiēsis]「制作」を意味するギリシャ語。アリストテレスはポイエーシスという概念に、人工物だけではなく、生命体、特に動物の成長、発達に関する概念を含めており、制作行為の心的な作用も重視していた。[**20–21, 42, 62, 80, 115, 117, 135, 399**]

ホイス、テオドール

[Heuss, Theodor 1884–1963] ドイツの政治家。ナウマンの影響を受け、一九〇五—一二年には『Die Hilfe（救済）』誌の主筆を務め、後にドイツ民主党の代議士となる。一三—三三年にはドイツ工作連盟の事務局ならびに理事。第二次大戦後、ドイツ連邦共和国（西独）の初代大統領となった。[**298–299, 302–306, 374–376**]

ポー、エドガー・アラン

[Poe, Edgar Allan 1809–1849] アメリカの詩人・小説家。一八三〇年代半ば、詩や短編を発表。「黒猫」「モルグ街の殺人」などの小説はそれぞれに独創的な世界観を示し、「大がらす」などの詩では耽美的雰囲気と音楽的な諧調といった効果を追求した。[**24–25**]

ポストモダン

[postmodern] モダニズムから脱し、消費社会や情報社会に対応する知や実践の在り方を提唱しようとする哲学的・文化的な思潮。特に一九八〇年代、このような論点が大きくとりあげられた。「脱近代化」と訳される。ジャン＝フランソワ・リオタールが指摘したように、近代を正当化する条件が無効になり、新たな知の条件が出現しているという視点が大きな影響を与えた。[**325, 337–339**]

ホフマイヤー、ジェスパー

[Hoffmeyer, Jesper 1942–2019] デンマークで活動する生物哲学者。生命記号論（バイオセミオティクス）とはパースの記号論への関心からホフマイヤーが作った言葉。経験世界を動かしてきたのは原因—結果の二項関係ではなく、原因—結果—内部観測者の三項関係からなるネットワークだとするのがホフマイヤーの理論の核となっている。[35, **44**]

ポラニー、カール

[Polanyi, Karl 1886–1964] ハンガリーの経済史家。『暗黙知の次元』の著者マイケル・ポラニーの実兄。経済をひろく人類学的視野から論じ、一九四四年に発表した主著『大転換』などにおいて市場経済社会が人類史において特殊な状況であることを明らかにした。経済人類学の構想と発展に寄与した。[**364, 392**]

ポラニー、マイケル

[Polanyi, Michael 1891–1976] ハンガリーの物理化学者、哲学者。経済人類学者カール・ポラニーの実弟。ポラニーは二十世紀の論理中心の科学哲学のなかで非言語を重要視した「暗黙知（tacit knowledge）」についての哲学を展開して、哲学以外の領域からも広く注目を集めた。暗黙知とは、言語で明示できない、あるいはそれが困難な直観知、身体知、体得知、技能知などを言う。したがって、ポラニーの「暗黙知」は、パターン認識や共通感覚の知などと関係して、芸術上の創造、科学上の発見、名医や工匠の技芸的な能力などを含む、前言語的な知のもつ可能性と意味を深く考察しているものとして、きわめて啓発的である。[33]

ボルツ、ノルベルト

[Bolz, Norbert 1953–] ドイツの哲学者・

メディア論者。ルーマン社会学のシステム理論をたたき台に、情報化時代の複雑な議論を展開する。新しいテクノロジーを取り込み、人文諸科学の枠を乗り越えるような姿勢を示す。『グーテンベルク銀河系の終焉』などが邦訳されている。二〇〇二年から活動拠点をエッセン大学からベルリン工業大学・言語・コミュニケーション研究所に移し、二〇一八年まで同大学教授を務めた。[**108, 110, 322, 337**]

ボンジーペ、グイ

[Bonsiepe, Gui　1934–]ドイツのデザイナー、デザイン理論家。ウルム造形大学で情報学を学び、後に同大学講師となる。マルドナード教授の協力者として同大学機関誌『ulm』の編集に従事し、デザイン方法論に関する多数の論文を発表、一九六〇年代後半以降の世界のデザイン研究に多くの影響を与えた。六〇年代末から南米諸国でデザイン教育と生活環境改善運動を推進。七三―七五年にはICSID（世界インダストリアルデザイン団体協議会）副会長を務め、九三―二〇〇三年にケルン工科大学デザイン学部の創設にあたり教授に招聘され、インターフェイスの教育研究の基礎を確立。現在はブラジルで活動。[**340**]

マイヤー、ハンスイエルク

[Mayer, Hansjörg　1943–]ドイツの詩人・画家。マックス・ベンゼから哲学を学ぶ。その作品は絵画と詩の両者を含むもので、一九六〇年代には具体詩（コンクレート・ポエトリィ）の展覧会に参加している。[**73, 75**]

マトゥラーナ、ウンベルト　→オートポイエーシス [**136, 139, 347**]

マラルメ、ステファヌ

[Mallarmé, Stéphane　1842–1898]フランスの詩人。独自の美学に基づき、ことばの音楽性と形態を自由に展開し、その新たな価値を解放しようとする作風は先駆的かつ独創的なものであった。また、同時代の画家、作家、作曲家などと広く交流をもち影響を与え合った。[**36–38, 40–42, 45, 396–397, 399–403**]

マルドナード、トーマス

[Maldonado, Tomás　1922–2018]アルゼンチンのデザイン理論家。一九五四―六七年までウルム造形大学の講師を務め、その間学長も兼務し、同大学の機関誌『ulm』の編集長としてデザイン理論の展開に尽力する一方で、六七―六九年にはICSID（世界インダストリアルデザイン団体協議会）会長としてインダストリアルデザインの定義を確立した。六〇年代後半よりイタリアを中心に活動し、ボローニャ大学、ミラノ工科大学などで教鞭をとるとともに、国際デザイン誌『casabella』の発行人などを務めた。『デザインの希望』『モデルネの未来』など著書多数。[**126, 191, 325, 331, 340**]

マレーヴィチ、カジミール

[Malevich, Kazimir Severinovich　1878–1935]ロシアの画家。キュービズムなどを消化し、一九一五年に「絶対主義（シュプレマティズム）」と呼ぶ抽象芸術へと進む。何らかの対象を再現する絵画ではなく、抽象・幾何学的形態によって構成される絵画を目指した。その理論をまとめた

著書がバウハウス叢書『無対象の世界』であり、これを反映した作品の頂点とされるのが《白の上の白い正方形》のシリーズとされる。[158, 176]

三木成夫

[みき しげお　1925–1987]香川県生まれの解剖医学者。二十代後半頃からゲーテやクラーゲスに影響を受ける。一九六二年ころより脊椎動物の血管系の比較発生学的研究に着手。七三年より東京藝術大学において教鞭をとり、生命の形態学・保健理論を担当した。[107, 248–250, 278]

宮脇昭

[みやわき あきら　1928–2021]岡山生まれの植物学者。宮脇がドイツで学んだ「潜在自然植生」とは、人間の干渉を一切停止したと仮定したときに起こりうる植生である。自然災害による二次被害の防止、自然保護の一環として、土地本来の潜在自然植生の樹木を中心に多種の樹木と混ぜて植樹することを提唱し、植生回復の応用をいち早く試みた。[366]

ミュルダール、カール・グンナー

[Myrdal, Karl Gunnar　1898–1987]スウェーデンの経済学者。その業績は貨幣経済学、人口論、経済学方法論、南北問題、アメリカ論など多岐にわたる。一九六〇年に『福祉国家を越えて』を著し、福祉国家思想を展開した。[292]

未来派

[futurism]二十世紀初頭にイタリアを中心に興った芸術運動。詩人のフィリッポ・トンマーゾ・マリネッティが『Le Figaro』紙上で最初の「未来派宣言」を発表した。新時代にふさわしい生活様式と表現の必要性を提唱し、機械文明の速度感や力強さを讃え、その感覚を表現に取り込もうとした。ダダをはじめとし、二十世紀における芸術に与えた影響は少なくない。主な芸術家に、ウンベルト・ボッチョーニ、ジャコモ・バッラなどがいる。[173, 180]

ムテジウス、ヘルマン

[Muthesius, Hermann　1861–1927]ドイツの建築家・理論家。東京・霞ヶ関官庁街の建設のために滞日の経験をもつ。応用美術の教育政策の立案に関わるなど、生涯をドイツ政府の官吏として過ごし、ドイツ工作連盟の設立に際しては指導的な役割を果たした。建築やデザインの発展のために「規格化」は必須であり、美的価値観、政治、経済の側面でこれを積極的に進めることが重要だと位置づけ、芸術と産業の近代化に尽力した。[298–299, 332]

ムルダー、ベルトゥス

[Mulder, Bertus　1929–]オランダの建築家。ウルム造形大学で学び、後にリートフェルトの助手を務めた。十三年間に及ぶシュレーダー邸の復元の監修を担当。一九八七年よりシュレーダー邸は一般に公開されるようになった。近年はアーティストのスタンレイ・ブラウンと共同で、ユトレヒト市の展示館など市の公共建築の設計を手がけている。夫人はマックス・ビルの具体芸術の思想を継承する具体派の画家モニカ・ブゥーフ(Buch, Monika　1936–)。[169]

モイラー、ベルント

[Meurer, Bernd　1935–2011] ドイツの建築家・デザイナー、デザイン理論家。ウルム造形大学で建築を学ぶ。同大授業担当助手及び研究プロジェクト・リーダを経て、ダルムシュタット工科大学デザイン学部教授として、多くの先鋭的なデザイン・プロジェクトを展開した。一九八〇年代から構想した文明学から二十一世紀の新たな生活世界の在り方を考えるために、ドイツ工作連盟・文明ラボラトリウムという学際的な国際共業プロジェクトを起案し、その設立推進委員長を務めた。デザイン・文明研究の著述も多い。[**325, 330, 341**]

モホリ＝ナギ、ラスロー

[Moholy-Nagy, László　1895–1946] ハンガリーの美術家。一九二三―二八年にはバウハウスで金属工房のマイスターとして基礎教育課程を担当。実験映画や演劇、工業デザイン、写真、タイポグラフィ、絵画、彫刻など多方面に才能をみせた。三七年に渡米し、ニュー・バウハウスの設立を推進、校長に就任した。光と造形の関係性を追求する試みにみられるように、広い意味で環境と一体となった美術を目指した。[**43, 59–60, 64, 85–87, 92–97–98, 125, 158, 164–165, 167, 175, 268, 372–373, 392**]

森槐南

[もり かいなん　1863–1911] 明治時代の漢詩人。鷲津毅堂、三島中洲らに師事し、漢学を修めた。宮内大臣秘書官などを歴任。[**38**]

モリス、ウィリアム

[Morris, William　1834–1896] イギリスの工芸家・詩人・思想家。産業革命以降、機械生産と分業が進む社会を批判し、非分業的な中世的ギルドと誠実な手仕事を重視した。モリスは生活環境を形成するデザインは思想と結びついたものであり、総合的な芸術として手仕事の喜びをもって生産されるべきだと考えた。その背景にはラスキンの社会思想的な影響が強くある。[**214, 305, 319, 326, 328, 357, 373–374**]

モリス、チャールズ・ウィリアム

[Morris, Charles William　1903–1979] アメリカの哲学者。統一科学運動にかかわり、記号論に科学的方向性を加える試みと同時に、芸術に深い関心を示した。科学的研究から「価値」の概念が排除される傾向を批判し、科学的価値論を提唱。価値性質を意味するイコンとして芸術をみなし、行動論・記号論・美学などの関連を明らかにしようとした。[**21, 43**]

モルフォロギー　→形態学[**80, 144, 146, 284**]

モンドリアン、ピート

[Mondrian, Piet　1872–1944] オランダの画家。一九一七年にドゥースブルフらと「デ・ステイル」を結成。一九年には「新造形主義（ネオ・プラスティシズム）」を提唱した。これは純粋な抽象的造形を目指すもので、色は赤・青・黄の三原色と白・黒・灰色のみに限定し、直線と平滑な平面の組み合わせで作られる抽象的形態による造形で、デ・ステイルにおける造形理論の主柱となった。モンドリアンはこの原理の厳守

を主張し、ドゥースブルフが提案した対角線を用いた手法を許容せず、二五年にデ・ステイルを離脱した。四〇年にニューヨークに渡り、晩年を過ごす。秩序と均衡を追求したその理論は、バウハウス叢書『新しい造形』などに残されている。[**158, 165, 169–175, 177–179, 181, 185**]

ヤコブソン、ローマン
[Jakobson, Roman 1896–1982] ロシアの言語学者。一般音声学、一般言語学、スラヴ語学、詩学、言語病理学などの分野において独創的研究を展開した。言語学を絶えず外の領域へと導き、また、同時代の研究者たちに刺激を与えた。[**24, 199**]

ヤスパース、カール
[Jaspers, Karl 1883–1969] ドイツの哲学者。ハイデッガーと並ぶ代表的実存哲学者。ヤスパースは存在の全体を「包越者」と呼んだ。存在は、現存在、意識一般、精神、実存などさまざまな様態をとり、それらを結ぶものとして「理性」が重視された。[**239**]

ユーゲントシュテイル
[Jugendstil] 十九世紀末から二十世紀初頭のドイツ、オーストリアにおけるアール・ヌーヴォーの呼称。「青春様式」と訳されるが、これは、この様式を志す美術家の協力を得て、一八九六年にミュンヘンで創刊された総合イラスト週刊誌『Die jugend(ユーゲント)』に由来する。[**326, 328**]

ユクスキュル、ヤーコプ・フォン
[Uexküll, Jakob Johann von 1864–1944] エストニアに生まれ、ドイツで活躍した動物学者。ユクスキュルは、それぞれの種の動物が主体的に意味を与えている世界を「環境世界(Umwelt)」と呼び、単なる環境(Umgebung)とは異なると考えた。こうした思想は動物行動学の発展に寄与するとともに、哲学の発想にも重要な示唆を与えた。[**310, 314**]

要素主義 →ドゥースブルフ、テオ・ファン [**173**]

ラーテナウ、ヴァルター
[Rathenau, Walther 1867–1922] ドイツの実業家・政治家。父・エミールの仕事を継ぎ、一八九三年からアルゲマイネ電気会社(Allgemeine Elektrizitätsgesellschaft AEG)に関わるが、父の死後、実質的な後継者にはならず、政治へと著述活動に向かう。一九一八年に刊行した『Die neue Wirtschaft(新しい経済)』では労資協調を説いた。第一次大戦後、ヴァイマール共和国が成立するとドイツ民主党の設立に尽力し、外相などを務めた。[**307, 309–310**]

ラーテナウ、エミール
[Rathenau, Emil 1838–1915] ドイツの実業家。一八八三年にドイツ・エディソン会社を設立。八七年に同社をアルゲマイネ電気会社(AEG)として発展させ、一九〇七年に同社の芸術顧問にベーレンスを招いた。[**307–309**]

ラウテルト、ティム
[Rautert, Timm 1941–] ポーランド生まれ、ドイツの写真家。二〇〇八年までライ

プツィヒ・グラフィック・ブックアート単科大学教授。社会的なドキュメンタル・フォトを主なテーマとして活動し、アイヒャーの多くのプロジェクトにも参加した。フルッサーの「身振り」の言説を止揚するために学生とともに行った興味深いブック・プロジェクト『Gesten(身振り)』がある。[111]

ラスキン、ジョン

[Ruskin, John　1819–1900] イギリスの芸術評論家・思想家。大学卒業後、画家ターナーを擁護する『近代画家論』を発表。また、ラファエロ前派を擁護し、その思想をまとめ、一八四九年に『建築の七燈』を、五一—五三年には『ヴェネツィアの石』を出版し、ゴシック様式の復活を提唱した。ラスキンはゴシック建築のなかにあらゆる階級の人々の協力、弱者への慈愛というキリスト教精神の理想を発見し、これを評価した。また、芸術を人間存在全体に関わるものと捉え、社会的な道徳問題を切り離した芸術や美というものは無意味であるとして、社会改革に強い関心を示していた。[208, 210–212, 214, 221, 225, 234, 238, 303, 305, 319, 326, 328, 357, 360–363, 365–368, 370–372–380, 388, 391]

ラファエルロ

[Raffaello Sanzio　1483–1520] イタリアの画家・建築家。ルネッサンス期で最も著名な画家のひとり。多くの祭壇画や壁画、天井画などを手がけた。[210]

ラムス、ディーター

[Rams, Dieter　1932–] ドイツのインダストリアルデザイナー。ヴィズバーデンの工作芸術学校で建築と室内設計を学ぶ。一九五五年ブラウン社に入社以来、ウルム造形大学によって築かれたデザイン・ガイドラインを基礎に、四十年以上にわたりブラウン・デザインの方法論の確立と五百点を超える製品のデザインおよび監修に力を注いだ。またヴィツゥ社のシステム家具のデザイン開発にも貢献。その細部の関係性から全体に及ぶ理性的な造形で使いやすく美しいロングライフの一貫した製品デザインの意義が、企業デザインの在り方とその歴史的・社会的な背景とともに、いま世界的に再考されている。[311]

リートフェルト、ヘリット・トーマス

[Rietveld, Gerrit Thomas　1888–1964] オランダの建築家・デザイナー。一九一九年からデ・ステイルの同人となり、同派の造形原理を用い、二四年にシュレーダー邸、三四年にユトレヒトの団地を設計し国際的に認められた。木製の肘掛椅子《レッド・アンド・ブルー・チェア》は前述の建築設計とともに、デ・ステイルの理論を表わす代表作に位置づけられる。[165, 169–170]

リカード、デヴィッド

[Ricardo, David　1772–1823] イギリスの経済学者。アダム・スミスによる経済学を継承し、分配を規定する諸法則を確定することが経済学の主要問題であると考えた。マルクス経済学の形成に影響を与えた一方、新古典派経済学の創設を試みた。[376]

リシツキー、エル

[Lissitzky, El　1890–1941] ロシアの美術家。ドイツで工学を学んだのち、モスクワ

で建築を学ぶ。一九一九年にマレーヴィチと出会い、絶対主義(シュプレマティズム)の影響を受け、独自の構成主義の原理を「PROUN(プロウン)」の名で作品化しはじめた。絵画、建築、編集、グラフィックデザインなど多彩な仕事を展開。特にフォトモンタージュやタイポグラフィにおいて先鋭的仕事を残した。[173,246]

リスト、フリードリッヒ

[List, Friedrich　1789–1846]ドイツの国民経済学者。ドイツ統一を提唱し、国家経済学の創立に尽力。一八四一年に発表した主著『経済学の国民的体系』では生産力の理論を唱え、ドイツの国民経済創出の制度的諸条件を提示した。一八七〇年代にドイツに誕生した財政学はリストの「国民経済」という思想を継承するものである。[376]

リヒター、ハンス

[Richter, Hans　1888–1976]ドイツの美術家。チューリッヒのダダ運動に参加。その後、実験映画に没頭し、一九二一年には抽象映画「リズム21」を制作。二三—二六年にはリシツキー、ドゥースブルフらと構成主義の雑誌『G』を発刊した。四一年にナチスを逃れて渡米。実験映画を作る一方で、絵画制作も手がけた。[173]

リベスキンド、ダニエル

[Libeskind, Daniel　1946–]ポーランドの建築家。実際の建築を目的としない紙上の建築思考をドローイング集として発表していたが、一九八八年のベルリン・ユダヤ博物館でのコンペにおいて構想を実現させる機会を得た。この成功以降、世界各国で活躍している。[340]

ルードヴィッヒ、エルンスト　→芸術家村[326–329,373–374]

ルーマン、ニクラス

[Luhmann, Niklas　1927–1998]ドイツの社会学者。パーソンズのもとで社会システム理論を学び、そこから社会的なものすべてをその認識対象とする理論を構築し、発展させた。後に、社会システム理論にオートポイエーシスの概念をあてはめ、人間と社会の関係性における一般理論を追求した。[336–337,347]

ル・コルビュジエ

[Le Corbusier　1887–1965]スイス生まれの建築家。著作、建築などを通じ、近代建築の発展に決定的な影響を与えた。鉄筋コンクリートの使用、装飾を排した平滑な壁面などにより、伝統から離れた合理性を提唱。ドミノシステムの考案、近代建築の五原則の提唱など、モダニズム建築の指針を示した。[307]

ルンゲ、フィリップ・オットー

[Runge, Philipp Otto　1777–1810]ドイツの画家。ゲーテと親交があり、独自な色彩球を考案し、色彩論や芸術論にも貢献した。画家としてはドイツの神智学的宇宙論などの影響を受け、新しい風景画を模索した。装飾的な寓意画を得意とする。[225]

レヴィ＝ストロース、クロード

[Lévi-Strauss, Claude　1908–2009]ベル

ギー生まれの人類学者。構造主義の提唱者として知られる。言語学者ローマン・ヤコブソンの影響を受け、言語学の「コード」「メッセージ」という概念を用いて人類文化の構造を解明しようと試みた。あるべき知の在り方として「具体の科学」を提唱し、人類学のみならず多くの知的領域に影響を与えた。[**199**]

レオナルド・ダ・ヴィンチ

[Leonardo da Vinci 1452–1519] イタリアの画家・彫刻家・建築家。ルネッサンス期を代表する芸術家であり、また、物理学、解剖学、土木工学なども手がけたことから万能の天才と呼ばれる。[**210,222**]

レジェ、フェルナン

[Léger, Fernand 1881–1955] フランスの画家。キュービズムに参加しピカソらと運動を牽引。次第に色彩と動きの追求に進んだ。その絵画には、機械の美学や労働などのテーマが多く見られ、明快な輪郭線、フラットな色面という表現的特徴がある。[**180**]

レンギエル、シュテファン

[Lengyel, Stefan 1937–] ハンガリーのデザイナー、デザイン理論家。ウルム造形大学ハンス・ギュジョロ・デザイン開発研究所助手を経て、フォルクヴァング芸術大学、エッセン大学教授を歴任。ブダペストのモホリ＝ナギ芸術・デザイン大学デザイン学部長、ドイツ・インダストリアルデザイナー協会名誉会長などを務める。理性的で美しい多くの製品デザインを手がけ多数の受賞歴をもつ。また、EU大学間のデザイン教育ネットワークづくりに大きく貢献した。[**108,110,119,322**]

ローティ、リチャード

[Rorty, Richard 1931–2007] アメリカの哲学者。プラグマティズムを現代によみがえらせ「哲学の終焉」を唱えた。パース、ジェームズ、デューイなどのプラグマティズムとは異なり、ローティの思想は「ネオプラグマティズム」とも呼ばれる。ローティは、哲学は哲学を乗り越え、「プラグマティズム的転回」を迎えることで「社会的実践」として機能しなければならないとした。[**41**]

ローマ・クラブ

[Club of Rome] 資源や人口、軍備、経済、環境破壊などの問題に、地球的な視野で対処していこうと、科学者、経済学者、教育者、経営者などが集った民間組織。その名称は一九六八年にローマではじめて会が開かれたことに由来する。七二年に発表した報告書「成長の限界」において、工業化、人口増加、資源の枯渇などが人類の生存危機につながると指摘、警鐘を鳴らした。二十年後の九二年、三十年後の二〇〇二年に、同著者たちによって、その検証と危機の急速な顕在化がリポートされている。[**333,358**]

ローレンツ、コンラート

[Lorenz, Konrad 1903–1989] オーストリアの動物行動学者。一九七三年にノーベル医学・生理学賞受賞。比較行動学の領域で、特に本能的行動の開発機構に関して研究した。ローレンツが発見した「刷り込み」の現象はよく知られており、近代動物行動学を確立したといわれる。ゲシュタルト知覚による観察を自らの科学的手法としたこ

とも注目したい点である。[33]

ロシア・アヴァンギャルド
[Russian avant-garde] アヴァンギャルドとは「前衛」の意。特に芸術分野では「前衛芸術」と同意となる。ロシア・アヴァンギャルドは、十九世紀末から一九二〇年代前後に興った、詩、音楽、映画、美術、建築などの芸術における前衛的動向。近代における芸術が政治的・経済的・社会的な問題でありうることが意識化された先駆的動向だったといえるが、スターリンの台頭によって排除された。[173, 176]

ワーズワース、ウィリアム
[Wordsworth, William 1770–1850] イギリスの詩人。自然と人間を讃美した。イギリス・ロマン派の代表的詩人である。[361]

和辻哲郎
[わつじ てつろう 1889–1960] 兵庫県生まれの倫理学者・哲学者・文化史家。優れた美的感覚をもち、日本的思想と西洋的哲学の融合とでもいうべき思想史、文化史研究を行った。一九一九年『古寺巡礼』の刊行で注目を集める。東洋文化への関心が高まり、文化史的著作を発表した後の三五年、『風土』を発表し、西欧的個人主義に対する批判的視点を提示した。[358]

ワトソン、ジェームズ・デューイ ↓クリック、フランシス [72]

索引・人物事項解説の主な参考文献

『岩波 哲学・思想事典』廣松渉ほか編 岩波書店 一九九八年
『岩波 西洋人名事典』(増補版) 岩波書店編集部編 岩波書店 一九八八年
『新潮 世界美術辞典』秋山光和ほか編 新潮社 一九八五年
『現代日本 朝日人物事典』小泉欽司編 朝日新聞社 一九九〇年
『オックスフォード西洋美術辞典』佐々木英也監修 講談社 一九八九年
『コンサイス日本人名事典』(改訂新版) 三省堂編修所編 上田正昭ほか編 三省堂 一九九五年
『コンサイス外国人名事典』(改訂版) 三省堂編修所編 相田重夫ほか監修 三省堂 一九九四年
『20世紀西洋人名事典』日外アソシエーツ編集部編 日外アソシエーツ 一九九五年
『20世紀思想家事典』木田元ほか監修 誠信書房 二〇〇一年
A Dictionary of 20th Century Art, Ian Chilvers ed., Oxford University Press, Oxford, New York, 1998.
Contemporary Designers, 3rd ed, Sara Pendergast ed., Arnold Aronson *et al.*, St. James Press, Detroit, 1996.
The Prestel Dictionary of Art and Artists in the 20th Century, Frank Whitford ed., Prestel Verlag, Munich, 2000.
The Design Encyclopedia, Mel Byars ed., The Museum of Modern Art, New York, 2004.

向井周太郎　むかい しゅうたろう

一九三二年、東京生まれ。インダストリアル・デザイナー。

一九五五年、早稲田大学商学部卒業。同文科系大学院商学研究科（経営経済学専攻）在学中にJETROのデザイン留学制度で一年間、ドイツ・ウルム造形大学に留学。同大学においてマックス・ビル、オトル・アイヒャー、マックス・ベンゼ、トーマス・マルドナード、オイゲン・ゴムリンガー、ヘレーネ・ノンネ=シュミット、エリーザベト・ヴァルターらに学ぶ。

一九五七年に帰国後、通産省工業技術院産業工芸試験所意匠部研究生、豊口デザイン研究所（インダストリアル・デザイン、インテリア・デザインに従事）を経て、一九六三―六四年、ウルム造形大学インダストリアル・デザイン研究所フェロー及び一九六四―六五年、ハノーヴァー大学インダストリアル・デザイン研究所フェローとしてデザインの研究開発と教育に従事する。

一九六五年、帰国後、武蔵野美術大学で新設学科として基礎デザイン学科（六七年発足）の起案と設立に従事。以後、デザイナーとして活動する一方、同学科において新しいタイプの人材の育成とデザイン学の形成に力を注ぐ。二〇〇三年より、武蔵野美術大学名誉教授。

デザイン学　思索のコンステレーション

二〇〇九年九月二十五日　初版第一刷発行
二〇二四年七月一日　初版第四刷発行

著者　向井周太郎

発行者　長澤忠徳
発行所　武蔵野美術大学出版局
〒一八七―八五〇五
東京都小平市小川町一―七三六
電話　〇四二―三四二―五五一五（営業）
〇四二―三四二―五五一六（編集）

印刷　株式会社 精興社

定価はカバーに表記してあります
乱丁、落丁本はお取り替えいたします

ISBN978-4-901631-90-7 C3070　Printed in Japan